对外政策分析

Foreign Policy Analysis

张清敏 著

图书在版编目（CIP）数据

对外政策分析/张清敏著.—北京：北京大学出版社，2019.6
（21世纪政治学规划教材·国际政治系列）
ISBN 978-7-301-30516-4

Ⅰ.①对… Ⅱ.①张… Ⅲ.①对外政策—教材 Ⅳ.①D801

中国版本图书馆CIP数据核字（2019）第088740号

书　　　名	对外政策分析 DUIWAI ZHENGCE FENXI
著作责任者	张清敏　著
责任编辑	耿协峰　孙莹炜
标准书号	ISBN 978-7-301-30516-4
出版发行	北京大学出版社
地　　　址	北京市海淀区成府路205号　100871
网　　　址	http://www.pup.cn
新浪微博	@北京大学出版社　　@未名社科-北大图书
微信公众号	北京大学出版社　　北大出版社社科图书
电子信箱	编辑部 ss@pup.cn　　总编室 zpup@pup.cn
电　　　话	邮购部 010-62752015　　发行部 010-62750672 编辑部 010-62765016
印　刷　者	北京虎彩文化传播有限公司
经　销　者	新华书店
	730毫米×980毫米　16开本　19印张　263千字
	2019年6月第1版　2025年1月第5次印刷
定　　　价	46.00元

未经许可，不得以任何方式复制或抄袭本书之部分或全部内容。
版权所有，侵权必究
举报电话：010-62752024　电子信箱：fd@pup.pku.edu.cn
图书如有印装质量问题，请与出版部联系，电话：010-62756370

假设人类文明在今后 30 年内毁灭，其原因将不是饥馑或瘟疫，而是对外政策和国际关系。我们有办法对付饥荒和瘟疫。但迄今为止，在我们自己制造出来的武器所具有的威力面前，以及在我们作为民族国家的行为举止方面，我们却一筹莫展，无以为计。

——〔美〕卡尔·多伊奇:《国际关系分析》

目 录

第一章　绪　论 … 1
　第一节　为什么是对外政策而不是外交政策 … 1
　第二节　对外政策研究的维度 … 8
　第三节　对外政策分析的发展和流派 … 24
　第四节　对外政策分析的主要特点 … 37

第二章　政策制定者与对外政策 … 45
　第一节　精神分析与政治人格研究 … 46
　第二节　人格与对外政策 … 53
　第三节　认知心理学与对外政策分析 … 65
　第四节　对外政策分析的心理学方法 … 77
　第五节　对外政策分析中心理学路径的趋势 … 84

第三章　政府政治与对外政策 … 90
　第一节　组织行为与对外政策 … 91
　第二节　官僚政治与对外政策 … 100
　第三节　小集团思维与对外政策 … 115
　第四节　政府政治决策模式的比较及应用 … 124

第四章　国内政治与对外政策　　136
　　第一节　国家、利益与政治　　136
　　第二节　影响对外政策的国内政治因素　　145
　　第三节　国内政治与对外政策的"双层博弈"　　159
　　第四节　国内政治影响对外政策的逻辑　　168
　　第五节　国内政治策略与对外政策　　178

第五章　国家特性、国家角色与对外政策　　186
　　第一节　国家物质特性与对外政策　　186
　　第二节　历史特性、民族主义与对外政策　　199
　　第三节　文化、意识形态与对外政策　　206
　　第四节　国家政治特性与对外政策　　213
　　第五节　国家角色与对外政策　　220

第六章　对外政策分析的融合与趋势　　231
　　第一节　对外政策分析模式的选择和应用　　231
　　第二节　对外政策分析的借鉴与趋势　　243
　　第三节　对外政策分析与中国对外政策研究　　260
　　第四节　建设中国特色的对外政策分析理论　　272

参考文献　　279

后　记　　293

第一章
绪 论

任何一个学科都有其特定的研究范畴和研究对象。作为政治学的一个分支,对外政策研究也是如此。本章旨在界定对外政策的概念,明确对外政策研究与其他相关学科的关系,厘清对外政策研究的对象及其主要维度,简要介绍对外政策分析的主要方式,梳理这个学科的产生和发展过程,理解这个学科的特点和现状,掌握这个学科的特质。

第一节 为什么是对外政策而不是外交政策

对外政策在多数情况下被当作国际关系或国际政治的一部分,也常被误称为外交或外交政策。对外政策与国际关系和国际政治,特别是与外交有着密切的联系,但它们属于不同的学科分支。区别这些核心概念,厘清它们之间的联系,是明确对外政策分析研究对象的首要任务。

对外政策

对外政策,是国际政治或国际关系中的行为体在处理与其他行为体关系的过程中,为追求某些价值和利益,在采取正式的行动之前,根据国内外形势特点,对于行动目标与手段的探索判断而确立的基本原则、指导思想或行动指南。因为主权国家是国际关系的主要行为体,对外政策也被界定为"一个国家处理国际问题和对外关系,进行对外活动所遵循的基本原则、方针和行动准则。它是由各国政府中央决策机构或其他行为体的最高决策机构根据国际形势和战略格局的变化而制定的,目的是为了一定利益,或落实一定时期的战略任务,争取有利的国际环境"①。

国际关系

国际关系是一个宽泛的概念,指国际社会行为体之间的互动关系,是"国际社会各行为主体之间相互交往、相互作用的一般状态……它不仅包括国家间、国家集团间的各种类型和形式的关系和联系,还包括国际组织、团体、跨国公司等国际关系行为体之间的关系和联系。它包括政治关系、经济关系、文化关系、宗教关系等。其中国际政治关系是最重要和最活跃的关系,与政治密切相关的经济关系是最基础的关系"②。国际关系的格局是由不同国家在对外政策指导下产生的相互关系中所显现出的一种状态和规律。

外交

萨道义(Earnest Satows)对外交的界定至今仍然被广泛应用。他把外交界定为"运用智力和机智处理各独立国家政府之间的官方关系……是指用和平手段来调节和处理国与国之间的关系"③。这里包含三个方面的内容:一是"智力"或"机智"的运用;二是"国家相互关系"或"国与国之间外交事务"的处理;三是方式和手段必须是和平的。尼科尔森(Harold Nicolson)对外交的界定也被广泛引用,"外交就是用谈判的方式来处理国际关系,它是大使和使节用来调整和处理国际关系的方法,外交是外交官的业务或技术"④。

---

① 钱其琛主编:《世界外交大辞典》,北京:世界知识出版社2005年版,第2055页。
② 同上书,第747页。
③ 〔英〕戈尔-布思主编:《萨道义外交实践指南(第五版)》,杨立义等译,上海:上海译文出版社1984年版,第1页。
④ Harold Nicolson, *Diplomacy*, Oxford: Oxford University Press, 1950, p. 15.

中华人民共和国成立后出版的第一本《外交学概论》将外交界定为："以主权国家为主体,通过正式的代表国家的机构与人员的官方行为,使用交涉、谈判和其他和平方式对外行使主权,以处理国家关系和参与国际事务,是一国维护本国利益及实施对外政策的重要手段。"① 这样的理解突出了外交的三个特性:主权性、政治性与和平性。

对外政策与国际关系

广义上的国际关系或国际政治研究包括外交和对外政策,并把外交和对外政策研究当作国际关系或国际政治的分支学科。对外政策研究依附于国际关系的研究,一般被当作国际关系或国际政治研究的一部分。《韦氏大学英语词典》在解释"国际关系"的时候指出,"国际关系是政治科学的一个分支,关注的是国家之间的联系并且主要关注对外政策"②。

国际关系和对外政策之间的联系在于,国际关系中行为体的互动主要是通过行为体的对外政策和外交行为体现出来。国际关系的基本格局或特定的国际政治环境,是影响国家或其他国际关系行为体制定对外政策的重要因素;国家或其他国际关系行为体在制定对外政策后,也需要在特定的国际环境中落实和实施。换句话说,国际关系的格局是对外政策制定的环境,是影响对外政策制定和形成过程的重要因素,也是执行和落实对外政策的外交所发生的客观环境或操作环境。在冷战时期,国际关系的格局是影响对外政策的核心要素,结构现实主义国际关系理论把国家行为和国家对外政策看作是国际结构对国家影响的结果,把研究重点放在国际体系结构或力量格局的平衡与变化上,把国家对外政策看作是对国际力量格局的被动反应。

对外政策研究与国际关系研究的不同之处在于:首先,两者的分析层次不同。国际关系研究的对象是国家间的互动(interaction of states)及其规律和本质;对外政策研究的对象是国家的行为(state action),重点解释

---

① 鲁毅等主编:《外交学概论》,北京:世界知识出版社1997年版,第5页。
② *Webster's Ninth New Collegiate Dictionary*, Merriam-Webster Inc., MA: Springfield, 1991, p. 632.

这些行为的原因和过程。尽管国际关系格局是影响对外政策制定的重要因素,分析对外政策离不开对国际关系格局中力量对比平衡的关注,但对外政策研究不是为了把握国际关系体系层次的规律和特点,而是要理解对外政策的内在机制。

其次,两者的解释变量不同。国际关系研究主要在于揭示国际体系的结构性特点,解释那些反复出现的国际现象和一般行为模式,比如战争的不断发生、均势的反复出现或者霸权的交替等。对外政策研究则突出特定国家的特定行为,回答的是国家或其他国际关系行为体如何应对外部压力,理解对外政策的制定过程、目标和结果。

最后,两者关注的焦点不同。国际关系或国际政治理论属于宏观和体系层次的理论,而对外政策理论属于中层理论或局部理论。沃尔兹(Kenneth Waltz)认为,国际政治或国际关系研究的是由国家行为和互动产生的国际结果,能够告诉国家所面临的外部环境和压力;对外政策的研究则是特定国家的特定行为,回答了国家如何应对外部压力。他把国际关系理论与对外政策理论的不同比作微观经济学中市场理论和公司理论之间的差异,"市场理论是一种结构理论,告诉公司在市场压力下以特定的方式做特定的事。是否以及如何采取行动因公司而异,这些不同取决于它们不同的内部组织结构和管理";"对外政策理论是国家层次的理论"。[①]

对外政策与外交

早期中国的国际研究受欧洲的影响,多使用外交学的概念。当前中国的国际研究受美国的影响,多数研究把对外政策和外交学看作是国际关系的分支学科。实际上,对外政策研究和外交学研究有着密切的联系,但是两者之间也存在着不同。

从联系上看,"对外政策的首要功能是做出对外关系的决定,外交的首要任务则是恰当地执行它们"。对外政策是实现一国在特定时期的特

---

① Kenneth Waltz, *Theory of International Politics*, Boston: Addison-Wesley Publishing Company, 1979, pp. 71-72.

定目标的路线和方针,外交则是一个国家实施对外政策的工具,是落实对外政策的方法和过程。对外政策是外交得以开展的指导思想,没有明确的对外政策,就不可能有目标清晰的外交。一方面,作为对外政策落实手段的外交,受对外政策的指导;另一方面,外交如何落实对外政策,反过来会影响一个国家对外政策的落实。

从研究的角度看,外交学研究与对外政策研究之间存在着互动的关系。有研究指出,"从对外政策分析的角度看,外交既是对外政策的**输入**(input)也是对外政策的**输出**(output)。作为**对外政策输入**的外交,与影响对外政策决策过程和结果的其他因素有关,例如,一个实体向另一个实体发出的外交信号";"作为**对外政策输出**的外交","是一个行为体对外政策工具箱中许多工具中的一个"。①

在全球化背景下,对外政策目的的内向性趋势越来越显著,对外政策的制定者频频走上外交前台而成为对外政策的实施者。作为落实对外政策手段的外交形式,如礼宾礼仪等,因为具有更多的国内政治含义而越来越被政策制定者所重视,甚至有时候形式上的成功比政策内容更具有现实意义,对外政策和外交二者之间的界限越来越模糊。但是,二者在本质上仍然是不一样的。外交是落实对外政策的众多手段或工具中的一个,但绝非唯一的一个。对外政策是由最高领导人制定的,外交则是由职业外交人员来落实的,两者属于一个过程的不同阶段,虽然联系密切,但研究对象有所不同。

将外交与对外政策区别开来是外交学成为独立学科后就一直强调的。如萨道义在界定了外交的概念后即指出,"外交这个词虽然在英语中存在不到两个世纪,可是它曾遭到滥用或被混淆。比如说,有时它被用作对外政策的同义词。但是,对外政策是政府制定的,而不是由外交家们"。② 当

---

① David Griekemans, "Exploring the Relationship between Geopolitics, Foreign Policy, and Diplomacy," *International Studies Review*, Vol. 13, 2011, p. 716.
② 〔英〕戈尔-布思主编:《萨道义外交实践指南(第五版)》,杨立义等译,上海:上海译文出版社1984年版,第1页。

代也有学者认为,把外交和对外政策区别开来,是"外交学研究作为一个学科发展最基本的条件"。①

外交学研究与对外政策分析的区别

外交学研究与对外政策分析的不同在于,对外政策分析一般是从制定和落实对外政策的国家角度进行的。研究对外政策一般提出这样的实证问题:俄罗斯对美国的政策是什么?可能提出的规范和审慎问题是:欧盟是否有道德上的义务来部署军队保护科索沃或达尔富尔的人权?这样做是否明智?政策一旦落实,就需要提出诸如此类的评估性问题:在世界贸易组织多哈会谈中为了实现农产品贸易的自由化,智利政府的哪一种方法成功了?哪一种方法失败了?为什么?研究对外政策的人和研究外交学的人可能研究同一问题或事件,但研究的重点有所不同。外交学研究与对外政策分析一样(但与国际关系的许多其他方法有所不同),强调单个施动者(代表)和其所代表的,或以其名义制定政策的集体(国家、多边组织和公司)行为体。即使提出类似的实证、分析或评估性问题,研究外交的学者也倾向于关注的不是特定行为本身,而是行为体之间的互动(沟通、谈判和冲突解决的方式)。如中国和美国相互之间是如何代表自己的?是通过传统的方式,如在华盛顿特区和北京之间互设大使馆,还是其他公开和秘密的渠道?它们如何沟通、它们的沟通方式在实现各自目标方面的效果如何?也可以提出规范性的问题,包括道德性和工具性的,但一般是关于常规的外交制度和实践,以及国家间体系的结构和其他在这个体系中展开外交活动的行为体的。②

---

① Pauline Kerr and Geffrey Wiseman, eds., *Diplomacy in a Globalizing World: Theory and Practice*, Oxford: Oxford University Press, 2013, p. 3.

② Geoffrey Allen Pigman, "Debates about Contemporary and Future Diplomacy," in Pauline Kerr and Geffrey Wiseman, eds., *Diplomacy in a Globalizing World: Theory and Practice*, pp. 72-73.

第一章 绪 论

西方主要语言中没有"外交政策"(diplomatic policy)这个概念,更没有"外交决策"(diplomatic decision-making)这个概念,因为外交是落实对外政策的工具和过程,而非制定政策的过程,所谓的"外交决策"实际上是对外政策的决策(foreign policy making)。对外政策不是研究对外政策的目标确立后落实对外政策的策略、手段和方式。从研究的角度考虑,对外政策分析是研究关于对外政策是如何制定和形成,或者说是研究什么因素影响和导致了特定的对外政策。因此,本书的名字是《对外政策分析》,而不是《外交政策分析》。

对外政策行为

人们对于对外政策的理解,多是建立在理性思维基础上,即把对外政策看作是为了特定的目的(in oder to)而做出的理性选择或决定。但是,多数对外政策都是高度保密的,只有到多少年后档案解密了才能看见。更有一些对外政策的决定是不采取任何行动。因此,大多数情况下是看不到对外政策的,或者国家并不会或不愿把自己国家对外政策的真实目标昭告天下,或国家公开表达的对外政策目标不一定是真实的目标,这就让对外政策的研究面临很大的困难。

从对外政策根源上看,从政府政治或国内政治角度研究对外政策,把对外政策当作政府机制运作的产出,或是政府或国内政治斗争的结果;不把对外政策看作是有目的的行为,而把对外政策看作是国内政治的延续,是由于某种原因(because of)而发生的事情。为了解决这些问题,对外政策分析把研究对象由看不见的对外政策,转变为能够看得见的对外政策行为,从对决策过程的研究,转变为对影响对外政策结果的各种原因的分析。

看不见的对外政策或不采取行动的对外政策是无法研究的。只有在特定对外政策指导下的看得见的行动,才能够分析和研究。具体来说,国际关系中的一个行为体根据国际或内部的特定形势做出对外政策的决定后,需要通过外交的或军事的、法律的或经济的手段予以实施,还要以特定的行为表现出来,并产生一定后果。这些行为可能是一个国际行为体对其他行为体所做的任何事情,大到使用武力、缔结同盟,小到是否给某一个人发放签证等。这些国家行为都是在特定对外政策指导下的行为。看不见的行为是没有办法分析的,即使能够分析,也不是对外政策分析所关注的内容。

对外政策行为是可以操作的、看得见的对外行为,反映和体现的是对外政策的目标。① 之所以可以研究对外行为,是因为一般的行为都包括多个维度:空间上有行为发生的地理位置;时间上有行为持续的长短;从行为参与者之间关系的特性上看,有合作或者冲突;从背景上看,行为通常都是在一定的国内和国际环境下发生的;从内容上看,行为涉及特定的问题领域,如政治的、经济的、军事的或外交的,等等。简单地说,对外政策行为就是谁在什么时候、什么样的环境下,在什么问题上对谁采取了什么样的行动(Who does what to whom, when, where, over what in what context)。只要行为发生了,背后一定有特定的对外政策的指导,不管这种政策是有目的的理性行为,还是国内政治运作的结果。对外政策分析就是探寻诸多影响某一对外政策行为的要素是如何导致这一行为产生的。

第二节　对外政策研究的维度

对外政策研究可以从多个维度展开,主要的维度包括描述、分析、评估和预测等(见图1-1)。在对一个具体的对外政策行为进行研究之前,首先需要界定或明确对外政策研究的对象,确定对外政策分析的因变量。换句话说,研究对外政策的首要任务,是要明确需要分析和研究的对外政策或对外行为是什么。其次,找出导致和影响这一对外政策行为的不同要素或自变量,分析和探讨这些自变量与对外政策行为结果之间的内在联系。这种联系可能或最好是因果联系,也可能是相关的联系。再次,在对分析和把握政策制定的机理后,对政策的结果进行规范化的评估,探讨对外政策的成功与失败。最后,在分析和评估的基础上,做出限定性的预测。这四

---

① Charles Hermann, "Foreign Policy Behavior: That Which is to be Explained," in Maurice A. East, et al., eds., *Why Nations Act*, Beverly Hills: SAGE Publications, 1978, pp. 25-48.

个维度在逻辑上是一个递进的发展过程,也是一个从感性认识到理性认识、从实践中来到实践中去的升华过程。

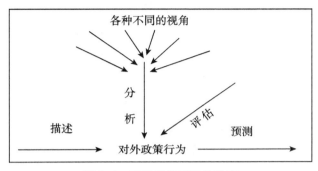

图 1-1 对外政策研究的维度

对外政策的描述性研究

对外政策研究对象的不明确或研究对象概念化的不足,是系统研究对外政策面临的一个障碍。鉴于对外政策具有政治性和敏感性等特点,常常遇到的情况是,多数人并不一定了解或清楚一个国家在特定问题上的政策是什么,但这并不妨碍他们对特定对外政策表达明确的观点或提出批评性的意见,而且更多的情况是,对政策了解得越少,观点就越明确。在不了解造成某一政策的原因是什么,以及在不了解政策的内在机制的情况下,对政策未来的走向指手画脚,提出对外政策应该如何,是对外政策研究界常见的问题。

例如,当前国内外就中国是否崛起(ascendance)、中国对外政策是软弱(soft)还是强势(assertive)、中国是否是维持现状的国家(status quo power)等议题,媒体和学术界都有很多不同的看法和争论。如果要形成符合逻辑的判断,首先需要对这些政策概念予以清晰的界定。如果不能清晰地界定这些概念,那就不能开展进一步的分析性研究,在此基础上形成的判断往往就是片面的或不完善的。当然,如果对这些概念的界定不同、对事实的了解程度不同,也可能导致完全不同的观点。在对外政策研究中,任何解释性或规范性的判断和预测,都应该在对政策事实行为弄清楚之后,而非之前。

对外政策研究的第一个维度,就是要弄清楚对外政策"是什么"的问题。描述是对外政策研究的基础。将对外政策研究的对象从对外政策转向对外政策行为,解决了对外政策的概念化(conceptualization)和可操作化(operationalization)不足的问题。所谓概念化和可操作化,就是把对外政策看作是分散、连续、可以测量的单独的对外行为。如果是抽象的政策,就应该对政策进行清晰的界定,如"崛起""修正主义国家",对外政策的"软"或"硬"的争论等。如果是特定国家或在特定问题上的具体政策,就需要描述清楚这个对外政策所表现出的行为是什么、特点和变化的规律是什么。

描述或概念化的功能在于通过观察、搜集、整理和客观地记录一个国家对外政策制定及执行过程中的信息,通过归类和量化的测量,找出对外政策行为的规律,告诉人们对外政策"是什么",为对外政策提供实际的感性认识资料。描述或概念化的对象包括国际关系行为体在国际问题上的对外政策宣示和主张,诸如结盟和签约、建立外交关系或宣战、提供援助或进行制裁、首脑互访和参加多边会议等具体的行为,以及由此所表现的国家对外关系的事实及其特点等等。这些分散的行为都是在特定对外政策决策指导下展开的,是对另一个行为体或在特定领域采取的直接或间接的有目标的行为。清晰的概念化或可操作化,或清晰的描述旨在发现对外政策是然的问题,是提出"为什么"的前提条件,机密、观察不到的对外政策是不能研究的。

基本的描述主要包括以下几种类型:时间维度的描述,即通过描述一个国家对外政策行为的连续性和变化,厘清一个国家对外政策的变与不变;空间维度的描述,即通过比较看出一个国家与其他国家在同样问题上政策行为的共性与特殊性;对外政策宣示与对外行为的对比描述,找出一个国家对外政策的理想与现实、目标和结果之间的鸿沟,也就是言语行为之间的差异。只要描述清楚了,问题也就自然产生。发现问题是学术研究的第一步,也是关键的一步。

第一,时间维度的描述。跨时间维度的比较描述,就是通过对一个国家总体的、对特定国家和地区的,或在特定功能领域的对外政策行为进行历史的比较,找出特定政策在不同的历史时期表现出什么样的连续性或变化。这种对外政策或对外关系史实的系统叙述,就是对外关系史或传统上所说的外交史,是对外政策或对外关系最基本的研究。找出特定国际关系行为体在特定领域内,对特定国家和地区或在特定功能领域的政策行为连续性的规律和特点,包括是什么程度的变化、变化的频率是什么,或变与不变的特点本身是一种研究。更重要的是,找出了这种特点,就可以提出问题并进一步就分析性的问题进行研究,探讨造成这些变化的内在动力和要素,进而通过实证的逻辑来推断出造成这种连续性或变化的因素或机制是什么。

中华人民共和国对外战略的研究

中华人民共和国成立以后的对外战略经历了以下变化:

20世纪50年代,站在以苏联为首的社会主义阵营一边、反对以美国为首的帝国主义阵营的"一边倒"战略;

20世纪50年代末到60年代末,既反对美帝国主义,又反对苏联修正主义的"反帝反修"战略;

20世纪70年代,与美国、日本、欧洲等处于同一纬度的国家团结起来,反对苏联霸权主义的"一条线"战略;

20世纪80年代,中国与美国拉开距离,与苏联改善关系,坚持"独立自主、不结盟",按照和平共处五项原则发展全方位的对外关系;

冷战结束初期,"韬光养晦、有所作为",在对外关系上"不扛旗""不当头""不树敌""不对抗",超越意识形态和社会制度发展全方位的关系。

对中华人民共和国成立后对外战略的发展脉络描述清楚后,自然产生了一个问题:为什么新中国对外政策的战略总是发生变化和调整?传统的解释是,国际格局变了,中国对外战略的调整不仅是必要的,也是正确的。

但是,20世纪50年代末到60年代初,国际力量对比并没有发生大的改变,中国对外战略为什么改变了?20世纪90年代初,国际格局发生了第二次世界大战以后最大的改变,为什么中国并没有放弃20世纪80年代的不结盟政策?进一步的问题还包括:今天的中国为什么没有类似于冷战期间的对外政策战略?这些都是对中国对外政策进行分析性研究的很好的问题,而这些问题只有在对中国对外战略进行详细描述或掌握后才能发现。

第二,空间维度的描述和比较。这个维度的描述,就是将不同国际关系行为体在特定问题领域或对特定的行为对象的政策行为的内涵和表现进行比较,从而发现不同国家在相同领域或相同问题上政策的相同点或不同点。找出这些相同点和不同点本身就是一种研究。例如,比较中国和美国对联合国政策的异同、印度与巴基斯坦核政策的异同、东方社会主义国家集团与西方资本主义国家集团对国家利益认知的差异,或比较两个集团内部成员之间结盟方式的不同特点和持久性、发达国家和发展中国家对国际秩序的观点、大国和小国对待多边外交的政策,等等。这样可以看出特定国家或特定类型国家对外政策的共同性和特殊性。

从分析的角度看,找出了这些相同点和不同点,自然也就会产生"为什么"的问题。对这种规律的解释性分析,可以帮助人们思考在同样的国际格局影响下,类似的国家为什么具有类似的对外政策,或不同的国家为什么具有类似的应对政策?这些问题为从不同的理论视角进行解读和分析提供了前提条件。

国家行为比较研究数据

美国俄亥俄州立大学的穆尚中心国家行为比较项目是对外政策比较研究的一个重要成果。这个项目搜集了世界上36个国家从1959年到1968年对外行为的事件信息,建立了国家间事件研究数据库。这些数据包括行为体、行为、领域、行为体目标等。

行为体变量包括国家元首、临时决策小组、正式决策小组、政府的不同部门或机构、国际多边合作行为体、专门机构、非政府行为决策者等。

行为变量包括语言行为或非语言行为,两者又进一步细分为冲突与合作的行为等,具体包括在领土边界、礼宾礼仪、军事行为、谈判的模式,参与全球或地区性国际组织的行动、缔结条约、宣传和文化活动、对外经济援助或经济交往等方面的活动。

行为领域变量指行为体采取行动所涉及的领域,具体包括政治或外交事务、经济、情报、科学、技术、军事、法律、文化,以及意识形态等领域。

行为体目标变量包括直接的和间接的目标、目标的数量和性质等。

每一个搜集到的行为都被编码形成数据,通过对这些数据的比较,可以看出不同行为体的行为特点和规律,比较出不同国家行为的共性和特性。虽然这一项目并没有产生普遍的比较对外政策理论,但在比较对外政策研究方面占有重要的地位。①

第三,对言行的比较描述。对外政策就其实施而言,有直接行动意义的部分和一般宣告主张的部分。从逻辑上看,两者应该是高度一致的。在实践上,两者往往存在着巨大的鸿沟。通过对特定国家在特定问题领域内政策上宣示的主张和原则,与这个国家在这些领域的政策行为进行比较,可以看出这个国家在政策宣示和政策行为上的差异或特点。一旦这些差异或特点明确,找出其中的原因就成为逻辑的自然延伸,就解决了学术研究中找不到研究问题的困惑。

第四,案例研究。案例研究既是一种描述,也是一种分析。它是精心挑选的典型对外政策案例,是对其政策的决策或形成过程采取过程追踪的方式,揭示政策制定的机制,探讨对外政策决策过程的内在关系和规律,达到"解剖麻雀"的功效。案例研究可以选择一个典型的案例,如艾利森对

---

① Charles Hermann, et al., Comparative Research on the Events of Nations (CREON) Project: Foreign Policy Events, 1959-1968. ICPSR05205-v1. Ann Arbor, MI: Inter-university Consortium for Political and Social Research [distributor], 1999, http://doi.org/10.3886/ICPSR05205.v1.

1962年古巴导弹危机的研究是对外政策案例研究的一个样本。通过增加案例的数量,扩大研究的样本规模,增加研究的科学性。在研究设计中,可以选择同一时期的不同案例,也可以选择不同时期的相同案例,进行比较案例研究,从而增加对一个国家对外政策的决策规律的认识和把握。但是,对外政策众多,决策过程复杂,案例研究的范围是有限的。对任何案例的选择都需要深思熟虑,选择具有代表性的案例并予以说明。

布什政府向台湾地区出售F-16战斗机的决定

中国政府一直反对美国向台湾地区出售武器。20世纪80年代初,这一问题曾引发中美关系的危机。经艰苦谈判,双方于1982年达成了《八一七公报》,美国承诺减少对台湾的武器销售。1992年9月,布什总统决定向台湾地区出售150架F-16战斗机,改变了美国对台军售政策,影响大,后果严重。20世纪80年代初担任副总统期间曾反对向台湾地区出售先进战斗机并被认为对华友好的布什总统,为什么会做出这一侵犯中国利益、损害双边关系的决定?通过研究布什政府向台湾地区出售F-16战斗机决策过程,可以看出以下因素共同促成了这一决定。

首先,国际形势发生了变化,向台湾地区出售先进战机符合美国的全球战略利益。中美战略关系建立在共同对付苏联扩张和威胁的基础上。随着苏联解体,中国对美国的战略价值下降。与此同时,海峡两岸的政治形势出现了不同的发展趋势。建立在战略利益基础上的美国对华政策共识被打破,反华势力抬头,台湾在美国对华战略中的地位上升。布什对华谨慎政策受到国内反华势力的批评。

其次,大选年遇到经济萧条,布什竞选连任面临压力。1990年海湾战争结束后,布什在国内的支持率很高。当他开始着手竞选第二个总统任期时,美国经济陷入萧条。伴随冷战结束的这次危机重创世界军工业。各国军工企业在萎靡的国际军火市场开展竞争。法国最早将目标投向中国台湾,推销达索公司生产的幻影2000-5战斗机。美国向台湾地区出售的 F-16 战斗机售价达 60 亿美元，而且还给该机的生产商通用动力公司带来 102 亿美元的间接经济效益，拯救了这个面临巨大压力的美国军工企业。

再次，布什出于总统大选的政治考虑。得克萨斯州是美国第三人口大州，有 32 张总统选举人票，是历次总统竞选必争之州。尽管自 1952 年以来的十次总统大选中，共和党六次赢下德州，但 1992 年的大选，除了民主党候选人克林顿外，独立总统竞选人罗斯·佩洛（Ross Perot）也来自得克萨斯州。1992 年 8 月的一项民意测验显示，民主党候选人克林顿以 49%比 35%领先于布什。在布什宣布向台湾地区出售 150 架 F-16 战斗机一个月后的另一次民意测验显示，布什的支持率首次超过克林顿。最终，布什在德州得到 40.6%支持，获得该州的 32 张选举人票。

最后，来自国会的压力。有证据显示，直到 1992 年 6 月，布什政府尚未同意向台湾地区出售任何形式的先进战斗机。8 月，100 名众议员（53 名民主党，47 名共和党）联名给布什总统写信，要求他批准向台湾地区出售 F-16 战斗机。在这一压力下，布什于 1992 年 9 月 2 日宣布，将授权向台湾地区出售 150 架 F-16A 型和 B 型战斗机。

布什政府向台湾地区出售 F-16 战斗机的决定，是在后冷战背景下众多国内外因素共同推动下做出的，符合美国国家战略利益和经济利益，是一个理性的决策，来自国会和利益集团的压力也是推动这一政策的主要原因。这个决定意味着影响美国对台湾军售政策的因素更加复杂，也标志着美国对台湾军售政策进入一个新的阶段。①

爱因斯坦和英费尔德在《物理学的进化》中说："提出一个问题往往比解决一个问题更为重要，因为解决一个问题也许只是一个数学上或实验上的技巧问题。而提出新的问题、新的可能性，从新的角度看旧问题，却需要

---

① 张清敏：《美国对台军售政策研究：决策的视角》，北京：世界知识出版社 2005 年版，第 187—227 页。

创造性的想象力,而且标志着科学的真正进步。"① 随着对外政策所涉及的领域不断拓宽,提出一个有价值的问题对于对外政策的研究来说显得日益重要。从不同的角度或不同的层次观察、描述或界定对外政策,就会发现或提出新的问题,或观察到旧问题的不同的侧面。

  前文梳理了1949年以来中国对外政策发展变化的轨迹。如果借助有关对外政策调整的理论框架,就能够对中国对外政策的战略调整做更深层次的描述,看出这些变化是不同层次或不同类型的变化或调整。的确,中国的对外政策不是静止的,而是处于不断变化之中。但是不同时期的变化属于不同性质或类型的变化。② 多数对外政策的调整都属于微型的调整性变化(adjustment changes),即落实对外政策力度的增减或规模的扩大或缩小,或者是项目变化(program changes),即在对外政策目标没有发生变化的情况下落实手段和方式的变化。20世纪60年代初从"一边倒"到"反帝反修"战略的转变和调整,以及20世纪70年代初从"反帝反修"到反对霸权主义(主要是反苏)"一条线"战略的转变,是一种目标的转变(goal changes),即对外政策目标或中国对外关系中反对的主要国家的改变。这种变化与20世纪80年代初从"一条线"战略到独立自主不结盟战略的转变是不同层次上的变化。相对而言,从20世纪50年代到20世纪70年代,中国对外关系的基本态势总体没有变化,都是以革命的方式反对大国威胁,因而以革命的姿态与外部世界发展关系,而20世纪80年代,则是采取一种不与任何大国对抗、以合作的姿态全面融入国际社会的政策。如果把中国对外政策变化划分为不同性质的变化,再对这些不同类型的调整进行分析,探讨促成不同变化的原因,就可以深化对中国对外政策战略调整的研究。

---

  ① Albert Einstein and L. Infeld, *The Evolution of Physics*, New York: Simon and Schuster, 1938, p. 95.
  ② Charles F. Hermann, "Changing Course: When Governments Choose to Redirect Foreign Policy," *International Studies Quarterly*, Vol. 34, No.1, 1990, pp. 3-21.

第一章 绪 论

对外政策的分析性研究

对外政策描述或概念化的目的,是明确对外政策的是然,分析则是为解决特定对外政策或对外行为之所以然的问题。分析的功能是将描述得到的感性资料上升到理性认识的过程,对外政策的分析性研究就是对国家对外政策的形成、发展及其变化过程进行因果性的考察。如果说描述的目的在于发现是什么,那么分析就是一个揭示对外政策为什么是这样的过程。分析是在描述基础上的一个升华,是从更深层理解和把握对外政策的基本步骤,是评估对外政策的前提条件,更是预测未来对外政策发展变化、进行规范性研究的基础,是对外政策研究的核心。因此,本书的核心就是要介绍运用不同的模式来对特定对外政策或对外行为进行分析的理论与方法。

对外政策的评估性研究

在对外政策研究中,评估是一个重要的维度,是制定和改进对外政策的关键要素。评估也称评价,"通常是指根据一定的标准去判断某一特定系统的整体,或者系统内部诸要素和环节的结构与功能的状态,以及判断系统产出的数量和质量水平及与预定目标的差距等基本情况,从而得到特定信息的过程"。[①] 评估是一项主观性很强的判断。在外交成为人们关注焦点的全球化时代,任何人对不同国家的对外政策都可能有自己的判断。因为对外政策是一项政治政策,一般涉及不同的国家。评判者的国籍、社会地位、教育状况、看问题的角度等差异,都会影响对外政策的评估标准。

第一,对外政策行为是国际关系行为体在处理与其他行为体的关系中追求国家利益的行为,不同的国家可能有完全不同的评估标准。如冷战时期的东西方阵营都认为自己是正义的一方,或历史正确的一方,站在道德的制高点,双方很难对同一政策有统一的评估。其基本情况是,被一方认

---

① 牟杰、杨诚虎:《公共政策评估:理论与方法》,北京:中国社会科学出版社2006年版,第21页。

为是正义、道德而给予坚定支持的政策,往往被另一方认为是非正义、非道德而予以坚决反对的政策。冷战结束后,东西方对峙减少了,但敌对的两个国家之间对同一政策的看法仍然存在这种对立的状况。

第二,对外政策不仅涉及国家利益,而且具有很强的政治性,关乎政治家(即政策制定者)的政治前途和命运。这一特点导致对外政策的评估具有高度政治性。抛开国际层面对立的双方,即使在同一个国家内部,也可能因为政治派别和立场的不同而对同一政策存在完全不同的评估。这种基于不同政治立场的政治层面的评估,在西方多党竞争执政的国家尤为突出。如民主党的美国国务卿克里(John Kerry)称,共和党执政时期于2003年发动的伊拉克战争是一个严重的错误,这显然不同于共和党对这场战争的评价。

第三,抛开政治层面的分歧所产生的差异,社会环境、经济地位、教育背景、认知水平和看问题的角度等方面的差异也会影响对同一对外政策的判断。这种状况不仅存在于对外政策领域,在其他领域也非常多见。"手术很成功,但病人死了"就是一个典型的例子。对于医生来说,一次开拓性的手术可能为将来类似手术做了非常有益的探索,达到了预期的目标,因而是成功的。但病人和家属判断手术成功与否的唯一依据则是病人是否得到了救治。又如,判断学习一门课程是否成功的标准,既可以是从该门课上获得知识的多少,也可能是该门课程获得成绩的高低。采取哪一个标准完全取决于评判者的出发点。同样,对外政策研究者和制定者对同一政策优劣、得失的评估往往也有差别,对外政策理论和实践领域的专业人士与一般的公众认识也经常不一样。

第四,对外政策的评估受到特定国家政治环境的影响和历史发展环境的影响。一项对外政策有短期的目标,也有长期的目标。对一项对外政策的评估在不同的时期可能有不同的认识和看法。如1876年,美国国务卿威廉·西华德(William Seaward)以720万美元的价格从俄国手中购买了阿拉斯加。西华德的这一做法当时在美国国内饱受非议,国内民众认为他浪费了纳税人的钱,买了一大块无用的土地,并把阿拉斯加叫作"西华德冰箱"或"西华德养蛙池"。① 但是,时至今日,不会有人认为西华德当年重金购买阿拉斯加是一项错误的决定。2003年美国对伊拉克战争,付出了惨重的代价,招致美国国内和国际上的批评和争议。十多年后,美国哈佛大学的国际关系学者约瑟夫·奈(Joseph Nye)却认为,仅用十年的时间来评价伊拉克战争,可能还为时尚早,因为战争的结果仍有待时间的进一步检验。②

还有一类情况则是,对外政策的目标在短期内得到了实现,但其消极方面却逐步暴露出来。如冷战结束后,美国仰仗其唯一超级大国的地位,在对外政策中放弃了对和平手段的利用,频频使用武力,多次动用军事力量武力干涉他国的政策在前期都取得了成功,比如推翻了美国反对的政权,控制了重要的资源或战略要地等。但是,外来武装干涉在被干涉国的民众中播撒下仇恨的种子,它所造成的心理伤疤经过数代人的时间可能都无法消弭。这种来自于他国民众的敌视和反感将会对国家间的长远关系产生重大影响。

第五,对外政策只是确立了目标和行为路线,政策最终的成功取决于政策的落实,一项政策的成功与否有时候并不取决于政策的制定。即使是一项好的政策,也可能由于落实政策手段的拙劣或环境的变化导致对外政策落实的失败。这在各国对外关系史上也不少见(见本书第三章有关小集团思维部分的内容)。历史上也不乏糟糕的对外政策因为得到"上帝之手"的帮助而阴差阳错成功的例子。还有更多可能的情况,评估起来就更难了。比如,政策制定者自知政策最终将失败,但出于政治考虑而不得不为之;政策制定者出于各种各样的原因,公开表述的对外政策目标并非政策制定者的真实目标;政策目标虽然实现了,但从成本收益的角度考虑,付出的代价远远超出政策目标实现后所带来的收益。这些情况多是受政治因素的影响,如何评估也往往成为政治议题。

尽管有各种各样的因素影响对外政策的评估,但并不妨碍学者建立一

---

① 严维明:《阿拉斯加:美国心目中的"明星"》,《世界知识》1979年第14期,第14页。
② 〔美〕约瑟夫·奈:《评价伊战,十年尚早》,《中国国防报》2013年3月26日第11版。

套学术性的、尽量客观的对外政策的评估指标。既然对外政策是为了追求利益的有目标的行为,这种目标可能是理性行为者眼中的政府或领导人所代表的目标,也可能是一种表面对外、实际对内的目标,也可能是官僚政治或国内政治斗争取得胜利的一方或多方的利益目标。学者可以根据在对外政策中确立的对外政策目标和政策结果对目标实现的匹配程度,来判断对外政策的成功与失败。这种指标不会因国家的不同而有所不同。如果对外政策的实施结果实现了政策制定者的目标和愿望,就可以说,这一对外政策是成功的。做到客观评估的条件:一是避免违背客观公正的原则与科学的态度且带有浓重感情色彩的情绪化论断;二是避免将对外政策的评估蜕化成出于政治目的而展开的舆论宣传。

关于朝鲜战争和抗美援朝结果的评估

国内外学界对朝鲜战争和抗美援朝有着完全不同的叙述和评价。中国认为中国抗美援朝取得了成功,也常引用美军第一任参谋长联席会议主席布拉德利(Omar N. Bradley)将军的话——美国是在错误的地方和错误的时间与错误的敌人进行了一场错误的战争——来证明中国政策的正确。这样的判断不可避免地受到冷战期间国际环境和不同国家内部形势的影响。一个客观的评估标准是,根据对每一方参与这次战争的目标以及战争结果对这项目标的落实程度来提出自己的判断。具体来说:

如果朝鲜战争是韩国在美国的支持下发动的,旨在实现韩国在朝鲜半岛的统治,显然制定政策的韩国和支持韩国这一政策的美国都失败了,它们的目的都没有实现。

如果朝鲜战争是朝鲜在中国和苏联两个社会主义国家的支持下发动的,旨在实现朝鲜民主主义共和国在朝鲜半岛的统治,而战争的结果并没有实现这个目标,那么不管是对于发动战争的朝鲜,还是对于支持朝鲜的中国和苏联,该政策显然没有成功。

就直接进行对抗的中美两国来说,如果美国参战目标是阻止北方击败南方而统一朝鲜半岛的话,它实现了这一目标,政策显然是成功的。如果美国在越过"三八线"后,将政策目标调整为在韩国的统治下实现朝鲜半岛的统一,这个政策目标自然没有实现,那么这个政策就是失败的。

中国抗美援朝的目标是阻止美国军队越过三八线占领整个朝鲜半岛,从而把军队部署在中朝边界,那么这个政策的目标显然得到了实现。如果中国在越过三八线后,再次希望将美军从朝鲜半岛赶出去,甚至实现朝鲜民主主义共和国的统一,显然也没有成功。

至于有些学者以中国抗美援朝后所出现的负面后果来判断中国抗美援朝的决定则是典型的错置评判标准,比如有人批评抗美援朝恶化了与西方大国的关系、冻结了中国在联合国的席位问题、阻止了台湾与大陆的统一、付出了巨大的经济代价等。这些代价是朝鲜战争爆发、美国干涉政策的结果,而不是中国抗美援朝政策的结果。这样的判断反映出相关学者混淆了朝鲜战争和抗美援朝的概念。可以说这些消极的后果都是朝鲜战争引发的,而非抗美援朝的后果,抗美援朝政策实际上减少了朝鲜战争给中国外交带来的消极影响。

规范性的预测

一切科学的目的,最终都是为了服务人、造福人。对外政策研究也是如此。对外政策分析的目标,归根结底也是为了认识特定国家或国际关系行为体对外政策形成的机制,把握其对外政策的规律,掌握影响这些行为体对外政策的主要因素,从而为未来的对外政策提供行动借鉴和指南。这种指导有两种含义:对于研究者来说,利用描述功能所提供的各种信息和分析功能所提供的各种相关因素的因果分析,推测出对外政策在未来将如何发展变化,告诉人们特定国家对外政策将来会如何发展,进而提出规范性(normative)或规定性(prescriptive)的研究;对于决策者来说,根据以往政策制定的特点以及对政策结果的评估,借鉴经验教训,制定更加有效的、更好的对外政策。二者密切联系,有相似之处,但又有所不同。

预测是对外政策分析的潜在目标之一。"预测"在汉语里可分解为两个字,一是"预",二是"测"。"预"就是预先、事先的意思;"测"指测量或估计,也可指猜测、猜度或料想等。预测的整体解读就是预先对事物进行推测或估计。预测是危险的,这是所有学科的共识。在对外政策和国际关系实践中充斥着众多失败的预测,但这丝毫没有减少预测对学者的诱惑。

与汉语的"预测"相对应的英文词有两个,一个是"prediction"(猜测),另一个是"forecast"(预报),两者具有不同的内涵。猜测被理解为在特定的条件下一定发生特定的结果;预报是建立在可能性的基础上,表述的是特定的一类现象或多或少发生的可能条件,而非指定其(一定发生的)充分和必要的条件。简单来说,猜测式的预测实际上是单一结果的直线性推测;而预报式的预测是多元结果的有条件的预景式预测。

从对外政策研究的角度看,影响对外政策形成的要素是众多的,既有国际的也有国内的,难以控制的变量数不胜数,再加上政治局势风云变幻,未知事物不断涌现,对国际关系和对外政策进行单一结果的直线性猜测的预测只会谬误百出,不具有任何学术价值和意义,现实对外政策研究也很少进行单一的直线性预测。国际关系和对外政策历史上发生的预测失败,多属于对某种单一结果的直线性预测。

从科学的角度来看,预报式的预测需要依据一定的理论和方法进行有根据的推导,而不是毫无科学根据的主观想象。这种推导就是建立在对事实有充分了解、对影响某一特定对外政策的要素进行系统分析、把握客观规律的基础上的,依据一定的经验和方法,对现在事件的未来后果或未来可能发生的社会现象进行有条件地推测和判断,并最终形成多元结果的一系列供选择的预景方案。这种预测的目的在于帮助人们趋利避害,设计符合自身利益需求的社会发展目标,选择、创造和控制达到未来理想社会状态的途径和方法,为决策者做出科学决策、制定社会未来的远景规划提供依据。

相对于国际政治中大量的预测失败,人们日常生活中接触较多的天气预报可以提供一个可比较的例子。天气预报之所以成功,在于人们掌握了冷暖空气在不同气压作用下的流动规律,知道高压带的气流流向低压带就形成了风,热空气与冷空气的交汇就形成了雨。随着人们对气流和天气规律把握得越来越准确,天气预报也越来越准确了。对特定国家对外政策的预测也应该建立在对这个国家对外政策分析的基础上。更确切地说,就是通过描述和众多的系统分析,掌握一个国家对外政策制定的内在机制,对影响一个国家对外政策的变量发挥作用的条件和方式有了比较清楚和确定的了解,才可以理解这个国家在特定问题领域内或对特定对外政策对象的多种可能政策。只有建立在了解对外政策不断重复的规律的基础上的预测,才可以帮助人们在政策制定和研究设计时对将来不同的发展可能制定以防万一的计划。

任何有意义和价值的预测都是建立在对相关社会现象内在动力机制把握的基础上,对外政策行为也是如此。只有掌握了这种现象产生和发展的规律、成功和失败的原因,并根据这种规律,对未来行为做出限定性的预测,提出合理、可行的规范性建议,告诉政策制定者该如何趋利避害、该如何制定更好的政策,这才是科学的预测;否则就无异于民间的抽签。本书第三章谈到,贾尼斯(Irving Janis)在对小集团思维可能对政策结果产生的消极影响进行了系统的比较研究后,提出了详细的如何避免这种消极影响以提高对外政策质量的建议。本书第二章阐述了巴伯(James Barber)在总统人格研究的基础上,向美国选民提出具有主动—积极型人格的人最适合当总统的观点,进而警告美国选民千万不要选举积极—消极型的领导人。这样的规范性预测是在多个实证分析的基础上提出的,因而具有指导意义。

从内在逻辑上看,描述是基础,解释性的分析是在描述的基础上进一步的深化,评估是为了认识相关政策的成功与失败,预测是在描述、解释和评估基础上的进一步发展。描述—解释—评估—预测,实际上就是认识由简单到复杂的逐步深入的过程。如果把整个国际关系和对外政策研究看作一个完整的认识过程,只有预测才是最终的完结阶段,"只有回答了关于未来的问题,才能证明科学知识的形成已到了完成阶段"。① 但是,所有的学科都是以分析决定因素、找出动力机制为核心,而非以简单的预测为重心,因为找到了内在机制,人们自然就知道未来该采取何种行为。所以,分析性研究是各维度研究的核心。

第三节 对外政策分析的发展和流派

任何一个学科的兴起都是特定历史环境下社会需求的结果,但没有一个学科是没有经过长期的历史孕育而突然产生的。从学科发展历史的角度看,对外政策的研究经历了把国家当作单一行为体,采用理性行为者的分析方式对政策进行分析,到对决策机制和过程的研究,再到建立宏观和具有普遍性的对外政策理论的比较对外政策研究,最后发展到使用不同分析模式,从不同途径探讨众多因素影响对外政策的机制和结果的分析性研究,经历了几代学者的共同耕耘和努力,发展到今天多种分析模式"百家争鸣"的阶段。

对外政策研究渊源

战争与和平问题是国际关系、外交学和对外政策研究的根本问题。每一场战争都可以说是外交失败的结果,每一次战争也都可以说是邪恶对外政策的结果。解释战争爆发的原因,进而阻止战争的爆发是国际关系、外交学和对外政策研究的共同目标。

战争给人类带来了巨大的灾难,战争也推动着人类对战争根源的认知水平的提高。对于国际关系、外交和对外政策的研究来说,战争是最大的发展动力。从1618年到1648年,由神圣罗马帝国的内战演变而成的第一次全欧洲的战争,以哈布斯堡王朝战败并于1648年签订《威斯特伐利亚和约》而告结束。该和约确立了民族国家的概念和主权国家平等、各国内政

---

① 〔俄〕科索拉波夫:《社会预测方法论》,顾镜清译,贵阳:贵州人民出版社1985年版,第17页。

独立等当代外交的基本观念和规范,约束了国家对外政策和行为,标志着现代意义的民族国家产生,形成了现代国际关系体系,维护了欧洲一百多年的和平。

1914年到1918年,导致世界主要地区都卷入其中的第一次世界大战,促使了人们进一步探索战争的根源。对于战争为何爆发以及如何避免类似战争再次爆发等问题,人们提出各种不同的解释和处方。其中美国总统威尔逊和新成立的苏俄领导人列宁在批评了旧外交传统的基础上,提出了公开外交和民族自决等主张。但是,他们在对战争根源的认识和如何消除战争等问题上提出了不同的思路,形成了两种截然不同的理论。

威尔逊认为,建立在私有财产基础上的自由民主制度是确保国家对外和平的关键。他提出通过在国内建立民主制度、在国际上建立解决国家间纷争的国际组织来实现世界和平的理想。列宁认为,私有制是战争的根源,只有废除私有财产,建立公有制的社会主义制度才能从根本上消除战争。他们对战争根源的不同认识,超越了他们在外交手段上的共识,导致了两个观念之间的尖锐矛盾和对立。最终,仅仅二十年后世界就爆发了规模更大、危害更大、伤亡人员更多的第二次世界大战。

第二次世界大战后,东西方之间的冷战,既是地缘政治的对抗,也是威尔逊主义和列宁主义所代表的理念和建立在这两种理念基础之上的社会制度之间的竞争。这种对抗和竞争所形成的两极格局,成为限制和制约所有国家对外政策选择的最重要的因素。这个时期兴起的现实主义认为,国际格局以及其中力量布局的变化是对所有国家都施加影响的冷酷无情的力量,国家在国际体系的行为取决于国际体系的性质和国家的实力,而不是国内政治因素。个人很难对外交政策的结果有实质性的影响,不同个性的人在同样条件下会做出同样的决定,对外政策被看作是国家应对权力结构的结果,对外政策研究依附于国际关系研究,或被看作是国际关系的一部分,对外政策决策过程被认为是一个理性选择的过程。

理性行为模式

现实主义认为,国际政治与国内政治的显著不同,在于国内政治中有一个等级分明的权威和制度,政府通过法律等国家机器实行管理,维护国内秩序。相对而言,国际体系内不存在一个至高无上的权威,因为没有权力的强制实施,国际法的力量仅限于规范作用。在这种体系中,承诺没有约束力,暴力和战争是国际体系的自然状态,国家对利益的追求主要表现为对安全的追求,国家实力的均势是确保这种目标最主要的手段,军事力量是安全的保障,也是国家政策的目标。

在无政府状态的体系内,人类主要不是作为个人而是作为社会群体存在的。这种社会群体主要以国家的形式出现。国家被看作是单一的(unitary)、不可分割的(monolithic)理性行为体。国家对外政策是领导人代表国家在追求权力、安全或其他国家利益时的理性选择。决策者在决策过程中能获得决策所需的信息,因为他们都是理性的,他们对国际形势的判断都是准确的,所有政策选项按照可能给国家带来的利益多少有序地排列,按照追求价值最大化的原则,分析每一政策选项的得失,进行理性的平衡,最终根据市场和功利原则或理性规范,追求利益的最大化。因为国际体系是影响所有国家的客观力量,不管是谁担任领导人,在同样的条件下都会做出同样的选择,谋求实现国家利益的最大化,选择是静止的理性的过程。按照这样的逻辑,如果一个国家采取了一个对外政策行动,那么这个行动一定是有目的的,一种政策选项的代价越高就越不可能被选做政策,一种可能的代价越低就越有可能被选中。

理性行为模式与古巴导弹危机期间美国封锁古巴的决策

1962年10月,美国情报部门发现苏联将导弹部署到古巴。美国认为,这对美国的国家安全构成了严重的威胁,面对这一威胁,必须做出政策选择,予以回应。

在确认相关信息后,美国政府成立了以总统为首、由14人组成的执行委员会(Executive Committee),他们将所有的其他任务放在一边,迅速和认真地研究应对这一威胁的所有行动路线和政策选项。这个小组代表总统而不是他们担任职务的不同的部门。他们在做出最终决策前对以下主要政策选项的得失进行了评估后,理性地选择了"封锁"这一政策选项。

选项1:什么也不做。支持这一政策的考虑是,美国已经生活在苏联核恐怖之下,来自古巴的导弹与来自苏联的导弹没有什么区别,真正的危险是美国过度的反应。美国应该平静地宣布这个事实,让苏联不能从中捞到任何好处。但这一选项的消极方面是,低估了苏联在古巴部署导弹的军事意义,因为苏联的行动的确改变了双方的战略对比态势,缩短了美国的预警时间,政治上的影响也是不能低估的。

选项2:施加外交压力。具体来说,就是要求联合国或美洲国家组织派出调查团,或秘密直接与赫鲁晓夫接触,甚至可以举行一次美苏首脑会晤,要求苏联将在古巴部署的导弹撤出。作为交换,美国承诺关塔那摩基地的中立化,并从土耳其撤出朱庇特导弹。这个政策的积极方面是,通过和平的方式解决危机,确保美苏关系的稳定。但消极的后果是,苏联在联合国拥有否决权,联合国不可能采取任何措施逼迫苏联将在古巴的导弹撤出;与赫鲁晓夫接触可能中了他的圈套,他会趁机要求美国从土耳其撤出导弹,这将导致美国的欧洲盟国的不安,使美国失去信誉。

选项3:秘密与卡斯特罗接触。利用这次机会在苏联和古巴之间打入一个楔子,分而治之。这个政策选项的积极方面是,通过外交手段解决问题,改善美古关系,消除苏联对古巴的影响。但消极方面的问题是,在古巴部署、防卫和控制导弹的是苏联导弹部队,而不是卡斯特罗政府。拆除导弹的决定需要苏联人做出,也需要苏联人实施,而不是古巴领导人。

选项4:入侵古巴。这个选项的优势是,它不仅可以清除苏联在古巴部署的导弹还可以推翻卡斯特罗政权,一劳永逸地解决古巴问题,并且美国海军已经为此做了长期的准备,这是一次很好的机会。但这个政策选项的不利之处是,入侵古巴可能导致美国与在古巴的苏联军队发生直接的军事冲突,可能让两个超级大国走到核战争的边缘,也可能导致苏联对柏林采取类似的行动。

选项5:空中打击。这个选项的优势是,在苏联人知道美国已经发现其在古巴部署导弹和导弹可操作化之前,利用常规武器快速、干净地摧毁导弹。但不利的是,有些导弹可能还没有被发现,或者有些导弹可能在被美国袭击过程中就被使用。此外,空袭可能使苏联领导人面临巨大的压力而对土耳其或柏林采取报复措施。

选项6:海上封锁。海上封锁政策的不利之处是可能导致苏联对西柏林同样的封锁;在封锁过程中,如果苏联船只不停,美国被迫开第一枪,苏联的报复不可避免,与空袭的结果无异;封锁违背传统的海上航行自由的原则;导弹在陆上,而封锁在海上,而且在美国封锁期间苏联会加快完成部署。这个政策的积极方面是,封锁处于什么也不做和空中打击两个极端政策之间,既表达美国的强烈意图,又不过激;将决策的压力推给苏联领导人,他们需要决定下一步如何做;从地缘上看,如果美苏发生海上冲突,没有比加勒比海地区对美国更有利的地方;在随后的非核武器对抗中可以展示美国的常规实力,充分利用美国的优势。

最后,在对以上各个政策选项的有利和不利的要素与后果进行分析评估后,执行委员会选择了在海上封锁,并最终成功地逼迫苏联将在古巴部署的导弹撤出。①

在冷战期间,尽管两大阵营具有不同的社会制度和意识形态,但是双方在看待对方或对方阵营成员的行为和政策的时候,都不约而同地把它们看作是理性的行为体。如在冷战期间中美关系中,美国把中国政府人格化,把中国政府看作是理性的人,或者把中国称为"红色中国"或"共产党中国"或"毛的中国"。同样,中国也把美国看作理性的人,把美国总统当作美帝国主义的代表,不管批评或谴责美国,还是缓和与改善与美国的关系,矛头和对象都是美国总统。

学界在分析和理解冷战期间国家对外政策时,都是以理性行为模式为基础,普遍忽视国内因素。冷战期间主要的中层理论要么把两个竞争的国

---

① Graham T. Allison, "Conceptual Models and the Cuban Missile Crisis," *The American Political Science Review*, Vol. 63. No. 3, pp. 696-698.

家看作是理性的博弈的对手,或采取的每一步骤都是为了赢得对方(博弈理论);或者认为对方的每一个行动都是对自己的威胁,因此采取相同的手段增加军事力量,进而导致一种恶性循环(安全困境);或者把另一方当作理性者,向他们发出明确的威慑信号,相信对方可以接收到并理解这些信号,理性地对所采取行动的后果进行分析,从而避免采取相应的行动(威慑理论);或者向对方发出信号,胁迫另一方采取行动,否则承担严重的后果(胁迫外交)等。两个超级大国也好,两大阵营也好,抑或是其他国家也好,概莫能外。它们的领导人或决策者都是按照预期-效用模型和成本-收益计算来行动,都能在权衡不同行为结果的利弊后做出冷静、清醒的政策选择。

国际关系研究中的博弈模式、安全困境、威慑理论和胁迫外交等理论的基础,都是以国家是理性人为假设的前提,认为每一个国家都会理性地接收和分析信息,进行理性的计算或权衡,进而采取相应的政策行动。不管国家大小、地区或社会制度的差异,研究者也都根据这些模式分析不同国家的政策选择过程,忽视了决策人的情感和认知,以及决策环境的影响与影响决策过程和结果的其他社会、政治和文化历史因素。

冷战期间国际关系和对外政策研究的一个主题,是如何阻止战争或如何阻止冷战失控转变为热战。但是,冷战并没有发展成为大规模的热战,而是以苏联自行解体、社会主义阵营转轨的方式结束。西方政治家在对"赢得冷战"弹冠相庆的时候,学术界开始冷静思考。多数人认识到,并不是美国赢得了冷战,而是美国失去了冷战的对手。主流国际关系理论一直试图从体系层次解释国家对外政策和行为,结果却发现是国家对外政策改变了国际体系的结构,而不是相反。因此对对外政策的研究开始受到重视。

对外政策决策研究

理性行为模式是对外政策分析的一个理想模式(ideal type),但对外政策并非一个单一的理性行为体做出的,而是由处于国家不同机构的人以国家名义、在复杂的过程中制定的。在现实主义占主导地位、国际关系研究集中在对体系层面的力量平衡进行分析的时候,斯奈德(Richard Snyder)和另外两位同事于1954年发表《决策作为研究国际关系的一个方法》一文,首次提出决策研究的视角。这篇被认为是对外政策研究肇始的文章指出,"决策是一个决策者为达到事物未来所期待的状态,从社会所限定的各种不确定途径中选择一个行动计划的过程"。① 他们提出,"对外政策决策是一系列可以分别予以分析的慎重决定",研究对外政策的过程与研究对外政策的结果是一样重要的,如果想探究国家行为的条件和国家间相互关系的规律,对决策的分析显然是必要的。他们甚至认为,"如果不分析对外政策决策,就不能回答'为什么'的问题"。②

那么该如何研究对外政策的决策呢?他们提出,解释一个国家对外行动的关键,在于其决策者作为行为者"对环境的判断"。他们对环境的判断又取决于决策机构内部成员之间的关系、他们所在的国际和国内环境,以及决策者个人的个性、价值观念和认识等。因此,对外政策的研究需要结合社会学和人类学等学科的一些研究方法和成果。③ 只有把研究对象从抽象的国家转向具体的决策者和参与决策的组织,通过分析决策过程的某些共同的因素,如政策制定的参与者和组织,他们的个性、动机、生长环境,以及决策者之间的相互关系等,才可以准确地研究对外政策的结果。

这种将国家决策机构和决策者分解开来,通过对研究对外政策决策的"各个部件"之间的关系来分析对外政策的方法与传统地将国家看作是单一的追求国家利益的行为体的方法有很大的区别。根据对外政策决策的视角,美国不再是单一和理性的美国,而是由不同机构和代表不同机构的人组成的。在特定对外政策议题上,不同机构可能分别或同时采取行动,但它们分别行动不一定就能形成统一的"美国"对外政策,国家利益实际

---

① Richard C. Snyder, C. H. W. Bruck, and Burton Sapin, *Foreign Policy Decision-Making*, Glencose, IL: Free Press, 1962, p. 57.
② Ibid., p. 12.
③ Ibid., p. 65.

上也不是"国家"的利益,而是不同机构和不同的人的利益,在特定的环境下,决策者的"理智"也是有限的。因此,将国家当作一个理性的行为主体是不现实的。

关于对外政策决策的研究,后来形成了两个分支,一是借助政治心理学的方法对决策者心理过程的研究,一是对决策制度和机制如何影响决策结果的研究。这种对外政策研究都被称为对外政策决策研究。

运用政治心理学方法对决策者的研究　人们习惯认为,所有对外政策都是在一定的国内外形势下产生的结果,结构现实主义是其代表。但形势和环境并不自动形成或决定对外政策,而是需要决策者在决策过程中把这些因素考虑在内才能影响政策的结果。从决策过程中人和环境的关系角度研究对外政策是对外政策研究的核心。

哈罗德和玛格丽特·斯普劳特(Harold and Margaret Sprout)是较早将人与环境的关系纳入国际政治研究的学者。他们于1956年发表的国际政治环境下人与环境关系的相关研究成果,随后引起了国际关系研究界的广泛关注。他们将客观的现实环境称作"操作环境",因为对外政策制定出来需要在这样的环境中实施;将决策者认识和观察到的环境称作"心理环境"。受到人的差异的影响,两者常常是不一致的。从对外政策决策的角度看,心理环境要比客观环境更为重要,甚至可以说心理环境是理解和认识对外政策的制定和打开制定对外政策"黑匣子"的关键。

要了解对外政策决策者的心理环境,需要将对外政策制定者个人的生长环境、信仰系统和信息处理过程作为对外政策决策研究的核心。这一派仍然是对外政策决策研究的主流,至今发展成为对领导人的心理分析、对决策者的人格研究、对决策者的信仰认知过程等个人因素进行研究多个分支。这些研究早期受认知一致性思想的影响,后来随着认知社会学的发展,形成了对认知过程每一个阶段都进行研究的方法,包括知觉、问题表征、认知的一致性、信仰的影响、历史学习、领导人的行为码的差异和影响等。

对决策者的研究也扩展到对决策者的精神文化环境的研究。一个国家对外政策的决策者是在特定的文化氛围中长大的,他们作为国家的领导人,其言行代表了这个国家的民族文化精神。这种特定的文化特点就构成了领导人的"心理环境"的一部分。反过来,代表国家制定政策的领导人则反映了一个民族特定的文化模式。他们在制定对外政策的过程中必然有意无意地把存在于他们意识深层的文化价值体现出来,使本国的对外政策不同于他国的对外政策。对决策者的研究也扩展到对决策者的历史和民族文化特点以及社会特性的研究。只是随着研究范围的不断扩大,多数已经不能再称为决策研究,而成为对外政策分析所关注的不同的层次。

对决策机制和决策过程的研究 任何人都不是在真空中制定政策的,即使那些独裁者也需要利用制度来推行自己的意志,在一定的机制内制定政策,并需要一定的机制来落实这些政策。决策研究的第二个视角是从决策机制和过程的角度分析政策的结果。这种研究的根源可以追溯到德国学者马克斯·韦伯(Max Weber)的社会学理论,后经由一些美国政治学者在20世纪60年代初引入对美国政治的研究而受到广泛的关注。

将决策机制与决策过程成功运用于对外政策研究的例子,是哈佛大学的阿利森(Graham Allison)20世纪60年代中期领导的小组对美国对外政策决策的研究。在他们研究的基础上,阿利森于1969年发表了《概念模式与古巴导弹危机》一文,随后于1971年出版了《决策的本质:解释古巴导弹危机》一书,在对外政策决策研究史上确立了一个里程碑。

阿利森的研究不仅用传统的理性行为模式对古巴导弹危机过程中美国政府的决策进行研究,而且提出了两个新的切入点或新的概念模式,即组织过程(organizational process,该书1997年再版的时候被称为organizational behavior)和官僚政治(bureaucratic politics)。三个模式对古巴导弹危机期间美国封锁古巴的决策过程提供了三种不同的解释。按照第一种模式的分析,美国封锁古巴的决策是一个理性选择的过程;组织过程或组织行为模式的分析认为,美国封锁古巴的决策过程是一个政府不同部门按照各自的"标准工作程序"运作的产品;而官僚政治模式则把美国的决策过程看作是代表不同部门的决策参与者相互斗争和妥协的政治结果。

《决策的本质》出版后,阿利森与他的同事霍尔普林(Morton Halperin)完善了官僚政治模式,进一步提炼了官僚政治模式的特点。官僚政治模式引发了广泛的关注,有不少学者用这种模式对不同国家对外政策的决策过程进行研究,也对这种模式进行了尖锐批评。在这个过程中,官僚政治模式不断与对外政策分析的其他视角,如社会认知视角、组织文化视角以及主要决策者(总统)的个性视角等结合起来,得到进一步的丰富和完善,成为对外政策决策研究中最为普遍的模式。

"小集团动力"(small group dynamics)是从决策制度的角度研究对外政策决策的另一个重要视角。大多数政府决策,特别是敏感和重大的对外政策决策,都是由决策核心在比较小的范围内做出的,参与决策者是主要政府部门的领导人,往往是得到最高领导人信任、相互之间关系融洽的领导人。社会学家和心理学家很早就开始关注和研究小集团活动对决策可能造成的影响,贾尼斯对美国对外政策决策失败的研究引发学界广泛关注。他在《小集团思维:决策及其失败的心理学研究》中提出了"小集团思维"的决策模式,即政策制定群体对小集团内部的团结的追求超过对合理政策结果的追求,因担心小组的分裂或担心自己被看成与其他小组成员不一致,不愿意或不敢提出不同的意见,以至于不能对客观现实进行充分的估计,不能对应当考虑的政策选项都进行考虑,最终导致不科学的对外政策及其实施的失败。贾尼斯对"小集团思维"现象的研究带动更多的学者对决策过程中的这一现象进一步深入的研究,包括对贾尼斯提出的一些原则进行实证的检验和加以改进的努力,"小集团思维"很快成为政治学、社会学和管理学教科书中用于研究小组决策的概念和模式。

比较对外政策

对外政策决策研究主要关注的是决策者以及决策机制和过程对决策结果的影响,但影响和制约对外政策的要素众多。如何将影响对外政策诸要素都纳入到对外政策的研究中,是比较对外政策研究的目标。

比较对外政策研究是为响应罗西瑙(James Rosenau)1966年发表的

《对外政策的预理论》而形成的。① 影响一个国家对外政策的因素是多方面的,试图解释国家对外行为(特别是战争)的学者提出从不同层次进行分析的尝试。如沃尔兹(Kennefh Waltz)在《人、国家与战争》中提出三个层次的分析方法——个人、社会和国际体系。后来他更多地将注意力集中在国际体系的影响上。辛格(David Singer)强调在国际体系和民族国家两个层次的平衡分析。帕特南(Robert Putnam)在此基础上提出后来著名的对外政策"双层博弈"理论。杰维斯(Robert Jervis)则主张从外交决策过程(个人)、政府、国家特性和国内政治以及国际环境四个层次研究对外政策和国际政治,并把研究重点放在决策者个人的信仰、经历、处理信息的过程对政策决策结果的影响。赫尔曼(Charles Hermann)等则将所有影响对外政策的因素分为七类——政治领导人的个性、决策结构和过程、政府机构的特点、民族和社会的特性、国家关系格局的特性、一个国家历史环境,以及以前的外交行为、国际和国内形势转换过程的特点等。

针对影响一个国家对外政策因素众多的情况,罗西瑙指出,"找出影响对外政策的因素并非就能追踪这些因素是如何施加影响的。理解影响对外行为的过程并非揭示了它们如何以及为什么在这种环境下发挥作用,而在另一个环境下则不然。认识到对外政策受到内外两种因素的影响并不等于理解了这两者之间如何混杂在一起,或在何种条件下其中一个因素决定另外一个因素……对外政策分析缺乏全面的可以检验的概括性的系统性理论……对外政策分析缺乏普遍性的理论"。② 他呼吁建立一种宏观、简洁、普遍适用和可以比较,并能够经得起科学的方式进行检验的解释对外政策的普遍理论(general theory)。

在罗西瑙呼吁建立比较对外政策理论后,不少研究报告、博士论文以及教科书为此做出了努力。美国国际问题研究学会(International Studies Association, ISA)下成立了比较外交政策分会。罗西瑙不断地给自己的理

---

① James N. Rosenau, "Pre-theories and Theories of Foreign Policy," in R. Barry Farrell, ed., *Approaches in Comparative and International Politics*, Evanston: Northwestern University Press, 1966, pp. 98-151.

② Ibid., pp. 98-99.

论增加新的内容,优化对比较外交政策研究已经做出的成果,比如国内根源论(domestic source,1967 年)、连锁政治(linkage politics,1969 年)、适应性理论(adaptation framework,1970 年)。1974 年罗西瑙主编的《比较外交政策》标志着比较对外政策研究已经形成了一个具有相当规模的学术群体。对外政策分析是在比较对外政策研究的基础上演变而来的。

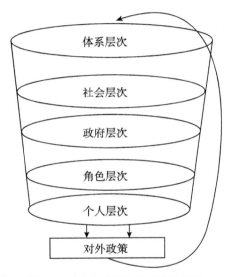

图 1-2 影响对外政策因素的层次

为了建立一种宏观理论,发掘不同层次因素在不同国家和地区对外交政策决策的影响,罗西瑙将可能影响对外政策的潜在的决策因素划分为五类——体系因素、社会因素、政府因素、决策者的角色因素和决策者的个人因素。他又按照国家规模(如面积和拥有的资源)、经济状况(state of the economy)和政体(state of the polity),把国家划分为大国和小国、发达国家和欠发达国家、开放的国家和不开放的国家,据此把世界的国家归为八类,在每一类国家,这五种因素将发生不同的作用。例如,在一个大的、开放的和发达的国家(如美国),影响对外政策的不同层次要素的重要性排序是:角色(即总统)——社会——政府——国际体系——个人;而在一个小的、不开放和欠发达的国家(如朝鲜),影响对外政策的不同层次要素重要性的排序是:个人——国际体系——角色——政府——社会(参见表1-1)。①

表1-1 影响对外政策决策的潜在因素

规模	大国				小国			
经济发展状况	发达		欠发达		发达		欠发达	
政体	开放	不开放	开放	不开放	开放	不开放	开放	不开放
不同层次要素重要程度排序	角色 社会 政府 体系 个人	角色 个人 政府 体系 社会	个人 角色 社会 政府 体系	个人 角色 社会 政府 社会	角色 体系 社会 政府 个人	角色 体系 体系 个人 政府 社会	个人 体系 角色 社会 政府	个人 体系 角色 政府 社会
代表国家	美国	苏联	印度	中国	荷兰	捷克斯洛伐克	肯尼亚	朝鲜

建立比较对外政策的宏观理论的努力,广泛使用当时流行的行为主义研究方法。为了解决对外政策研究的操作化问题,比较对外政策将研究对象从看不见的抽象对外政策转向可以看得见的对外政策行为,通过搜集有关信息,找出分散、具体的对外政策行为或外交事件,对它们进行量化编码,对不同的事件予以赋值,建立相关行为的数据库,或找出有关一个国家对另一个国家的政策行为的曲线,从而显示不同国家的对外关系状况。从1967年到1981年间,仅美国政府就出资500万美元来支持建立这样的数据库。比较著名的包括为国际问题研究而建立的数据库(DDIR)、世界事件相互关系调查(WEIS)、冲突与和平数据库(COPDAB)、各国事件比较研究(CREON)等。

这些数据库的建立为运用行为主义的方法研究对外政策提供了方便,也为从事比较对外政策研究的学者奠定了对外政策研究的基础。他们明确了对外政策的目标、方式、能力和政策根源等概念,区分了描述与分析、相关联系和因果联系、假定和模式、事实与价值。在方法论上善于运用量化的方法检验关于对外政策相互关系的各种假设,总结出国家对外行为的

---

① James N. Rosenau,"Pre-theories and Theories of Foreign Policy," in ibid., p.149.

规律,并据此来预测不同国家的外交政策。这些旨在建立一种简单的解释国家对外政策普遍理论的努力,较多地依赖对美国对外政策和一些西方民主国家对外政策的研究,较少关注和研究其他国家的对外政策。

但是,这种建立宏观比较对外政策理论的努力遇到两个问题,导致这一努力进入了一个死胡同。一是目标和手段之间的背离。这种努力的目的是要建立一种系统、简洁、普遍适用于不同国家的对外政策理论,但是研究的对象则是众多不同国家对外政策的细节。世界上国家众多,越具体和详细,就难以概括和找出共性,这种方法对于建立宏观理论无异于南辕北辙。

二是行为主义定量分析方式遭到质疑。运用行为主义的方法研究对外政策产生了不少成果,这些成果以"科学"的面目出现。这些研究过程是"客观的",但对对外政策行为和事件的定量过程是一个非常"主观"的过程。此外,量化研究的结果存在着两种看似矛盾的结果,即把复杂问题简单化或把简单问题复杂化。前者如把千变万化、充满模糊因素的对外政策行为用简单的量化的公式来表现,忽视了政策的细节和差异。后者则是把一些常识性的、原本很简单的问题用各种复杂的图表、曲线以及晦涩的语言来表达,使人如坠云雾。

此外,比较对外政策研究没有重视借鉴对研究对外政策非常有用的国际关系理论和比较政治学的研究成果。到了20世纪70年代,随着新自由主义的兴起和国家间相互依存的加强,比较对外政策研究逐渐式微,到了80年代,对外政策研究已经放弃了建立对外政策宏观理论的努力,对外政策研究进入了对外政策分析的阶段。

第四节　对外政策分析的主要特点

建立宏观比较对外政策研究努力的失败,是由对外政策自身的特点所决定的。主流的国际关系理论一般都是单一层次的理论,但是影响对外政策的因素是多元的,涵盖国内和国外两个领域。从对领导人的人格特点、他们对环境的认知和对信息的处理、政府的机制和决策的过程、国内的政治经济形势、历史文化特点,到国际力量的平衡和外部行为体对本国行为的可能反应等,都会成为影响本国对外政策的因素。这些因素都是分析对外政策决策过程所不可忽视的,但理论不能只是各种事实和因素的罗列,需要考虑多种变量之间的关系并将它们有机地整合为一个逻辑严密的体系,这就使对外政策理论化难度加大。

现实中不同层次的许多因素都会对政策的决策、制定和执行产生影响,但在研究对外政策具体操作层面,只能集中在某个具体的影响因素或自变量对政策决策过程和结果的影响,这使得研究中的变量是情势型的。在认识到建立一种跨国界和普遍适用的对外政策理论是不可能的之后,从事比较对外政策研究的学者放弃了这样的努力,而是将目标瞄向建立一种介于一般国际关系理论和具体行为或地区研究之间的中程理论,通过研究特定对外政策实践,概括或提炼出从一定层次的因素影响对外政策结果的模式,并用不同的模式对特定因素影响特定政策的过程和结果进行分析,而不是全景式地展现对外政策决策过程和结果。这是当今对外政策分析的主要特点。

概念模式或分析模式是可操作化的理论,也是对外政策实践中抽象出来的分析框架,是对现实有选择的简化和概括。如阿利森从摩根索的传统现实主义理论、霍夫曼(Stanley Hoffman)对美国对外政策的研究、谢林(Thomas Schelling)对冲突的研究,以及惠廷(Allen Whiting)对中国对外政策的研究中归纳出理性行为模式,从组织机构和国内政治理论与实践中提出了组织过程模式和官僚政治模式,并以这些模式为切入点对古巴导弹危机爆发后美国的封锁政策进行了详细的分析,开辟了用理论模式分析和研究对外政策的途径。

概念模式具有三种功能:分类、解释和预测。分类就是采用科学的方法,通过对对外政策的事件、现象、行为和行为体的主要特点的观察和描述,把它们分成不同的类型,找出其最重要的规律和特点,然后对这种现象进行解释。解释就是把分散和孤立的事件组织成有意义且可以理解的行为规律,提供一种"假如/那么"的内在联系机制。让观察者知道,假如条件存在了,而且动力因素也在起作用,那么就会产生特定的结果。预测就是在分析的基础上找出影响对外政策最为重要的变量及其内在的逻辑关系,以便在对未来的对外政策进行展望的时候,发现只要这种变量和条件是存在的,那么特定的行为就一定会发生。

在现实的对外政策研究中,研究者不可能把事件发生的整个过程中的每一个细节全部描述清楚,符合逻辑的解释要求研究者找出与事件发生相关的和具有决定性影响的因素,并按照约定的逻辑,找出相关的证据和材料,探讨分析特定因素对政策结果之间的联系。阿利森在《决策的本质》中提出,"概念模式不仅帮助分析家在解释一个特定行为或决策时编织捕捞现实材料之网,而且指导他到哪一个池子里去撒网、应该撒多深,以便捉到他想要捕捉之鱼"。① 概念模式指导研究者应该寻找哪些事实,如果找到了某些事实根据,那么就会发生什么样的事情。②

概念模式在帮助一个分析者解释复杂的对外政策决策,找出其最主要的特点及其相互之间的联系过程中的作用,类似于日常生活中的导游图,只要把最主要的地标画出来就可以指导旅游者顺利找到要去的景点。一项对外政策的研究不可能穷尽对外政策决策的详细过程,正如一张有用的导游图不可能把一个地区的详细内容全部放在地图上,只能标出主要的地理标志。一张含有一个地区所有细节的地图需要和这个地区一样大,一个穷尽了对外政策决策过程每个细节的决策研究需要将决策过程重复一遍。和实物一样大的地图和重复决策过程每一个细节的研究一样没有价值。

在对外政策研究放弃建立宏观理论的同时,传统上一直关注体系层次的结构变化而不关注对外政策的现实主义也开始关注国内政治因素。如沃尔兹在冷战结束前表示,虽然国内因素影响对外政策,但国际体系的

---

① Graham Allison, "Conceptual Models and the Cuban Missile Crisis," *American Political Science Review*, 63, No. 3, September 1969, p. 690.
② 〔美〕罗杰·希尔斯曼、劳拉·高克伦、帕特里夏·A.韦茨曼:《防务与外交决策中的政治:概念模式与官僚政治》,曹大鹏译,北京:商务印书馆2000年版,第6页。

"竞争压力比意识形态的偏好或国内压力要重要得多"。① 冷战后他稍有缓和地表示,"只有将外部和内部的条件联系起来才能解释对外政策"。② 现实主义的反思,催生了新古典现实主义的兴起。

新古典现实主义者将目光投向国内,强调国际问题和国内问题的联系。这些学者不再致力于追求构建一种关于国际关系的一般性理论,而是专注于对具体国家对外政策和行为的解释,包括国家的大战略、军事政策、对外经济政策、结盟偏好以及危机处理等。在这样做的时候,他们将体系诱因与国内政治相结合,将体系、国家和个人等不同层次联系起来,构建贴近真实且更具解释力的层次分析框架。这些趋势与对外政策分析的新方向相向而行,不谋而合,推动了对外政策研究群体的扩大。

对外政策分析研究群体和新古典现实主义群体的结合使研究对外政策的学者人数在增加,既包括了以前从事比较对外政策研究的学者,如以罗西瑙和赫尔曼等为代表的老一辈比较对外政策分析学者,也包括以前并不属于比较对外政策领域、在从事国际政治研究过程中涉及对外政策的学者,如亨廷顿和希尔斯曼等。用当前从事对外政策分析的学者自己的话说,从事对外政策分析的学者已经不再将注意力放在如何才能使这一学科成为一个"学科",而是提出该"学科"是由"一个致力于更全面理解对外政策的学者所组成的广大的学术群体"。③

在研究对象上,对外政策分析的学者与早期比较对外政策研究的学者也有所不同,早期从事比较对外政策研究的学者虽然称他们的研究为比较对外政策研究,目的是创造宏观的对外政策理论,但这个学术群体多是美国政治或美国国际关系学者,他们提出的理论模式多以美国对外政策实践

---

① Kenneth Waltz, "A Response to My Critics," in Robert O. Keohane, ed., *New Realism and Its Critics*, New York: Columbia University Press, 1986, p. 329.
② Kenneth Waltz, "The Emerging Structure of International Politics," *International Security*, 18, 1993, p. 79.
③ Laura Neack, et al., eds., *Foreign Policy Analysis: Continuity and Change in Its Second Generation*, Englewood Cliffs, NJ: Prentice Hall, 1995, p. 10.

为基础。当前对外政策分析的学者则致力于将对外政策研究的对象超越美国或西方国家,把视野扩展到亚非拉国家,试图建立超越美国或西方国家边界的对外政策分析模式。他们一方面尝试从非西方的对外政策实践中提出一些新的模式,另一方面尝试将基于西方对外政策实践的模式用于研究非西方对外政策实践,不仅检验这些分析模式的适用性,而且改进和完善以前的模式。

对外政策自身特点决定对外政策分析的特点,这些特点包括:

第一,影响对外政策的因素众多,不仅包括国际或外部的因素,还包括国内的各种因素;既包括诸如地缘政治、经济和军事实力等物质因素,也包括诸如政治、经济、社会、文化等精神因素。可以说,影响对外政策的因素是没有上限的,这些因素都可以归类为不同的分析层次,因此对外政策分析是多层次的。

第二,对外政策分析在方法上是多元性的。对外政策研究在根源上可以追溯到历史学、政治经济学和外交学等学科。早期的对外政策研究采用人文社科领域的传统方法,后来随着行为科学的兴起,行为主义的定量分析被广泛地应用。虽然行为主义的定量方法在对外政策分析中仍然被广泛应用,但定性的分析方法是对外政策分析的主流。针对众多的对外政策分析模式,对外政策分析学者并不拘泥于哪个模式好或不好,而是认为只有那些有利于分析和理解对外政策,或者能成功帮助研究者分析和揭示对外政策内在机制的模式,才是好的模式。

第三,对外政策分析是跨学科的。影响对外政策的因素是多元的,每一因素各自所在的领域都有自己的理论,因此对外政策所涉及的理论是多领域的。除了各种国际关系理论外,社会学、心理学、经济学、人类学、组织管理学的理论成果都被借用来分析对外政策。来自一个新学科的理论总能够给分析对外政策提供新的视角、新的解读,找出影响对外政策新的机制。鉴于有利于研究和理解对外政策的任何社会科学的方法都被使用,罗西瑙称对外政策研究为"跨学科""没有边界"的学科。① 赫尔曼则称外交政策分析群体是"一帮到处盗窃知识的窃贼"。②

第四,对外政策分析是以施动者导向、以决策者为研究核心的理论。国家是抽象的概念,因此不是施动者,只有代表国家制定政策的人才是施动者。对外政策分析并不把对外政策的决策过程当作一个黑匣子或把决策者当作简单地追求利益最大化的代理,而是具体人的选择。对外政策分析认为,国际政治的所有现象和所有变化的根源,不是可以取代的抽象的决策者,而是具有生命和个人喜好,个性和政策倾向有所不同的具体的个人。

第五,对外政策分析强调情势和整体性。对外政策往往集中在某个具体的政策决策过程和结果,各种不同的变量对不同情势下的对外政策决策结果的影响是不同的。在研究具体的对外政策过程中,需要考虑到特定情势,注重政策的差异和影响变化所发挥的不同作用,一般的研究只能关注一个层次和要素的影响,但全面认识对外政策制定的内在机制和规律,则需要有整体性和综合性的视野。

第六,对外政策分析是具体行为者导向的,在宏观国际关系理论和地区研究或比较政治研究之间起到纽带的作用。宏观国际理论都是超然于具体国家之上的。地区研究或比较政治研究往往强调地区或国家的特殊性。前者认为后者理论化不足,后者则认为前者不接地气。对外政策分析一方面以一般的国际关系理论为指导,将抽象的理论可操作化,并将这种理论范式运用于具体的地区和国别对外政策研究,又用于这些研究结果检验理论的实用性,使抽象的理论具有实用性,使地区研究具有理论价值。

第七,在国际关系、对外政策的研究者和对外政策的实践者或政策制

---

① James N. Rosenau, "Introduction: New Directions and Recurrent Questions, in the Comparative Study of Foreign Policy," in Charles F. Hermann, et al., eds., *New Directions in the Study of Foreign Policy*, Boston: Allen and Unwin, 1987, p. 1.

② Charles F. Hermann, "*Epilogue: Reflections on Foreign Policy Theory Building*," in Laura Neack, et al., eds., *Foreign Policy Analysis*, p. 254.

定者之间架起一座桥梁,改变理论与实践的脱节。对外政策实践者很少关注国际关系中大量的理论文献,更不喜欢所谓的"理论"。对外政策的研究者则以理论化为研究的目标,醉心于理论能更好地理解和解释世界为什么是这样、人们应该如何做。对外政策分析试图在对外政策或国际关系理论研究者与对外政策实践者之间建立一个桥梁。对外政策分析理论或模式建设方面,至少有三种知识对于实践者是有帮助的:一是对外政策分析学者创建的关于战略的抽象、概念化的模型;二是成功运用该政策工具的一般逻辑;三是支持一种战略取得成功的条件的通用知识等。对于政策制定者来说,这些比宏观的国际关系理论更有帮助,因此对外政策分析可以在学者和实践者之间架起一座桥梁。①

正如麦金德所说,"知识本是一体的。把它分成不同的学科只是屈从了人类的软弱而已"。② 厘清对外政策研究与国际关系学和外交研究的关系,可以看出对外政策研究在国际关系和外交学研究中的基础和关键作用。正如哈德森所说的那样,"国家间和跨国家间所发生的所有事情都是建立在决策者单独或集体做出的决定之上。从某种程度上讲,国际关系学科的基础与其他社会科学的基础一样。理解人类如何感知并与周围的环境互动,人类如何影响或被其周围的环境所影响,是一切社会科学研究的核心,也是国际关系研究的核心"。③

关键概念

国际关系　外交　对外政策　对外政策行为　对外政策分析

---

① Alexander George, "The Two Cultures of Academia and Policy-Making: Bridging the Gap," *Political Psychology*, Vol. 15, No.1, 1994, pp. 143-171.
② 引自〔美〕戴维·迈尔斯:《社会心理学》,张智勇、乐国安、侯玉波等译,北京:人民邮电出版社2012年版,第7页。
③ Valerie Hudson, *Foreign Policy Analysis: Classic and Contemporary Theory*, 2nd edn., Lanham, MD: Rowman & Littlefield, 2014, p. 3.

思考题

1. 对外政策研究的描述、分析、评估、预测的主要内容和方法,以及这四个主要维度之间的逻辑关系是什么?
2. 理性行为模式的基本假设和内容是什么?
3. 试述对外政策分析学科的发展历程是什么?
4. 试述对外政策分析学科的特点和趋势。

推荐阅读文献

James N. Rosenau, ed., *Comparing Foreign Policies: Theories, Findings, and Methods*, Beverly Hills, Calif.: Sage Publications, 1974.

Charles F. Hermann, Charles W. Kegley, Jr., and James N. Rosenau, eds., *New Directions in the Study of Foreign Policy*, Boston, MA: Allen & Unwin, 1987.

Laura Neack, Jeanne A. K. Hey, and Patrick J. Haney, eds., *Foreign Policy Analysis: Continuity and Change in Its Second Generation*, Englewood Cliffs, NJ: Prentice Hall, 1995.

Valerie Hudson, *Foreign Policy Analysis: Classic and Contemporary Theory*, Lanham, MD: Rowman & Littlefield Publishers, Inc. 2007.

第二章
政策制定者与对外政策

冷战期间,两极对峙格局限制了国家对外政策选择的空间,国际政治的结构现实主义理论在研究国际关系时,忽视构成国家、代表国家并以国家名义制定政策的人的作用。国内政治的结构主义认为,对外政策应该超越党派利益和国内政治,政府机制运作对效率的追求也要求摆脱个人的影响,不能过于突出个人的作用。国际政治的权力结构和国内政治结构的限制决定了个人很难在根本上影响对外政策的结果。不同人格的人在同样条件下会做出同样的决定,即名字和面容可能改变,但国家利益和政策不会改变。

冷战的结束方式说明,冷战格局虽然影响了苏联对外政策的选择,但最终不是苏联与美国的冷战格局导致了苏联的解体,而是苏联国家领导人的政策选择影响了国家行为的变化,最终导致了苏联的解体和冷战格局的终结,改变了国际体系中力量对比的平衡。国际关系的新发展表明,在每一次国际体系的变化过程中,人们主观力量对国际事务能发挥重要的作用变得越来越明显了。冷战格局的结束引发了人们对主流国际关系理论的反思和研究层次的回归,以及对决策者、观念等过去曾经被忽视的要素的重视。

关于人在社会历史发展中作用的问题,并非一个新话题。"时势造英雄"还是"英雄创造历史",是历史经典中的老话题和存在已久的争论。在这个争论上的观点受到政治环境影响,也反映了持不同观点者的历史观或政治立场。在西方,修昔底德的《伯罗奔尼撒战争史》、马基雅维利的《君主论》,在中国,司马迁的《史记》和班固的《汉书》等,都有关于不同人物习性品格对行为影响的描述。马克思主义认为,只有人民才是推动历史前进的主要动力。

从国际关系的研究而言,经典的现实主义和自由主义分歧的根本出发点,就建立在对人性差异的不同理解基础上。新现实主义的代表人物沃尔兹在其成名之作《人、国家与战争》中提出,"世界历史的发展离不开创造历史的人","如果不理解人的本性就不可能有政治学的理论"。[①] 他在分析战争根源的第一个意象(image)时认为,"人的邪恶,他们不恰当的行为导致了战争,如果个人的美德能够被普及,就能实现和平"。[②] 但是,随着形势的发展,沃尔兹后来将研究和关注的重点放在体系层次,成为结构现实主义的代表。第一意象或关于个人层次的理论没有得到应有的重视。

国际关系不是抽象的国家之间的关系,而是不同国家之间的人的关系。"国之交在于民相亲",说的就是这个道理。要理解和把握现代国际关系和现实世界,就必须研究组成国家的人类的集体的活动。国家是由集体的人组成的,国际行为实际上是人的一种集体行为,而不是一个独立单一的行为体的行为。国家对外政策是国家领导人以国家名义,或单独或集体制定的,研究国际关系和对外政策离不开对人的研究,理解人的行为是分析对外政策的关键要素之一。对外政策分析,就是把人放到理解和研究国家对外政策的核心地位,研究和理解国家政策的制定者以国家名义制定的针对其他国际关系行为体的政策。为此,要借助政治心理学的方法。

第一节 精神分析与政治人格研究

将心理学运用于对外政策的分析源于心理学研究与政治学研究的结

[①] Kenneth Waltz, *Man, the State and War*, New York: Columbia University Press, 1959, p. 28.
[②] Ibid., p. 39.

合,即政治心理学的诞生。随后,政治心理学逐步运用到作为政治学一部分的国际政治,进而产生了国际政治心理学。用心理学的视角和方法分析对外政策,是从个人层次研究国际政治或国际关系的基础和切入点。

政治心理学研究的历史,可追溯到弗洛伊德(Sigmund Freud)的精神分析。根据弗洛伊德的理论,人的人格结构包括遵循快乐原则的本我(Id)、追寻现实原则的自我(Ego)和按照道德和社会原则行事的超我(Superego)等三个部分。本我是先天继承的,包括直觉和满足身体需要(如饥饿和性)的本能;自我调节本我与现实社会相适应;超我则阻止本我的需求,按照社会所需行事。弗洛伊德的理论认为,人格是由进攻性和性欲驱动的一个动力系统,满足这些欲望即"快乐原则",是人类社会活动的重要动力。弗洛伊德的研究一是依赖他作为心理医生的经验,通过解析研究对象的梦境来进行;二是依赖对性欲的分析。

政治心理学与心理学其他分支的区别在于,政治心理学的目的不是理解人类在其他社会活动领域的实践,而是理解现实政治现象。它关注的是政治人物的人格和行为方式之间的联系。弗洛伊德曾经用心理分析的方法研究过美国总统伍德罗·威尔逊。第二次世界大战期间,美国情报部门利用心理分析的方法对希特勒进行过研究,1943年完成了《阿道夫·希特勒的头脑》(The Mind of Adolf Hitler),从希特勒家庭的不幸背景、受教育状况、体格特征、宗教、性生活、自我认知的规律、演说技巧等方面的分析,解释希特勒的心理和人格状况,以理解和认识纳粹德国的行为,受到美国领导人的高度重视。

早期对政治人物人格的研究中有三项研究比较突出。一是阿多诺(Theodor W. Adorno)等人在二战结束后运用心理分析的方法对希特勒的研究。他们出版了《权威人格》一书,阐述了权威人格的特点。[①] 这项研究认为,权威人格是幼年时的权威生活环境塑造的。具有权威人格的领导人,在学习控制本我冲动、性欲望以及进攻性的幼年时代,得不到父母的理

---

① Theodor W. Adorno, et al., *The Authoritarian Personalities*, New York: Harper, 1950.

解。他们的父母不了解他们的挫折和困难,没有教会他们有效控制性冲动和进攻性冲动的方法,让孩子对这些冲突产生恐惧,缺乏自我防范能力。这样的孩子先是对自己的父母,然后是对生活中的权威人物既憎恨又依赖,进而形成了权威型的人格特点。这种人格的主要的特质包括传统主义、屈服于权威人物、进攻性强、反对妥协、迷信和刻板、重视权力和强硬、具有破坏性和愤世嫉俗等。

另一个典型的人格类型是卡里斯玛(charismatic,魅力)型人格。德国社会学家马克斯·韦伯在总结不同社会发展历史的基础上,提出了权威(或支配)的三种来源,即基于传统基础上的权威、基于理性或法律基础上的权威以及基于领导人个人魅力基础上的卡里斯玛权威。其中第三种权威主要是源于领导人的人格或个人魅力所形成的。[①] 人们在研究卡里斯玛型人格时,把重点放在领导人和追随者的关系中,认为在这种相互的关系中:(1)领导人被追随者看作是超人;(2)追随者盲目地相信领导人的话;(3)追随者无条件地服从领导人的指令而采取行动;(4)追随者给予领导人毫无根据的感情支持。其中所有特点都涉及追随者的知觉、信仰和对领导人的反应等。[②] 这样的领导人被赋予特别神圣、英雄主义或榜样的人格,他所显示的规范或所做的指令被神圣化。

第三种类型是马基雅维利型人格。马基雅维利主义在政治学中是不择手段的代名词。这种人格的主要特点体现在马基雅维利给佛罗伦萨君主的建言中。[③] 对于处世策略,马基雅维利提出,"每一个君主都应当追求一个仁慈而不是残忍的名声,但同时他应当小心不乱用仁慈"。一个君主"不应当在意残忍的恶名,只要他能够使其臣民团结并忠诚于他"。在与臣属的关系上,他认为理想的可能是既被爱又被恐惧,但在两者不能同时兼得,且"可选择的话,被恐惧比被爱要安全得多"。对于人性,他还提出

[①] Max Weber, *The Theory of Social and Economic Organization*, New York: The Free Press, 1947, pp. 328-334.

[②] Ann Ruth Willner, *The Spellbinders*, New Haven: Yale University Press, 1984, p. 7.

[③] Niccolo Machiavelli, *The Prince*, New York: Washington Square Press, 1963, pp. 34-44, pp. 71-78.

君主应该知道如何把这种人性掩盖起来,"一个君主应该看起来仁慈、忠诚、人道、信仰宗教、正直,甚至在现实生活中也应该如此。但他应该学会一旦情形需要,他知道该如何向相反的方向转变"。在道德观念上,马基雅维利提出许多做人的原则,他认为"知道运用奸诈手段而智胜别人的君主取得了伟大的成就,最终他们比那些一味忠诚和诚信的人所取得的成就要大得多"。因此君主应拥有狐狸的狡猾和狮子的勇猛才能取得胜利。后来一些学者对马基雅维利式人物的个性特点进行研究,提出了三个尺度来衡量马基雅维利个性特点,包括处世策略、对人本性的看法以及抽象的道德观念等。他们认为"高马基(High Machs)的人比低马基的人更善于用欺骗手段操纵政治",高马基的人"是狡猾的代名词"。①

拉斯韦尔(Harold Lasswell)是将心理学成功引入政治学研究,从而使政治心理学受到重视的学者。他把政治人物对权力的高度重视和需求与个人的自卑联系起来,揭示了政治人物人格的特点,提出政治人物就是通过公共生活改变自己个性或环境以弥补自卑的"权力追逐者"。他发展了弗洛伊德的心理分析理论,提出通过对政治人物的成长经历和社会化过程的研究来分析政治人物人格,开辟了用心理分析方法研究政治人物的途径,在这个学科具有开拓性的地位。②

将心理分析与对外政策研究结合起来并引起学者关注的,是拉斯韦尔的学生亚历山大·乔治和朱丽叶·乔治(Alexander and Juliet George)夫妇。他们利用拉斯韦尔所创造的方法研究美国总统威尔逊的人格特点对美国对外政策的重要影响,引发了学术界的广泛关注。第一次世界大战后期,美国对德宣战,开始介入欧洲事务。第一次世界大战结束以后,威尔逊总统率领美国代表团参加了巴黎和会,受到欧洲各国的广泛欢迎。作为美国历史上第一个访问欧洲的总统,威尔逊在和会上提出了自己构建未来世界和平的国联计划。由于他的不懈努力,这个计划在和会上争得了大多数

---

① William F. Stone and Paul E. Schaffner, *The Psychology of Politics*, 2nd ed., New York: Springer-Verlag, 1988, pp. 142-143.

② Harold D. Lasswell, *Power and Personality*, New York: W.W. Norton, 1948, pp. 39-53.

与会国家的支持。但是,当威尔逊满怀喜悦从巴黎回到美国后,美国国会却坚持要对包含《国联盟约》的《凡尔赛和约》修订后才予以通过。国会的要求遭到威尔逊的坚决反对。为了战胜国会,威尔逊周游美国,向美国人民呼吁,他的国联计划是上帝意志的体现,代表了美国人民的利益和世界和平的愿望,意图推动国会通过和约。威尔逊在对美国人民的游说中筋疲力尽,中风不起,《凡尔赛和约》最终还是没有得到美国国会的批准。威尔逊的失败既是威尔逊个人的失败,也是美国外交史上的巨大挫折。鉴于这一事件对世界历史所产生的巨大影响,有很多历史学或政治学专著从不同的角度解释了美国没有参加国联的原因和影响。乔治夫妇利用心理传记方法,从威尔逊人格的角度重新解释了这一历史事件的原因,推动了人格分析的方法在研究对外政策方面的广泛应用。

传记心理学与对威尔逊的研究

乔治夫妇将心理分析与传记研究结合起来,通过对威尔逊成长经历的剖析,揭示了威尔逊人格形成的过程和特点,从微观层次解释了美国没有参加国联的原因:威尔逊出生于一个加尔文教徒家庭。在这样的家庭环境里,道德原则和是非观念至高无上。威尔逊年幼时生性迟钝,阅读能力差,担任牧师的父亲经常贬低他,对他任何不当的行为都予以严厉惩罚。在专横、严厉的父亲极其苛刻的要求下,威尔逊压抑怒火,表现出对父亲的尊重。在父亲的冷嘲热讽中,威尔逊对自己的智力、道德价值和自己的力量有一种根深蒂固的怀疑。他尽力通过严格的训练来克服这些怀疑,不断取得成功来证明他具有超人的智力。"自尊"和"压抑"构成了威尔逊双面人格的根基。他付出了艰辛的努力,取得了成就,他用这些成就来补偿自身所感到的不足。

作为一个政治人物,威尔逊是成功的。他先后担任普林斯顿大学校长、新泽西州州长,最后入主白宫。在每个岗位上,威尔逊都努力工作,取得了令人瞩目的成就。但是,在每一个岗位上取得初步成功之后,威尔逊变得固执己见,刚愎自用,把自己看作是正义的化身,认为自己的观点代表了上帝意志,在任何自己认为涉及道德的问题上都顽固地坚持自己的观点。在担任每一个职位的后期,他都遇到同样的挫折,而且都以同样不妥协的方式进行斗争。

前两次均因为有更好的位置,让他得以摆脱困境。但在围绕国会批准包含《国联盟约》内容的《凡尔赛和约》上,他遇到了国会的反对。反对者充分利用了威尔逊的人格弱点,从道德上刺伤威尔逊的自尊心,在语言上贬低威尔逊的能力,要求对《国联盟约》进行修改。威尔逊从道义和正义的立场出发,坚持国会必须无条件通过《国联盟约》,甚至不能删去其中任何一个字母"t"上的一横或"i"上的一点。总统与国会的僵持让威尔逊付出国联计划夭折的巨大代价。最后导致包括威尔逊同一个党派的国会领导人和自己的助手也都认为,威尔逊本人是《国联盟约》最终没有获得通过的主要原因。

(参见〔美〕亚历山大·乔治、朱丽叶·乔治:《总统人格:伍德罗·威尔逊的精神分析》,张清敏译,北京:中央编译出版社2014年版。)

人类历史上的特殊事件与特殊的历史人物是分不开的。特殊的领导人做出特殊的决定,导致特殊的事件,让历史发展崎岖、跌宕,在给人类造成灾难的同时,也让历史变得精彩。历史上如此,今天也是如此。影响冷战结束后国际格局发展的重大事件,无不与一些国家领导人的特殊人格相联系,如美国的克林顿和布什、伊拉克的萨达姆·侯赛因、古巴的卡斯特罗、塞尔维亚的米洛舍维奇等。当前世界主要地区的政治热点大多与那些具有典型人格的领导人存在着密切的关系,如美国总统特朗普、土耳其总统埃尔多安、菲律宾总统杜特尔特等。这些国家领导人的心理特点对理解这些国家的对外政策几乎是不可或缺的。

运用对政治人物的分析,理解一个国家的对外政策和行为,最初是为国家政治服务的。心理分析在二战期间曾经用于研究希特勒,冷战期间一直为美国的对外政策和对外战略服务。例如1965年,美国中央情报局成立了专门的机构——"支持政府政策的领导人人格评估小组"(Leader

Personality Assessment in Support of Government Policy)来服务美国对外政策。该小组有三项主要任务:(1)向总统和内阁成员参加首脑会晤和高层次谈判时提供支持;(2)在危机时提供支持;(3)协助情报评估。每一次美国领导人与其他国家领导人会晤之前,或某个国家发生政变或新的领导人上台后,他们就对这些领导人进行分析,为美国政府制定对策提供参考。[①] 1977年戴维营会晤之前,该小组提供的两份研究报告分别对萨达特和贝京的个性进行分析,向卡特总统提供了萨达特和贝京的个人传略(profile),帮助卡特政府促成了戴维营协议,得到卡特的高度评价和称赞。

随着人格理论被更广泛地运用于国际政治研究,20世纪70年代,心理学与国际政治相结合方面取得了历史性的进展。1978年,"国际政治心理学学会"(The International Society of Political Psychology)成立,并创立了会刊《政治心理学》(Political Psychology),推动了政治心理学研究的发展,其研究路径变得更多元化,研究对象也更丰富。

这样的研究至今仍然与现实政治紧密结合。传记心理分析是在精神分析的基础上发展起来的,而精神分析又是以心理临床诊断为基础的。从事政治心理分析的学者大多有心理医生的背景,他们在对政治人物进行研究的时候,注重从病理角度对研究对象进行分析,习惯使用他们熟悉的临床诊断方式和概念。如他们关注政治领导人是否患有特定疾病,关注年龄以及长期服用特定药物对其行为的影响。还有一些人把侧重点集中于一些病态心理对政治人物的影响,如神经过敏(neuroticism)、自恋狂(narcissism)以及偏执狂或多疑症(paranoid)等。[②]

[①] 美国中央情报局成立领导人人格评估小组的工作,可参见 Jerold Post, ed., *The Psychological Assessment of Political Leaders with Profiles of Saddam Hussein and Bill Clinton*, Ann Arbor: The University of Michigan Press, 2003, p. 61。

[②] Jerold Post and Robert Robins, eds., *When Illness Strikes the Leader: The Dilemma of the Captive King*, New Haven, NC: Yale University Press, 1993;〔法〕皮埃尔·阿考斯、〔瑞士〕皮埃尔·朗契尼克:《病夫治国》,郭宏安译,南京:江苏人民出版社2005年版。

第二节 人格与对外政策

心理分析和人格研究本来属于同一个领域,两者关注的都是那些处于支配地位的领导人(predominant leader)。从国家对外政策的角度看,一般人物的人格特点对国家对外政策的影响是有限的,只有处于支配地位的领导人才能给国家的对外政策打上自己人格的烙印。所谓处于支配地位的领导人,即那些能够在决策过程中否决持反对或不同意见者、在必要时具有独立做出决策的权力的领导人。在威权体制或封闭的国家,多数领导人都符合这样的要求。

但是,即使在受到体制限制较少的国家,领导人的人格特点是否影响国家的对外政策还取决于其他方面的条件,如领导人决策余地的大小、决策是否涉及重大危机、决策的时间要求是否急迫或者决策形势是否清楚等情况的影响。在领导人决策余地大、应对危机或决策形势不明等情况下,领导人都不得不参与决策过程,按照自己的方式和特点做出决策,给国家对外政策打上自己的烙印。

具有不同世界观和政治理念的领导人的决策结果往往是不一样的,具有同样世界观的领导人的决策结果一般应该是一致的。但是,现实的情况要复杂得多。人们往往看到具有同样政治理念或信仰的领导人却具有完全不同的政策选择。造成这种现象的因素和变量是多方面的,决策者的人格差异显然是一个显著的原因。

以心理分析为基础的心理传记研究的对象,主要是那些异常的对外政策和行为,主要采取案例的方法,研究某一类型的人格特点的影响,强调领导人人格的差异。人格心理学认为领导人的人格具有共同的特点,而且这些特点是可以比较的。他们提出不同的分析途径,建立了可以对所有领导人进行比较研究的分析框架,推动政治心理学人格研究更加系统化和规范化。

但是,从事政治人格研究的学者中间并没有形成一个被普遍接受的关于人格的概念。不同的学者在从人格这个角度分析对外政策时,使用的概念非常不同,也会选取不同的路径解读领导人的人格特点,从不同的角度来理解人格特点影响对外政策方式和途径。主要包括从领导人与环境的关系、领导人与工作的关系、领导人处世的目的以及人与人的关系等来考察和研究个性影响政治行为等几种思路。

人与环境的关系 从领导人与环境的关系研究人格影响的路径与下一节的认知研究一样,都着眼于研究领导人的认知过程,探讨领导人观察环境、处理信息的方式对决策结果的影响。在这一类研究中,有的学者将政治领导人的人格分为"讨伐型"和"实际型";有的分成"空想型(或理论型)"和"机会主义型";还有一些学者将政治领导人分成"独裁型"和"民主型"等。前者都属于对环境不敏感型的领导人,他们根据自己的信仰制定政策、改变环境;后者则属于对环境敏感、不断适应环境、根据环境的变化制定政策的领导人。

这个领域的一位主要代表人物就是曾经担任美国国际研究学会和国际政治心理学会主席的玛格丽特·赫尔曼(Margaret Hermann)。她认为,只有在参与决策过程且决策形势不清的条件下,处于主导地位的领导人的人格才会影响对外政策选择的结果。具体的影响过程和影响程度受到诸如政治领导人对对外事务的"兴趣"、他们在对外事务领域所受到的"训练""经验"或拥有的专业知识,以及他们对外部环境的"敏感程度"等因素的影响。她在此基础上提出了一种国家领导人人格特点与国家对外政策行为联系在一起的分析框架。① 根据这个分析框架,有三个干预变量决定领导人的人格对政策结果的影响方式和程度。

第一,对对外事务的"兴趣"是领导人参与对外事务的驱动力。对外交或国际事务具有浓厚兴趣的领导人更多地介入国家对外事务,参与对外

---

① Margaret G. Hermann, "Effects of Personal Characteristics of Political Leaders on Foreign Policy," in Maurice A. East, et al., eds., *Why Nations Act*, Sage Publications, 1978, pp. 49-68; Margaret G. Hermann, *Accessing Leadership Style: A Trait Analysis*, Columbus, OH: Social Science Automation, Inc, 1999; Margaret G. Hermann and Charles F. Hermann, "Who Make Foreign Policy and How: An Empirical Inquiry," *International Studies Quarterly*, Vol. 33, No. 4, pp. 361-387.

政策的制定过程,有更多的机会影响国家对外政策的结果。相反,对外交和国际事务缺乏兴趣的领导人,在对外政策决策过程中会相对超脱,把任务交给自己的外长或其他人来处理,领导人的人格特点就不可能对政策结果产生太多的影响。

例如,在美国外交史上,20世纪50年代担任美国国务卿的杜勒斯的人格特点一直受到学界重视和研究,而多数学习国际关系和美国外交史的学生不一定熟悉第二次世界大战期间富兰克林·罗斯福政府和20世纪60年代约翰·肯尼迪政府的国务卿。原因在于,艾森豪威尔对外交缺乏兴趣,较少参与国家对外政策的制定,使国务卿杜勒斯在美国对外政策制定的过程中发挥了更大的作用。罗斯福和肯尼迪两位总统对外交的高度兴趣使他们频繁地介入到对外事务中,不仅亲自参与对外政策的制定,而且也是对外政策的落实者,国务卿的作用是辅助性和微不足道的,因而在相关研究中很少得到关注。

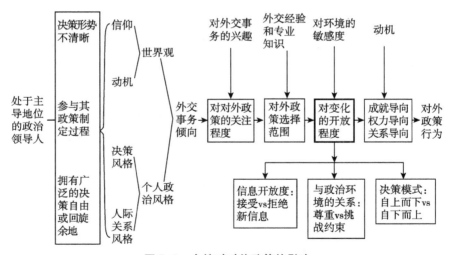

图 2-1 个性对对外政策的影响

来源:Margaret G. Hermann, "Effects of Personal Characteristics of Political Leaders on Foreign Policy", in Maurice A. East, et al., Why Nations Act, p. 63, 并参考了其他文献。

第二,在国际事务方面的专业知识、经历和训练决定了领导人的政策选项范围的大小。与没有或较少受到训练和(或)外交经验匮乏的领导人相比,那些受到更多相关训练并具有相关专业知识或在对外事务中有丰富经验的领导人,他们的人格对国家对外政策结果产生的影响可能会有所不同。在对外事务方面知识或经验丰富的领导人,遇到复杂的对外政策议题时,有更多的政策选项可供选择,知道如何根据需要采取行动。相反,那些缺乏外交和对外事务经验或专业知识匮乏的领导人,在决策的时候选择的余地相对有限,他们更多依据自己解决问题的本能和习惯进行决策,也就是"跟着感觉走",从而使自己的信仰等人格特点对政策的结果产生更大的影响。

一个典型的对比是,乔治·布什在出任总统前曾经担任过美国驻联合国代表、中美外交关系正常化前美国驻北京联络处主任和里根政府的副总统。他曾以副总统的身份数十次出访他国,外交经验相当丰富。担任总统以后,布什无论在处理复杂的中美关系上,还是应对冷战结束过程中世界的巨变方面,都积极参与其中,是一个典型的擅长外交的总统。而他的儿子乔治·W.布什(小布什)却没有多少外交方面的经验。小布什上任后不久,攻击朝鲜是"专制的最后堡垒",彻底破坏了此前美国与朝鲜对话的基础,使朝鲜问题陷入僵局;发动了后来证明代价高昂的对伊拉克战争。因此,小布什的对外政策被称为"牛仔外交"。

第三,最重要的干预变量是对决策环境的敏感度。这一指标又可以划分为对外部信息的开放程度、与政治环境的关系以及决策模式三个方面。从信息开放程度上看,敏感的领导人对外部新的信息保持开放,更愿意去接受和吸收新的信息,在分析问题时往往关注别人是如何看待这一问题的,甚至容易见风使舵。对环境不敏感的领导人往往排斥与自己信仰不一致的外部信息,不断寻找能够支撑自己观点的信息,或者根据自己的信仰来解读来自外部的信息,不相信或曲解与自己观点不一致的信息。这种类型的领导人与后面的认知视角中"认知吝啬鬼"具有一致性。

毛泽东对环境的开放程度

毛泽东在1974年会见赞比亚总统肯尼思·卡翁达时,提出关于第三世界认识的看法,反映了毛泽东对待外部信息态度的特点。摘录如下:

毛泽东主席(以下简称毛):希望第三世界团结起来。第三世界人口多啊!

卡翁达总统(以下简称卡):对。

毛:谁是第一世界?

卡:我想应该是那些剥削者和帝国主义者的世界。

毛:第二世界呢?

卡:是那些已经变为修正主义分子的人。

毛:我看美国、苏联是第一世界。中间派,日本、欧洲、澳大利亚、加拿大,是第二世界。咱们是第三世界。

卡:我同意主席先生的分析。

毛:美国、苏联原子弹多,也比较富。第二世界,欧洲、日本、澳大利亚、加拿大,原子弹没有那么多,也没有那么富;但是比第三世界要富。你看这个解释好不好?

卡:主席先生,你的分析很确切,十分准确。

毛:研究一下吧。

卡:我想不用研究,我们的意见就可以取得一致,因为在我看来,这个分析已经很确切了。

毛:第三世界人口很多。

卡:确实如此。

毛:亚洲除了日本,都是第三世界。整个非洲都是第三世界,拉丁美洲也是第三世界。

在毛泽东提出他的"三个世界理论"之前,国际上已经有一种关于"三个世界"的认识。其中"第三世界"(third world)的概念是法国经济学家和

对外政策分析

人口统计学家阿尔弗雷德·索维(Alfred Sauvy)1952年在《观察家》杂志上发表的一篇文章中首次使用并被国际社会所接受。卡翁达对毛泽东问题最初的回答反映了这种认识。但是,毛泽东提出了自己全新的关于"三个世界"的概念,将美国与苏联两个敌对的国家划为第一世界。1974年,邓小平在联合国大会第六届特别会议上做了详尽阐述,成为在此后相当一段时期内影响中国外交的思想。此外,毛泽东对核武器对现代战争的影响,以及他关于战争与革命的认识都反映出了毛泽东人格的这一特点。

(参见《毛泽东外交文选》,中央文献出版社、世界知识出版社1994年版,第600—601页。)

从与环境的关系来看,敏感的领导人一般尊重环境的约束,按照环境的要求去做。在决策时常常会问这样的问题,"环境要我扮演什么样的角色?我怎样才能把这个角色演好?"在追求对外政策目标时倾向于采取小步骤,循序渐进,通过自下而上的过程决策,不会冒险、走极端,与强调意识形态的对外政策对手之间发生冲突的可能性相对较小,对多边外交比较感兴趣。环境对政策结果的影响可能超过领导人自身的信仰和人格特点的影响。

相反,对环境不敏感的领导人,他们会问,"我是谁?在这样的环境下我如何才能更好地实现自己的价值"?这种类型的领导人可能赋予国家对外政策更多自己人格特点的痕迹。他们在决策过程中会倾向于通过自上而下的过程做出政策决策,根据自己的信仰体系挑战环境的约束。这样的领导人往往根据自己的理想来改变世界,在对外政策上容易执行革命外交,对外发生冲突的可能性相对要大。

毛泽东与周恩来处理与环境关系的差异

1973年毛泽东在周恩来陪伴下会见英国前首相希思时的谈话,反映出两位领导人在处理对外事务时对于外部环境的不同态度,对理解那个时

代的中国外交提供了一个清晰注释。摘录如下:

"爱德华·希思(以下简称希):早上好!

毛泽东主席(以下简称毛):好!

希:见到你非常高兴,非常荣幸。

毛:谢谢你,欢迎。

希:机场的欢迎十分动人,色彩鲜艳,情绪活泼。

毛:嗯。(面向周恩来)为什么没有仪仗队?

周恩来总理(以下简称周):因为照顾他不是现任首相,怕引起误会,使现任首相不高兴。

毛:我看还是要有。

周:走的时候加。

王海容(外交部礼宾司副司长)①:不怕得罪威尔逊啊?

毛:不怕!(面向希思)我是投你的票的!"②

毛泽东在会见希思时就礼宾安排问题与周恩来的谈话,反映了两位领导人的不同人格特点。毛泽东有自己的看法和观点,并坚持按照自己的观点行事。周恩来对外部环境非常敏感,在接待希思时首先考虑到的是国际惯例,不冒犯时任英国首相威尔逊,因此没有为来访英国前首相希思安排仪仗队。但是毛泽东坚持将希思当作英国首相对待,要求按照首相的规格接待,应该为希思安排有仪仗队的欢迎仪式。当毛泽东坚持己见时,周恩来立即改变了自己的观点,并遵从毛泽东的意思表示,在希思离开北京的时候加上。

中华人民共和国对外关系史上还有很多类似的案例,反映出具有丰富对外政策经验的周恩来对环境的敏感及其对中国对外政策的影响。例如在万隆会议上,面对一些国家对共产主义和中国的攻击,周恩来临时决定将原来准备的讲话稿散发,利用中午休会的时间起草了一个更符合当时氛

---

① 1942年生,当时任外交部礼宾司副司长。
② 参见《毛泽东外交文选》,第602—603页。

围的稿子,提出了著名的求同存异原则,得到了与会各国的广泛赞扬。1960年,周恩来率团出访柬埔寨,恰逢当时柬埔寨国王苏拉玛里特陛下去世。东方提出如周恩来总理按原定日期前往,由于正值柬国丧时期,可能影响接待规格。周恩来决定仍按原定日期前往,以便亲自吊唁前国王,请东方从简接待。西哈努克亲王对此表示十分感谢。周恩来的做法在这些小国面前树立了中国平等待人的外交风格,成为不少国家领导人认识和了解中国和中国对外政策的重要渠道,也成为影响中国与相关国家关系的重要因素。

从决策方式上,对环境不敏感的领导人的决策方式,是从上到下,决策者往往根据自己的意见制定政策,让下属执行和贯彻自己的意志;选择决策团队成员的时候倾向于选择在理念和政策倾向上与自己一致的人员,拒绝与自己观点不一致的人参与其决策班子。而对环境敏感的领导人的信息处理方式则是自下而上,往往先征询下属各方面的意见,然后做出决策,在选择对外政策顾问和班子的时候,则可以容忍与自己有不同意见的人参与其中。

人与工作的关系 从领导人对待工作的态度角度考察领导人的人格,进而探讨领导人人格与国家对外政策和行为的关系,也是一个比较普遍的方法。这种思路的代表是巴伯(David James Barber)。他在对领导人的出身背景、成长经历、政治生涯早期的成功与失败的分析后提出,领导人的行为是有规律的,是性格、世界观和风格的结合。一些性格的特质,如进攻性、超脱性和服从性等,是所有美国总统都有的,只是在每个总统身上表现的程度不同。

巴伯认为,总统的性格是有规律的,它包括总统对待世界和自身优势的态度,如自尊、对自身评价的标准等人格;总统对与政治有关的诸如社会的因果关系、人性以及基本道德冲突的看法等构成世界观;总统处理主要政治角色的习惯性风格三个方面。三者共同构成"从心理学上完全可以理解的一个动态整体"。为了把握总统的人格,巴伯在追踪总统成长经历的基础上提出,政治领导人在第一次政治成功时性格已经基本形成,此后在这个基础上吸收反馈逐步定型,贯穿总统的整个成长过程。因此,根据这些特点可以预测美国总统的行为风格和决策特点。①

根据巴伯的分析框架,总统的个性主要反映在两个基本的维度上:一个维度是总统对责任的态度,是积极主动的还是消极被动的。换句话说,总统是主动富有热情地投入到工作中,还是把任务交给下属,被动地去完成工作。另一个维度是总统从他的工作得到的满意程度,是正面或肯定的,还是负面或否定的。总统对工作的满意程度可以解释竞选总统的动机以及对待生活的态度,可以考察总统是一个乐观的人还是悲观的人。

根据这两个维度,巴伯把美国总统划分为四种类型,即主动—肯定型、主动—否定型、被动—肯定型和被动—否定型。他指出,主动—肯定型的领导人,如罗斯福、杜鲁门和肯尼迪等,这一类型的领导人在工作中目标明确,工作态度积极,充满热情。一旦形势发生变化,他们也能及时做出调整,因为他们不会受到僵硬意识形态的限制,而是希望找到能够实现他们目标的政策。这一类领导人是理想的美国总统。

巴伯积极建议美国人不要选举主动—否定型的领导人。这一类领导人,如威尔逊、胡佛、约翰逊和尼克松,往往被一种深层次的自卑感所驱使。他们思想僵化、行动僵硬,在与其他人关系上没有热情和同情心。他们甚至愿意绕过传统、规则甚至法律来保持和增加他们的权力。这样的领导人知道,人们可能害怕他们,但不一定喜欢他们。

被动—肯定型和被动—否定型的领导人,巴伯倾向于后者。他认为,被动—否定型的领导人,如华盛顿、柯立芝、艾森豪威尔,他们担任总统是出于一种强烈的责任感或承担义务的意识,而不是出于对权力和控制的欲望。但是,这样的领导人在工作中积极性不高,他们不可能去进行重大的政策调整。

被动—肯定型总统,如塔夫脱、哈定、里根以及后来的小布什等,虽然

---

① David James Barber, *Presidential Character: Predicting Performance in the White House*, Englewood Cliffs: Prentice Hall, 1972, p. 6.

不会像主动—否定型总统那样危险,但他们关注的是与下属的关系,往往考虑是否被下属接受。他们依赖下属来获得自信、支持甚至是指导,在感情上对下属有需求;在工作中对下属的工作较少过问和干涉,有时候担心下属利用自己这些需求。

表 2-1 巴伯对美国总统性格的分类

		对总统职责的满意程度	
		肯定	否定
对工作付出的精力	主动	从总统工作中得到乐趣非常多,且积极参与工作(杰斐逊、罗斯福、杜鲁门、肯尼迪、福特、卡特、布什、克林顿)。	从总统工作中得到乐趣不多,但积极投入工作(亚当斯、威尔逊、胡佛、约翰逊、尼克松)。
	被动	从总统的工作得到乐趣非常多,但对工作投入精力少(麦迪逊、塔夫脱、哈定、里根、小布什)。	从总统工作中得到很少乐趣,投入的精力也少(华盛顿、柯立芝、艾森豪威尔)。

巴伯的分析框架既是一个分析框架,也是一个评估框架,得到学界的广泛认可和接受,也不断有更多的政治心理学家使用巴伯的框架和思路来研究政治领导人。如普里斯顿(Preston)对克林顿的研究显示,克林顿属于主动/肯定型领导人,根据巴伯对这种类型总统个性的预测,其特点是看中成就,为追求成功花费大量的精力,自尊、乐观、开放并容易接受新观点,灵活且容易从教训中吸取经验,发展空间大等。这与克林顿的个性特点完全一致,因为很少有总统像克林顿那样频繁地介入每一天的具体政策,也很少有总统对自己的工作显示如此高的热情、从总统工作中得到如此多的乐趣。①

动机或目标 从动机的角度分析人格,对领导人的政治行为进行研究,是政治心理学的另一个切入点。动机发动、指导和选择行为,被认为是对外政策,特别是战争与和平战略的关键。比如,面对一个国家不断增加

---

① Thomas Preston, *The President and His Inner Circle: Leadership Style and the Advisory Process in Foreign Policy Making*, New York: Columbia University Press, 2001.

军备的行为,如果能够掌握其动机,就可以选择非常合适的应对策略。如果一个国家扩军备战的动机或目标是为了扩张,那么实现和平的逻辑战略就应该是增强军事力量,遏制对方的扩张,或者是改变其扩张的倾向。这实际上是乔治·凯南(George Kennan)遏制理论的逻辑基础。相反,如果一个国家扩军备战的动机或目的是防御另外一个国家的侵略,那么追求和平的逻辑战略,则应该是减少这个国家所感觉到的威胁,釜底抽薪,消除其扩军备战的动因。

但是,如果运用遏制或威慑的战略来对付基于防御动机的扩军备战行为,不仅不能带来和平,反而会加剧紧张局势。这是安全困境的心理根源。同样,如果面对一个旨在扩张或追求霸权的扩军备战动机,不采取遏制或威慑的政策就意味着绥靖。这是第二次世界大战前夕英法等国家对希特勒占领苏台德地区、入侵捷克斯洛伐克政策所执行的绥靖政策的逻辑。

如果国家在对外政策中,能够了解其他国家的动机,那么战略选择就是一件非常容易的事情,"永久和平"就有了保证。遗憾的是在国家关系中,动机看不见、摸不着,但是它在对外政策决策过程中确实又是存在的,而且是随着国家能力和形势的变化而不断变化的。因此,现实主义国际关系理论把国际关系研究的基本假定建立在力量和能力的基础上,忽视了动机要素的影响。[1]

对动机的研究与其他人格流派的研究往往是交叉的,很难说是一个单独的流派。拉斯韦尔认为政治人物就是通过公共生活实现个人动机的人。文特(David G. Winter)在实验基础上提出政治人物的三种主要动机,即权力需求(need for power)、关系需求(need for affiliation intimacy)和成就需求(need for achievement)。他在分析动机与战争行为和冲突升级行为之间关系的基础上提出,以权力为动机的领导人会采取多种增加名望和施加影响的行为,一般责任心比较强。他们在寻求权力时以社会为中心,希望取得

---

[1] Richard K. Herrmann, "Perceptions and Foreign Policy Analysis," in Donald A. Sylvan and Steve Chan, eds., *Foreign Policy Decision Making: Perception, Cognition and Artificial Intelligence*, New York: Praeger Publishers, 1984, pp. 25-26.

成功。但如果责任心弱,他们在寻求权力时会表现出极其容易冲动的行为规律——酗酒、使用各种药物、性虐待,在行为上则会表现出一种进攻性,倾向于采取冒险行为。

相对而言,以建立关系为动机的领导人在感到安全时善于合作,易于相处,但在危机时很快就会变得挑剔、防卫,甚至敌视。他们寻求帮助的对象一般是朋友和与自己观点类似的人。以成就为动机的领导人冒险的可能性小,习惯于从技术专家那里寻求帮助和信息,根据外部的反馈信息改变自己的行为,这种人是理性的谈判对手。①

人与人的关系 领导人的政治风格,包括领导人的处世风格和决策风格,不仅在很大程度上影响一个国家的对外战略选择,还会影响一个国家的对外政策执行和实施的方式。但是,不同的学者研究领导人风格时,采用不同的概念,将人格划为不同的类型。

有学者将政治风格界定为"领导人与周围人相处的方式……包括他们如何相处以及他们用于指导这种关系的规范、规则"等。② 根据这一概念界定,领导人的风格包括偏执、走极端、多疑、不相信任何同事等。也有学者从五个方面考察和分析领导人的风格:(1)自信心;(2)对新信息的开放程度;(3)喜欢冒险的程度;(4)延迟决策的能力;(5)调整不确定性的规则。③ 也有学者提出了五种类型但有所不同的领导风格,包括(对国际事务的)兴趣和经历、领导的目的、处理冲突的战略、处理信息的战略、处理党内派别和与其他政党冲突的战略等。④ 还有学者把人格的不同等同于

---

① David G. Winter, "Motivation and Political Leadership," in Linda O. Valenty and Ofer Feldman, eds., *Political Leadership for the New Century: Personality and Behavior among American Leaders*, Westport, CT: Praeger Publishers, 2002, pp. 26-47.

② Margaret G. Hermann, "Assessing Leadership Style: Trait Analysis," in Jerold M. Post eds., *The Psychological Assessment of Political Leaders*, Ann Avbor, MI: The University of Michigan Press, 2003, p. 181.

③ Richard Snyder and James Robinson, *National and International Decision-Making*, New York: The Institute for International Order, 1961, p. 164; quoted from Margret Hermann, "Effects of Personal Characteristics of Political Leaders on Foreign Policy," in *Why Nations Act*, p. 60.

④ Juliet Karrbo, "Linking Leadership Style to Policy: How Prime Minister Influence the Decision-Making Process," in Ofer Feldman and Linda O. Valenty, eds., *Profiling Political Leaders: Cross-Cultural Studies of Personality and Behavior*, Westport, CN: Praeger 2001, pp. 81-84.

风格的不同,如马基雅维利不仅是一种人格,也是一种处世风格。巴伯对总统的四种分类有时也被认为是四种政治风格。对政治风格研究中存在的复杂且互相交叉和渗透的状况,是政治心理学研究中不同学派之间相互关系的缩影。但在这种复杂的变化中,政治风格是其中一种比较常用的分析视角和研究政治人物的切入点。

第三节 认知心理学与对外政策分析

要把国际形势的风云变幻看准、看清、看透,从林林总总的表象中发现本质,是一个极为重要并且常做常新的课题。认清形势,对形势做出科学和准确的判断,是制定符合实际的对外政策的基础和前提。在对外政策决策史上,存在着大量由于决策者对形势判断错误所造成的错误决定。造成这种状况的原因在于,对形势判断的过程是人对客观现实世界进行认知的过程,不仅受到认知对象的影响,也受到主观因素的影响。

认知研究的基本前提是,人脑对客观世界的反映并非一个机械过程,而是一个心理过程。在这个过程中,人的成长经历、社会经验、价值观和其他心理倾向指导着他们有选择地关注周围的环境,根据有意识的记忆和潜意识的经验去解释经过选择的周围环境。斯普劳特夫妇把客观现实称作"操作环境"(operational milieu),因为政策是在客观环境中制定,随后也需要在这样的环境中实施和落实。他们把被决策者观察到的环境称为"心理环境"(psychological milieu)。从决策的过程来看,重要的是决策者是如何认识环境,而不是环境到底是什么。[1] 影响对外政策的不是客观环境,而是被决策者所观察到的环境。有学者把前者称为事实(fact),把后者称为影响政策的要素(factor)。科学的决策需要两者之间保持一致,但是两者之间可能出现不一致,从而导致不符合实际的对外政策。认知研究探讨的不是客观形势是什么,而是研究决策者和精英阶层如何判断形势、

---

[1] Harold and Margaret Sprout, *The Ecological Perspective on Human Affairs: With Special Reference to International Politics*, Princeton University Press, 1965, pp.28-30, p.224.

为什么得出这样的判断以及这些判断又如何影响对外政策。

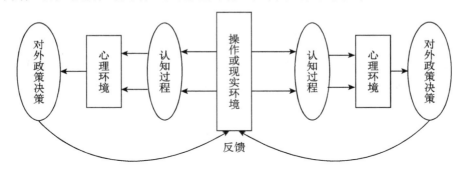

图 2-2　认知与对外政策决策的关系

认知过程是一个复杂的过程,包括从知觉(perception)到信息处理、概念形成和问题表征、政策形成,乃至如何判断和评估政策的实施结果等。这个过程受到认知对象(客观因素)的影响,也受到认知主体的主观因素的影响。客观上,每一个对外政策的决策者都承担维护国家利益的重要任务。每一个决策者每天都面临新形势和不熟悉的环境,随时需要辨别和处理大量不确定的信息,在短期做出反应和制定出对策。

对战争爆发可能的判断与中国对外政策的调整

20世纪70年代后期,中国领导人对国际形势的判断逐渐发生了变化,并根据新的判断调整了对外政策。邓小平在1985年军委扩大会议上的讲话阐述了两个变化之间的关系。他说:

"第一个转变,是对战争与和平问题的认识。过去我们的观点一直是战争不可避免,而且迫在眉睫。我们好多的决策,包括一、二、三线的建设布局,'山、散、洞'的方针在内,都是从这个观点出发的。这几年我们仔细地观察了形势,认为就打世界大战来说,只有两个超级大国有资格,一个苏联,一个美国,而这两家都还不敢打。首先,苏美两家原子弹多,常规武器也多,都有毁灭对手的力量,毁灭人类恐怕还办不到,但有本事把世界打得乱七八糟就是了,因此谁也不敢先动手。其次,苏美两家都在努力进行全球战略部署,但都受到了挫折,都没有完成,因此都不敢动。同时,苏美两家还在进行军备竞赛,世界战争的危险还是存在的,但是世界和平力量的增长超过战争力量的增长。这个和平力量,首先是第三世界,我们中国也属于第三世界。第三世界的人口占世界人口的四分之三,是不希望战争的……由此得出结论,在较长时间内不发生大规模的世界战争是有可能的,维护世界和平是有希望的。根据对世界大势的这些分析,以及对我们周围环境的分析,我们改变了原来认为战争的危险很迫近的看法。"

"第二个转变,是我们的对外政策。过去有一段时间,针对苏联霸权主义的威胁,我们搞了'一条线'的战略,就是从日本到欧洲一直到美国这样的'一条线'。现在我们改变了这个战略,这是一个重大的转变。世界上都在说苏、美、中'大三角'。我们不讲这个话,我们对自己力量的估计是清醒的,但是我们也相信中国在国际事务里面是有足够分量的。我们奉行独立自主的正确的外交路线和对外政策,高举反对霸权主义、维护世界和平的旗帜,坚定地站在和平力量一边,谁搞霸权就反对谁,谁搞战争就反对谁。所以,中国的发展是和平力量的发展,是制约战争力量的发展。现在树立我们是一个和平力量、制约战争力量的形象十分重要,我们实际上也要担当这个角色。根据独立自主的对外政策,我们改善了同美国的关系,也改善了同苏联的关系。我们中国不打别人的牌,也不允许任何人打中国牌,这个我们说到做到。这就增强了中国在国际上的地位,增强了中国在国际问题上的发言权。"[①]

邓小平的这个讲话首先阐述了中国对战争爆发可能性的判断及其理由,正是在对战争与和平可能性判断的基础上,中国调整了内外政策,在内将工作重心转移到经济建设上,裁军一百万,决定让军事现代化先"忍耐几年",重新强调执行独立自主的不结盟的政策,在和平共处五项原则的基础上发展全方位的对外关系,开创了改革开放的新时代,开始了中国经济持续和高速发展的进程。

[①]《邓小平文选》第3卷,北京:人民出版社1993年版,第126—129页。

认知主体主观因素的影响表现在,人的记忆和处理信息的能力是有限的,不可能像高速计算机一样快速处理大量的信息。决策者每天都需要从众多信息中筛选有用的信息,大脑中的认知系统帮助他们把环境组织成可以理解和可以认识的单位。在经过信息的过滤形成有意义的概念过程中,决策者受到诸如信仰、知识经验、现实需求和主观愿望、认知能力等因素,以及决策者政策立场等主观因素的影响。认知心理学研究的是主观因素是如何影响对客观因素的判断和最终影响对外政策的,是包括从知觉到政策形成多个步骤的复杂过程。

知觉是认知过程的第一步。人们在观察现实世界的时候并非像镜子照物体一样,而是出现各种原因的对实物的扭曲,或有选择地关注信息(selective attention),即只关注与自己的信仰或兴趣一致的信息,一旦发现与自己信念一致的信息就马上捕捉;还可能定向选择信息(selective exposure),专门寻找与原有信仰相符的信息;或有选择地解释信息(selective interpretation),把一些含糊的信息朝与信仰一致的方向解释,将不一致的信息扭曲解释等,即尽量保持信仰、环境和行为的一致。[①]

问题表征(problem representation)是认知过程的第二个阶段,指在对客观形势产生知觉后,决策者面临新形势和环境的时候,如何框定、命名新形势和新问题,如何或以什么样的方式界定或用什么样的语言把看到的东西表达出来。对问题的不同表征不仅反映决策者看问题的视角,也反映其政治立场。如北非和中东阿拉伯国家出现动荡之后,西方一些国家称之为"阿拉伯之春""起义"。这样的界定反映了它们的政治意图,而另外一些国家则认为是"动乱"或"骚乱"。正因为其政治性,问题的表征还常常成为对外政策争论的焦点。如日本一些右翼势力否定日本侵略历史,在修订教科书时把"南京大屠杀"改成"南京事件",把侵略他国改为"进入"他国等,这些都遭到曾经被日本侵略的邻国的谴责和反对。

问题表征引导信息的获取和对形势的理解,并在随后的信息处理过程

[①] Susan Fiske and Shelley Taylor, *Social Cognition*, New York: MacGraw-Hill, 1991, p.469.

中产生政策导向和影响,有时候甚至表现为话语权之争。例如,1990年,伊拉克入侵和占领科威特后,伊拉克领导人萨达姆称伊拉克"解放"了科威特。国际社会则使用了明显不同的表征方式,明确谴责其为入侵和吞并科威特的行径。第一次海湾战争前夕,美军指挥官在寻求美国公众支持美国对伊拉克使用武力的演讲中,把伊拉克占领科威特称为伊拉克"强奸"了科威特,成功地影响了美国人民对打击伊拉克的支持。一般美国人甚至不知道伊拉克和科威特在哪里,但是有良知的人都知道,"强奸"是一个不可宽恕的罪行,无论是谁,只要犯了这种重罪,就必须得到惩罚。美国指挥官对伊拉克入侵科威特的这种表征和框定得到了普通美国人的理解和支持,他们高度支持政府派出大量军队、投入大量财力,将伊拉克从科威特驱逐出去。

对外政策分析对认知过程的早期研究发现,人们在认知世界的时候总是尽量保持自己认知的一致性(cognitive consistency),即保持自己的价值观与周围环境和自己行为的一致。为了保持这种一致性,人们在认知过程中或定向选择信息,或有选择地关注信息、有选择地解释信息。但是,现实世界会经常出现与自己原有信仰和观念不一致的现象,这个时候他的主观感受就会出现不适应和不舒服,即"认知失调"(cognitive dissonance)。

杜勒斯对苏联的敌人意象

霍尔斯蒂(Ole R. Holsti)认为,信仰系统是由包括对过去、现在和将来的一系列"意象"构成的,可以说是一套物质世界和社会环境进入人脑所必经的过滤器。他把信仰系统分为两部分:对现实的意象(image of the fact)和对前景的意象(image of what ought to be)。前者影响对现实的认识,后者实际上是一个人的价值观,直接指导着对外政策的制定。

霍尔斯蒂通过案例研究发现,20世纪50年代担任美国国务卿的杜勒斯(John F. Dullus)对苏联存在着难以改变的"敌人意象"(image of enemy)。霍尔斯蒂搜集了从1953年到1959年杜勒斯谈到苏联的434份国会证词、答记者问和讲话，利用"内容分析"（content analysis）的方法，对其中3584次提到苏联时所使用的词，按照语义从四个维度进行衡量：苏联的政策是友好的还是敌对的，苏联的能力是强大的还是虚弱的，苏联的政策是成功的还是失败的，对苏联的总体评价是好还是坏。

他的研究发现，杜勒斯在处理来自苏联的信息过程中，总是保持对苏联的"敌人意象"，不愿意接受来自苏联的任何与他对苏联的"敌人意象"不一致的信息，不信任这样的信息，而且总是寻求与他对苏联的意象一致的信息，或对一些信息做出不同的解释。如对苏联所采取的缓和政策，杜勒斯认为这是因为苏联对外政策失败和力量不足的外在表现，而不是因为苏联的善意；比如对于苏联于1956年决定裁军120万，他认为是恶意的。一个难以理解杜勒斯思维的记者问他："从您今天早上所说，是否可以得出这样一个结论，您更喜欢让这些人当兵？"杜勒斯回答说："当然，我宁愿让他们站在那里站岗，也不希望他们去制造核武器。"他认为苏联之所以裁军，是为了别的更邪恶的目的，而不是出于善意。1955年，苏联做出妥协与西方国家就奥地利的地位达成协议，他认为这也不是因为苏联想与西方改善关系，而是因为苏联的工业和农业政策的失败，是苏联面临西方虚弱和无能为力的表现。不管苏联有什么样的表现，杜勒斯对苏联的总体评价一直是苏联是坏的，他对苏联的"敌人意象"一直保持不变。霍尔斯蒂的这个研究，揭示了美国对苏联的政策以及美苏之间矛盾升级的个人层次的根源，是案例研究的一个典范。①

20世纪70年代，政治心理学的研究经历了认知的革命，取得了许多新的进展。这些进展揭示了认知过程中的复杂性，具有多种不同状况和特点，发展了认知一致性的理论，提出新的概念和理解认知过程的多种模式和途径。主要包括以下几个方面的内容。

认知图式（cognitive schema） 认知图式是记忆中储存的关于特定物

---

① Ole R. Holsti, "The Belief System and National Images: A Case Study," in *The Journal of Conflict Resolution*, Vol. 6, No. 3, 1962, pp. 244-252.

体、形势和人的一个总体概念,是简化了的知识结构或认知框架,具体指导人们吸收、储存、处理信息。① 也有学者提出,认知图式是人们在生活过程中形成的特定的信仰、价值观和思维定式;它构成一个人"用于处理、弄清和理解复杂和不确定环境的最基本的工具",指导人的信息处理;是解释、预期、预测其他人行为的基础。② 概括来说,认知图式可以把复杂问题简单化,形成一个固定的模式,帮助人们认知和分析复杂的形势。

在受到众多主观和客观条件的限制情况下,领导人需要尽快做出决策时,需要借用认知图式帮助他尽可能快地解释周围发生的事情。但是,认知图式是把复杂问题简单化的模式,倾向于用黑白两分法来分析每一项风险。这往往会导致对认知对象的歧视。其中认知模式中的刻板印象(stereotype)就是一个典型。刻板印象把不容易理解的内容归成一类,抓住其主要特点,形成一定的认知陈规或定式,把复杂问题简单化,有很大的绝对性,认为一旦一个人或一件事属于一个种类,就认为他/它就具有这一群人或一类事所具有的同样特点,而放弃对特殊个性的关注。这种认知方式往往还是一种深度敌视或友好态度的象征。

在美国政府做出入侵古巴猪湾决策过程中,肯尼迪总统的决策团体都是按照一种固定的模式看待自己和分析敌人,认为自己是由好人组成的坚强团队,最终会取得胜利的;古巴人是一群愚蠢、羸弱的坏蛋,卡斯特罗被看作是一个虚弱的"歇斯底里"的领导人。结果政策失败了。美国总统小布什上台后,将伊拉克、伊朗和朝鲜归类为"邪恶轴心",是同一类不可信任的敌人。"9·11"事件后,西方流行一个普遍的认识,把那些他们认为不负责任的国家看作是"流氓国家"等。这些都是认知图式中刻板印象的典型例子。

另一种认知模式是"归因理论"(attribute theory)。这种理论认为,认

---

① Deborah Welch Larson, *Origin of Containment: A Psychological Explanation*, Princeton, NJ: Princeton University Press, 1985, p. 51; Yuen Foong Khong, *Analogies at War: Korea, Munich, Dien Bien Phu, and the Vietnam Decisions of 1965*, Princeton, NJ: Princeton University Press 1992, pp. 25-26.

② Yaacov Y. I. Vertzberger, *The World in Their Minds: Information Processing, Cognition, and Perceptions in Foreign Policy Decision-making* Stanford, CA: Stanford University Press, 1990, p. 113.

知主体在处理信息、认识世界的过程中有两种不同的现象。一是在解释自己行为时往往强调外部和环境的作用,二是在解释别人行为时往往强调内在因素的作用。把自己的错误或者归因为别人的错误,或者说成是环境造成的,而把别人的错误归因于他们本质不好;以积极的态度看待朋友,以消极眼光看待敌人或解释他们的行为。在许多国际冲突中都不难发现这样的思维定式。

例如,在巴勒斯坦和以色列的冲突中,阿拉伯抵抗组织总认为自己是爱好和平的,它之所以采取暴力行动,是因为以色列对其领土的占领和对他们的镇压。而以色列一方则认为,它之所以采取镇压行动,是因为巴勒斯坦人不断采取暴力行动。一项在对巴勒斯坦人和以色列人进行大量采访基础上的研究指出,"如果我对敌人有一个魔鬼的意象,当对手采取毫无争议的行动的时候,我还会保持我自己对对手的认识,而解释其友好行为时认为是由于环境的影响或限制所致,其采取非友好行为的倾向并没有改变,只是环境的某些特点逼迫他暂时友好"。① 在朝鲜和美国围绕朝鲜发展核武器的争执中、印度和巴基斯坦持续数十年的矛盾中,都不难发现这种思维定式的证据。

除了无意识地借助认知图式认知复杂世界,决策者为了克服认知能力不足,还习惯于通过从历史上寻求类似的事件,或在其他领域寻求线索和启发,帮助他们理解形势,这也是认知过程中经常出现的状况。这种模式叫作"启发思维"或"走捷径"(heuristic)。前者被称为同类间的比较,被称为"类比"(analogy),后者是运用简单的跨领域的比较,被称为"隐喻"(metaphor)②。隐喻和类比在人们认知过程中的作用有类似之处,对政策

---

① Daniel Heradstveit, *The Arab-Israeli Conflict: Psychological Obstacles to Peace*, Oslo: Universitites-forlaget, 1979, p. 79.
② Dwain Mefford, "Analogical Reasoning and the Definition of the Situation: Back to Snyder for Concepts and forward to Artificial Intelligence for Method," in Charles F. Hermann, et. al., eds., *New Directions in the Study of Foreign Policy*, Boston: Allen & Unwin, 1987, pp. 221-247; Keith L. Shimko, "Foreign Policy Metaphor: Falling 'Dominoes' and Drug 'Wars'," in Laura Neack, et al. eds., *Foreign Policy Analysis: Continuity and Change in Its Second Generation*, NJ: Prentice Hall, Englewood Cliffs, 1995, pp. 71-84.

制定过程产生影响的原理也具有相同的特点。

类比是"走捷径"的一种手段。这种思维的形式化表述为：如果事件 A 与事件 B 二者都具有 X 的属性，同时 A 又具备 Y 的属性，就可以推断 B 也具有 Y 的属性。通过对某些方面相同或类似的情况进行比较，从而根据历史经验做出决定，以推断它们在其他方面也具有相似性。① 杰维斯将这种思维模式概括为"历史事件——历史经验教训——未来行为"的假设模式。②

慕尼黑类比

第二次世界大战前夕，面对野心勃勃的德国，意大利首相墨索里尼、英国首相张伯伦和法国总理达拉第与德国总理希特勒在慕尼黑举行首脑会议，牺牲捷克斯洛伐克的利益来满足德国的侵略欲望，把捷克的苏台德区"转让"给德国。

英国首相张伯伦从慕尼黑回到伦敦时，兴高采烈地声称他带回来"一代人的和平"。而希特勒最终没有兑现诺言，在占领了苏台德区后，第二年3月就悍然侵占了全部捷克。英、法出卖盟国，壮大了对手，导致了二战的爆发。"慕尼黑阴谋"后来成为绥靖和纵容侵略的代名词。

毛泽东在 1939 年 9 月 1 日答《新华日报》记者问时，将英、法纵容德、意、日侵略，牺牲中国纵容日本与欧洲的"慕尼黑阴谋"作类比。1941 年 5 月，毛泽东再次要求中共中央要"揭破远东慕尼黑的阴谋"。他提出"日美妥协，牺牲中国，造成反共、反苏局面的东方慕尼黑的新阴谋，正在日美蒋之间酝酿着。我们必须揭穿它，反对它"。③

朝鲜战争爆发前夕，美国政府并不认为朝鲜对美国的安全是重要的。在国务卿艾奇逊和总统杜鲁门的声明中都把朝鲜半岛放在其防御范围之外。但是朝鲜战争爆发后，杜鲁门错误地将朝鲜战争的爆发比作第二次世

---

① David H. Fisher, *Historians' Fallacies*, New York：Harper and Row 1970, pp. 243-259.
② 〔美〕罗伯特·杰维斯：《国际政治中的知觉与错误知觉》，秦亚青译，北京：世界知识出版社 2003 年版，第 227 页。
③ 《毛泽东选集》（合订本），北京：人民出版社 1969 年版，第 544、762—763 页。

界大战前夕德国入侵捷克,认为对朝鲜的行动无动于衷就是"绥靖",就是又一个慕尼黑,如果对这个行动无动于衷,任其发展,那就意味着第三次世界大战的爆发。根据这样的类比,杜鲁门政府改变了对远东的策略,开始了对朝鲜战争的干涉。

20世纪60年代,在美国政府领导人面临快要倒台的南越政府的时候,再次借用慕尼黑类比看待形势。从1961年开始,时任美国副总统的约翰逊多次将东南亚的形势与20世纪30年代的欧洲相比,将南越政府的吴庭艳比作30年代英国的丘吉尔。在讨论美国派军队到越南的时候,美国驻南越大使表示:"我觉得如果我们不介入,很有可能爆发第三次世界大战。难道我们能犯我们在慕尼黑所犯的那种(对侵略的)纵容的错误吗?"①这样的逻辑是造成美国派出地面部队对越南进行全面干预的主要原因之一。

在当今的国际关系中,仍然不乏借用历史类比理解新形势的实例。在美国决定入侵阿富汗的时候,不少人把阿富汗比作越南,认为美国会陷入阿富汗的泥淖。如西方国家把俄罗斯占领克里米亚比作第二次世界大战前夕德国占领苏台德区,认为如果对俄罗斯的侵略无动于衷,将是另一个慕尼黑,就是绥靖。美国学者阿利森借用古希腊雅典和斯巴达之间的互相竞争来形容崛起大国与守成大国之间战争的不可避免。他总结历史上大约16次新兴大国的崛起经历后,发现有12次与既有大国之间发生了对抗和战争,提出崛起的中国与现有大国美国之间有可能陷入"修昔底德陷阱"。针对这样的担心,中国提出为避免中美之间重复历史上守成大国与新崛起大国之间冲突的老路,建立"不冲突""不对抗""平等协作,互利共赢"的新型大国关系的倡议。这些广泛使用的类比,不仅反映了类比作为认识方式对人们认识世界的影响,也反映了观察者在这些问题上的观点和政策取向。

隐喻是启发思维的另一种形式。亚里士多德称"隐喻就是给一物本

---

① Yuen Foong Khong, *Analogies at War*, pp. 3, 176.

属于他物之名"①,就是把看不见或不容易理解的现象或事物与一般人都较为熟悉的现象或事物进行比较,以帮助人们理解这些事情。拉科夫(George Lakoof)和约翰逊(Mark Johnson)在对隐喻进行研究后指出,"隐喻的本质是以一种事情去理解和体验另一种事情"。② 也就是说,隐喻一般通过具体的事物来理解抽象的事物,通过熟悉的事物来理解不熟悉的事物,以达到理解复杂形势的一种思维定式。

　　国际关系或国家对外政策虽然是客观存在,但也是抽象的、看不见的。因此,国家对外政策的制定者常借用隐喻来提出政策,研究者则利用这些隐喻来分析决策者的认知过程或描述国际形势。例如,现实主义理论将国家比作是"弹子球",把国际关系中弱肉强食的规律称为"丛林法则",将国家之间的争斗说成是"博弈",将国家之间在军事领域的竞争说成是"竞赛",将一些国家不承担义务和代价的行为说成是"搭便车",将美苏之间的紧张而没有爆发直接"热战"的状况说成是"冷战"等。美国领导人用"多米诺骨牌"来比喻第三世界国家风起云涌的革命,肯尼迪将对古巴的封锁说成是"隔离"(quarantine)。

　　运用隐喻表征形势和对外关系中的问题绝非美国领寻人所独爱,中国领导人也非常喜欢用隐喻形容自己的对外政策。如新中国成立后提出的三大政策都是以隐喻的方式提出的:用"一边倒"说明中国联合苏联、反对美国的战略选择;用"另起炉灶"说明不承认旧中国与外国的外交关系、建立新型外交队伍的政策;用"打扫干净屋子再请客"来比喻新中国将废除西方列强在中国的特权等。毛泽东更是一个运用隐喻的高手,他把一切反动派和原子弹说成是"纸老虎",把一切追随美国的反动势力比作是美国的"走狗",把美国在其他国家的军事基地说成是套在美帝国主义脖子上的"绞索"等。这些隐喻在中国外交史上已经成为经典的对外政策。因此,在国际关系和对外政策的研究中运用隐喻具有普遍性。

---

① Keith L. Shimko, "Metaphors and Foreign Policy Decision Making," p. 657.
② George Lakoof and Mark Johnson, *Metaphors We Live By*, Chicago and London: The University of Chicago Press, 1980, p. 5.

广泛使用的历史类比和隐喻,在决策过程中发挥以下作用:(1)有助于决策者判断和认识所面临的环境;(2)有助于决策者评估风险;(3)向决策者提供"政策处方";(4)预测政策成功的机会与可能;(5)对决策结果的道德正当性进行评估;(6)预防与警告政策选择所带来的风险。① 同时,它们也都具有对外政策的宣示意义,即向公众和对手表明决策者采取政策的合理性和正确性。

类比和隐喻都具有在信息不清、形势不明的环境下,发挥帮助决策者判断形势、框定问题、指导政策的作用。但是,不管是同领域比较的类比,还是不同领域比较的隐喻,都可能具有误导决策者错误判断形势、导致政策错误的消极作用。历史类比的误导作用主要源于历史是不会重复的,历史上很少有两件事情完全一样,领导人往往从自己有限的历史知识中选择先例,导致历史类比被一次次地"误用",一次次误导决策者选择错误的政策。

与类比误导作用稍有不同的是,作为跨领域比较,隐喻的风险在于比较对象之间的不同性质。如"多米诺"的隐喻虽然揭示了国家之间关系的紧密性和互相依存性与多米诺骨牌有相似性,但是每一块多米诺骨牌在本质上是一样的,而国家之间却有明显不同。多米诺骨牌只有在外力的作用下才会倒下,而国家革命则不完全由外因导致。20世纪50年代美国领导人借用"多米诺骨牌"形容一些国家爆发的革命,这种比较忽视了国家革命的内在社会因素,把任何一个国家的革命都当作是由于苏联或中国的指使才发生的,对一些国家争取民族独立的革命进行了这样的框定和表征后,也就暗含了从外部阻止"多米诺骨牌"倒下的反革命输出。②

相对于心理分析和人格研究,认知研究更容易操作。这种研究方法不仅用于研究政治领导人,还用于研究知识精英和特定的群体,因此已经成为当今政治心理学研究最普遍的方法。

---

① Yuen Foong Khong, *Analogies at War*, p. 22.
② Keith L. Shimko, "Foreign Policy Metaphor: Falling 'Dominoes' and Drug 'Wars'," p. 78.

第四节　对外政策分析的心理学方法

在影响对外政策的众多因素和变量中，决策者只是其中之一。但是，决策者这个变量处于所有其他影响政策结果的自变量与作为因变量的对外政策结果中间。不管是国际的还是国内的因素，只有在被决策者观察到，并在决策过程中被考虑在内，才可能对决策结果产生影响。如果决策过程还是一个"黑匣子"的话，只有掌握了决策者如何决策之后，才可以算是打开了这个"黑匣子"。但是，对决策者的研究，无论是历史上的还是当代的，都受到很多客观条件的限制。

任何研究都受到物质或环境的限制（limitation），都是在一定条件下展开的。如自然科学受到实验设备等物质条件的限制，社会科学则受到特定的社会政治环境的限制。任何研究也都需要限定在一定的范围，才能具有可操作性并深入下去。

大多数政治心理学家不可能像心理医生治疗和研究精神病人一样，去研究自己感兴趣的政治人物。他们一般不能近距离接近或采访研究对象。即使获得机会采访研究对象，领导人出于政治考虑也不可能将自己的真实想法表达出来。不少政治心理分析直接服务于现实政治，但更多的政治心理学研究的目的，是为了增加政治心理学领域的知识，是一个知识创造和积累的过程，这类研究特别强调研究方法的科学性和结果的说服力。

运用政治心理学方法分析对外政策，除了受到客观条件限制外，也需要对研究对象和拟定使用的材料划定范围（delimitation），明确研究对象，选定所使用的材料，并根据研究对象的差异选择不同的理论和方法。研究领导人的人格对决策的影响主要是研究人，特别是那些对国家对外政策的决策和行为具有一定影响力的人，包括一个人、一个团队的人或一部分人（如精英阶层）的影响。

限定研究对象的范围，选择单个的或集体的人，是心理分析的第一步。心理传记多用于研究不同寻常的政治人物，如历史上的林肯、希特勒、威尔逊、斯大林，以及当代国际政治中的萨达姆、米洛舍维奇、卡斯特罗等。而且研究和解释的对象，多是在正常人看来非理性的行为，诸如理性利益原则和环境逻辑不能解释或与社会角色期待不一致的事件，如令人困惑或预料不到的战争、冲突或危机等。心理传记分析与一般传记的一个差异是，一般传记关注的是人物的一生，而传记心理分析不需要说明研究对象整个人生，主要解释的是人物不正常的或者病态的行为，目的是通过心理学的理论和方法分析这些不同寻常行为的内在逻辑，从而使这些行为变成可以理解的行为。

人格研究的对象也是处于决策地位或能对决策过程和结果产生影响的人。赫尔曼在对领导人的个性与对外政策关系的研究中提出，只有处于主导地位的领导人亲自参加决策过程、面对很多不确定因素时才影响对外政策的决策结果，如美国总统、实行内阁制国家的总理或首相，对一个国家的对外政策产生过较大影响的国务卿，如杜勒斯、基辛格，以及其他国家领导人。

从对外政策分析的角度看，认知心理学研究主要关注和研究的对象也是对决策结果产生重要影响的政治领导人，包括总统、总理、社会主义国家执政党的总书记、君主制国家的国王。也有不少学者用认知心理学的方法研究决策小组的对外政策决策，如对苏联共产党"操作码"（operational code）的研究。由于学者或媒体公开发表的文章容易获得，便于操作，对一定数量精英的采访或通过对他们著述进行内容分析，研究精英群体在特定问题上的认知，近年来成为认知研究流派比较流行的趋势。但是，这类研究一般都有一个前提假设，即认知决定政策，特定认知必定导致特定的政策。这类研究大多把认知作为因变量进行研究，很少将认知作为自变量，研究认知是如何影响具体政策的，其中的因果关系是研究的弱点，而且还存在着循环论证的状况。

理论上说明决策者的人格和认知过程的作用相对简单，但要对这个过程进行可操作性的研究则并非易事。虽然研究者可以运用现代神经科学技术的成果，特别是磁共振成像技术追踪思想的脑波，却不能透露里面的任何内容。唯一可以借助观察思维和认知过程的主要工具是语言。因为人们必须通过语言才能把复杂的社会世界表述出来,使之条理化、有序化。语言被称作"心灵的窗口",也是人们认识世界必不可缺的。语言不仅传递思想,透露研究对象的人格特点,而且还在其结构中留下思维过程的痕迹,具有象征力和建构功能。因此,语言是政治心理学研究的主要工具和载体。

从方法论来看,社会科学研究的方法,包括实验、调查研究、实地工作、运用可以使用的数据等,在国际政治心理学中都有运用。[①] 具体来讲,早期心理分析依赖弗洛伊德的研究方法,梦的解析是其中的代表。在此基础上形成了如临床研究(clinical research)和实验性研究(experimental research)等方法。然而,研究者通常是没有机会对领导人进行"解梦"的,心理学中的一些方法并不适用于对政治领导人的分析,特别是对于那些已经逝世的领导人,随着他们的死亡,所有的"心理密码"都已经被带走了,实验心理学的方法是当今心理学学科常用的方法,但很难运用于对政治领导人的研究。

运用定性心理分析的学者通过追踪和分析研究对象成长的经历、家庭和社会环境,通过非常详细的、深入的案例分析来展开研究。波斯特(Jerold Post)在艾里克森(Erik H. Erikson)研究的基础上发展完善了一套以经历为背景的心理分析方法(anamnesis)。这个近年越来越受关注的方法具体包括四个步骤:(1)心理生物学分析,即采用"平行时间表"(parallel timeline)的方法,将研究对象的成长年谱与其成长过程中发生的国际和国内大事年表进行对比,以考察其成长环境对对外政策决策者个性可能的影响;(2)个性分析,包括健康状况、习惯、是否酗酒、是否长期服用药物,以及领导人的能力、知识、情感稳定状况和与同事、朋友和家庭成员的关系状况等;(3)信仰和认知分析,即领导人对国家安全、权利本质的认识,以及其他信仰等;(4)风格分析,即领导人的语言表达能力、与公众沟通的能

---

① Rose McDermott, *Political Psychology in International Relations*, Ann Arbor, MI: The University of Michigan Press, 2004, chapter 2,"Forms of Methodology in Political Psychology," pp. 21-44.

力、在特殊情况下选择战略和策略的可能性以及谈判技巧等。①

定性的研究还包括"过程跟踪法"(process tracing procedure)和"一致程序法"(congruence procedure)。过程跟踪法就是通过研究决策的详细过程,来解决人格是如何影响认知过程和结果的。比如,决策者的信仰如何影响决策者接受和分析来自外界的信息,如何判断形势,在决策过程中考虑了哪些可能的政策选项,以及最后确定什么样的政策等。这样的"认知图谱"(cognitive map)一般要经过以下步骤:信仰的扩充(initial amplification of relevant beliefs)、寻找先例(解释事件)、评估后果、寻求可供选择的政策、做出外交政策的决定。② 这种方法可以揭示研究对象的认知与政策结果之间因果关系的逻辑,但是这种方法对信息要求高,材料获得比较困难。

如美国对朝鲜战争的干涉,借用语言学的手段,可以看出美国领导人做出干涉朝鲜战争这个决策的过程。首先,美国领导人借用类比把苏联看作是一个"邪恶帝国",比作"祸水",必须加以"遏制"(contain)。其次,美国领导人把朝鲜战争的爆发看作是莫斯科指导下的共产主义在全球进攻的一部分,这一不符合实际的认知是一个典型的错误认识。最后,在产生了这样的错误认知后,美国决策群体运用了一个非常错误的类比,也就是把朝鲜战争的爆发以及朝鲜在战场上的优势比作希特勒占领苏台德区,如果不采取果断措施,那就是绥靖。因此美国政府做出了错误的决定,导致了在错误的时间、错误的地点和错误的对手打了一场错误的战争。

"一致程序法"不研究决策过程,更不研究决策者的心理过程,而是要找出决策者的人格或信仰等心理特征与政策结果之间的联系。如果两者一致,可以说决策者的人格或认知对政策产生了影响,否则就可以说前者对后者没有影响。这个方法不需要对相关决策者个人心理过程的详细材料,相对来说要容易一些。但是,这种研究只能回答对外政策决策者的人

---

① Jerold Post, ed., *Leaders and Their Followers in a Dangerous World: the Psychology of Political Behavior*, Cornell Uniuersity Press, 2004.

② Jerel Rosati, "A Cognitive Approach in the Study of Foreign Policy," in ibid., pp. 49-70.

格或信仰与决策之间是否存在相互关系，而不能确定两者之间的因果关系，更不能解释对外政策的决策者的信仰与对外政策决策结果之间的不一致现象。

建立在定性的个案基础上的心理分析，是有选择而非系统的研究。这种方法在证据选择上存在着一个科学化的问题，特别是在面临不同解释的时候。因此政治心理学家通过系统的研究，完善并发展了被认为更具科学效力的定量分析方法，并对政治领导人进行"远距离"研究。

内容分析法是"远距离"研究领导人人格或认知过程比较常用的方法。这种方法的科学性基于这样的假设：在说明人们的态度及感情的变化方面，如果语言是人格的体现，特定的用词一定能与特定的人格有联系，若某种用词或符号在一定时期内反复出现的话，它一定是人们内心深处感情的象征。

内容分析法依赖研究对象的语言材料。只是需要对所使用的材料精心挑选，以确保研究的科学性和准确性。作为政治心理学主要研究对象的政治家，大多是言不由衷的，他们有时候因为可以理解的原因而撒谎；有些领导人是典型的"两面人"，公开说的与私下做的完全不同；还有一些领导人的讲话文章都是由别人撰写的，并不能作为研究领导人的材料。因此，内容分析的材料最好是研究对象在一定时间内在不同的场合、就不同议题、对不同的人发表的那些讲话，特别是那些在没有经过精心准备的即兴讲话或直面记者采访时候的话、个人的日记、给亲属或密友的信件等。这些材料最能反映出研究对象的真实人格和信仰特点，是研究人格和认知过程最好的材料。

在对材料进行内容分析的时候，有两种主要的途径。一是通过对这些材料的主题进行内容分析。即根据研究目的，确定研究主题的种类，根据特定主题在文献中出现的频率，得出研究对象对一个国家或者事物的认识（或者是错误认识）、态度，乃至信仰，以及制定或执行某一项对外政策的动机，如霍尔斯蒂对杜勒斯的研究。二是对领导人语言的定量研究。这类研究的代表是赫尔曼等提出的领导人人格分析法和沃克团队提出的情景动词分析法。

赫尔曼等提出的领导人人格分析法(Leadership Traits Analysis,LTA)是"领导人远距离评估方法"(Leaders Evaluation and Assessment at a Distance,简称 LEAD)之一。运用这种方法是对文献中的特定用词通过计量化开展的内容分析。这种方法认为,一些特定的用词可以反映出研究对象的特质和人格特点。借助计算机系统对这些词进行量化赋值,然后将反映某一特质的用词的次数累计起来,看出这一特质的最终值。比较这个值在不同的时期、在不同的议题上或对不同的听众是否有变化,并比较研究对象与大多数领导人相关数值的变化,找出研究对象人格的特点,以及这些特点在时间和空间维度变化的规律。这种研究手段借助赫尔曼所领导的团队的长期研究积累起来的数据库,借助计算机程序,经过一定的训练即可完成。①

"情景系统动词"(Verb-in-Context-System,VICS)分析方法,是另一个比较普遍使用的量化内容分析方法。"操作码"最早由列特斯(Nathan Leites)在20世纪50年代初期研究苏联共产党政治局成员的信仰系统时提出。20世纪60年代末,经乔治对"操作码"进行提炼和简化而受到广泛关注。他将苏联共产党的信仰系统分为哲学(philosophical)信仰和策略(instrumental)信仰,可以分别从五组问题的回答和态度中得出一个人的两种信仰。②

沃克(Stephen G. Walker)等人提出了一套用量化方法评估研究对象操作码的步骤。③ 他们将哲学信仰的5个内容归类为(P1),对策略信仰的5个内容归类为(P2)。在操作过程中,利用自动化的内容分析软件,研究

---

① Margaret G. Hermann,"Assessing Leadership Style: Trait Analysis," in Jerold M. Post ed., *The Psychological Assessment of Political Leaders*, pp. 178-214.

② Alexander George,"The Operational Code: A Neglected Approach to the Study of Political leader and Decision Making," *International Studies Quarterly*, Vol. 23, No. 2, (1969), pp. 190-222.

③ Stephen G. Walker, Mark Schafer, and Michael D. Young,"Systematic Procedures for Operational Code Analysis: Measuring and Modeling Jimmy Carter's Operational Code," *International Studies Quarterly*, 42: 175-190; Stephen G. Walker, Mark Schafer, and Michael D. Young, "Profiling Operational Codes of Political Leaders," in Jerrold M. Post, ed., *The Psychological Assessment of Political Leaders*, pp. 214-245.

对所选材料中领导人讲话所使用的动词,分析主语和宾语(如果是及物动词)或主语和表语(如果是不及物动词)之间的关系,以及动词所指向的行动及其程度。通过将文本中的动词分为合作性(+)和冲突性(-)的言辞和行动,并将每类动词赋予不同的分值,如惩罚(-3)、威胁(-2)、反对(-1)、支持(+1)、承诺(+2)、报偿(+3),然后再经过统计计算,可以基本上测量出领导人的操作码,并在此基础上与数据库中大多数领导人的数据进行比较,得出研究对象操作码的特殊之处。这些测量方法也是经过仔细的设计和专门训练,然后通过计算机辅助系统来完成的。

在运用政治心理学的方法对决策者进行研究的时候,不同的学者使用的概念和变量有所不同,但他们之间的研究有许多共通之处。例如,人格研究关注的主要变量之一是领导人对环境的敏感程度,这与认知复杂程度理论是完全一致的。领导人对决策环境越敏感,对不同观点和不同信息的吸收性就越强;相反,领导人对决策环境越不敏感,对来自外界的不同信息接受能力也就越差。前一种人属于认知复杂型领导人,而后一种人则属于认知简单型领导人,那些认知非常简单化的人被称为"认知吝啬者"(cognitive miser)。

在文特以动机为路径的人格分析框架中,以权力为目的的领导人与巴伯人格分析框架中的"主动—肯定型"领导人是一致的;以成就为动机的领导人则属于"主动—否定型"领导人;以关系为目的的领导人则属于"被动—否定型"领导人,因此将两者结合起来"可以更全面和更好地理解"领导人的行为特点。[①] 赫尔曼对1960年到1970年53个非洲国家的政府领导人的讲话进行内容分析后,发现那些权力动机强的领导人倾向于追求一种独立和对抗性的政策;相对而言,以关系为目的的领导人倾向于执行合

[①] David Winter, "Assessing Leaders' Personalities: A Historical Survey of Academic Research Studies," in David Singer and Valerie Hudson, eds., *Political Psychology and Foreign Policy*, Westview Press, 1992, pp. 43-44.

作和相互依存的政策。① 不同的概念和变量之间不仅是互通的,而且也是互相支撑的。但是,在多元化的文化和教育环境下,不同的政治心理学者倾向于使用自己熟悉或习惯的概念和途径,形成了政治心理学领域纷繁复杂的局面。

第五节 对外政策分析中心理学路径的趋势

借用心理学的成果和方法分析对外政策,对主流的宏观国际关系理论关于抽象人性的假定和一些核心概念,如权力、利益、收益等提出了挑战,为对外政策分析提供了微观视角。运用政治心理学的概念和方法分析对外政策,表明过去曾经被以为是理所当然的概念,不是客观的存在,而是个体主观认知过程。这样的视角在微观层面上弥补了宏观国际关系理论的不足,开辟了理解和研究对外政策、国际政治和国际关系的新途径。

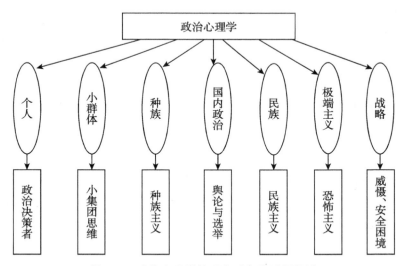

图 2-3 政治心理学的研究对象和适用领域

---

① Margaret Hermann, "Personality and Foreign Policy Decision Making: a Study of 53 Heads of Government," in Danald A. Sylvan and Steve Chan, eds., *Foreign Policy Decision-making: Perception, Cognition, and Artificial Intelligence*, New York: Praeger Publishers, 1984, pp. 53-80.

从个人层次分析对外政策和国际政治已经取得了重大进展。从事政治心理学研究的学者数量有了很大增加。心理学的各主要流派在对外政策和国际政治中都有运用,不同的心理学概念,如态度、个性、认知、知觉、信仰、特质、风格、图式、情绪都被作为国际政治心理学的研究工具,来解释和研究对外政策。从研究和解释的对象以及应用领域看,国际政治心理学不仅研究战争而且还研究和平,不仅研究危机的升级,也研究国际危机的缓和与解决。可以说任何政治行为都可以并已经成为政治心理学的研究对象,包括战争、联盟、战略互动、核政策、国际谈判、恐怖主义等高政治领域的议题,也包括广泛运用于选举、民族主义、国际规范、认同、对外经济行为等低政治范畴的议题。总之,国际政治心理学无论是在理论和概念的发展还是在实证研究方面,不管是案例研究和数据分析还是在方法的多元性、严密性、有效性和复杂性方面,都取得了丰富的成果,已经形成了"百花齐放"的局面。就其最新发展趋势来看,主要表现在四个方面。

首先,政治心理学本身缺乏元理论,其发展的每一步都依赖于心理学以及心理学与其他学科结合所取得的进展。随着政治心理学研究的深入发展,越来越多的学者将最新的心理学研究成果运用于分析对外政策和研究国际政治。其中,神经科学对情绪或情感(emotion)的研究成果与对外政策和国际政治研究的成功结合尤为突出。

从前,情绪往往被视为理智的对立物,或者是理性的障碍。但在进入21世纪以来,社会学、心理学、经济学、神经科学以及政治科学对情绪及其与理性关系的兴趣受到更广泛的关注,情感与认知之间的互动关系已经成为前沿课题。相关研究发现,"情绪和感情的某些方面是理性所不可或缺的。乐观而言,在决策中,感情为我们指引正确的方向,并将我们带到合适的地方,在这种地方我们就能正确使用逻辑工具。"[①]情感对对外政策的影响是多方面的,许多方面还处于未知状态,但可以肯定的是情感影响信息接受过程,由此产生选择性注意的倾向。在中国,伤害13亿中国人民的感

---

① Antonio Damasio, *Descartes' Error: Emotion, Reason, and the Human Brain*, New York: Putnam, 1994, p. Ⅷ.

情经常成为导致中国政府在相关对外政策问题上采取行动的原因。因此政治心理学已经把认同、感情等因素引入对外政策的研究,来解释为什么一些国家坚持发展核武器而另一些国家则放弃核计划,增加了对外政策研究的说服力和可信度,得到学界的高度评价。

其次,政治心理学主要研究个体在环境的压力下的行为,关注的焦点往往是非理性或有限理性的判断与决策,似乎与理性行为无关。这在认知学派的研究中尤为突出,以至于认知心理学在国际关系领域被看作是"非常态"心理学,很容易引起对政治心理学的误解。近年来,国际政治心理学的研究与对外政策决策其他理论模式,特别是理性行为模式的结合,不仅拓宽了该学科的研究领域,而且增加了人们对对外政策和国际政治的理解,在改变着对认知心理学"非理性"的误解。其突出的代表是冷战结束后兴起的多元启发(poliheuristical)理论和前景(prospect)理论。

多元启发理论将认知理论与理性选择理论结合起来,把决策过程分为两个阶段加以研究。第一阶段是一个认知的过程,即决策者在制定政策时,很难得到全部信息并在此基础上进行严格分析和决策,而且通常受到时间上的压力,不可能对信息进行完整的处理。他们并不考虑所有方面的选择,而是将一些在国内政治上或其他关键问题上不可能接受的选项排除掉。在这个阶段,主要是凭借经验来把复杂的问题简单化,利用认知模型来解决问题。

第二个阶段,决策者将会在剩下的选择中成为"理性效用最大化者"。他们会按照利益最大化和风险最小化的原则进行决策,是一个理性选择的过程。这种模式在认知理论与理性选择理论之间架起一座桥梁,有力地推动政治心理学和决策研究,近年来颇受关注。①有学者非常乐观地指出,随着心理学研究的深入,"神经科学所取得的进展可能在理性和以心理学为

---

① Alex Mintz, "How Do Leaders Make Decisions? A Polihuristic Perspective," *The Journal of Conflict Resolution*, Vol. 48, No. 1, Feb. 2004, pp. 3-13; David J. Brulé, "Explaining and Forecasting Leaders' Decisions: A Polihuristic Analysis of the Iran Hostage Rescue Decision," *International Studies Perspectives*, Vol. 6, No. 1, pp. 99-113. Eric Stern, "Contextualizing and Critiquing the Polihuristic Theory," *Journal of Conflict Resolution*, Vol. 48, No. 1, 2004, pp. 105-126.

导向的模式之间架起一座桥梁"。①

前景理论是在西蒙(Herbert A. Simon)提出的"有限理性"假设的基础上发展起来的,在成功用于经济学领域后,近年来被借用于对外政策研究。前景理论强调情势因素在决策过程中的影响,指出人们对损失和获益的认识是不对称的。在面临收益的时候,决策者往往趋于风险规避(risk-aversion),在面临损失的时候则趋于风险接受(risk-accepting)。这一发现解释了认知偏见是如何影响决策者对信息的处理,进而影响对外行为的。

再次,越来越多的学者将政治领导人个人及其政治和社会群体互动,作为政治心理学研究的一个取向,以解释人的性格是如何在社会化的过程中被政治化的。早期的政治心理学很少将不同文化和社会背景对个人的影响考虑在内,而只关注对特定的政治人物的心理、个性和认知分析。这样做的逻辑是,如果相似文化背景中的个人在认知世界的时候就存在着差异,在相互之间都会发生错误知觉,不同文化背景中的人必然会出现类似的错误,且其程度只能更加严重。

对外政策分析所关注的政治行为,是作为社会的人在特定的组织和社会环境下做出的,不仅受到诸如决策机构决策和政府特性等小环境的影响,也受到整个国家社会文化环境的影响。政治心理学的研究需要扎根于心理学研究的大家庭,也必须置身于对外政策制定的大环境中。随着政治心理学研究的不断深入,决策机构的特点、社会文化因素对政治人物心理、人格和认知的影响在政治心理学研究中日益受到重视,甚至被当作不可忽视的因素。应运而生的一个热点是对不同文化背景下政治领导人政治行为的比较心理学研究,即在运用政治心理学的方法分析对外政策时,把历史事件对领导人人格的塑造以及领导人的特殊政治社会文化背景考虑在内。

最后,除了从其他学派借鉴、与其他学派的融合之外,在一些方面具有不同特点,而在另一个方面又相互重叠的不同学者之间的融合趋势更加明显。经历形成人格,人格影响处理信息的认知过程,认知影响对外政策结

---

① Rose McDermott, *Political Psychology in International Relations*, Ann Arbor, MI: The University of Michigan Press, 2004, p. 186.

果。人格是在社会化过程中形成的,以传记为背景的心理分析能够帮助解释领导人的人格特点,领导人信仰影响对外决策产生的方式和程度在很大程度上取决于其人格。近年来,不同学者之间的融合倾向越来越明显,许多政治心理学的著作都是同时借助不同的概念、理论和方法来加强对政治人物的研究的。这些从不同侧面进行的研究总体上是一致和互相支撑的,有力地促进了政治心理学学科的发展。严格地划分哪个学者属于哪个学派,如果在以前就有困难的话,现在更加难以区分。

尽管国际政治心理学的研究取得了巨大的进展和成绩,但这个学科也面临着不少的问题。由于政治心理学的主要理论假定是个体在世界政治中具有重要的地位和作用,主要集中于个体或微观层次的研究,主要用于研究和分析对外政策,很难在国际体系层次直接得到运用。对于不同层次之间变量的互动和转移,即个体层次与体系层次的变量如何相互影响和转化,是层次分析方法中始终面临的一个问题,也是限制政治心理学应用范围及其与主流国际关系理论对话的主要障碍之一。因此,运用政治心理学的不同路径和方法分析对外政策是对外政策分析或对外政策决策研究的主要内容,而很少学者直接把政治心理学运用于宏观的国际关系研究。

政治心理学在研究对外政策和国际政治方面的解释力,并非一开始就被主流国际关系学界所接受,至今仍然受到许多批评。这些批评意见认为,个人层次的变量只是影响对外政策的众多变量中的一个,是一个"干预变量"和"外在变量";其影响是"间接和笼统而非直接和具体的","只有在严格的限定条件下"才具有"重要和独立的影响";除非研究"异常状况,否则是可以忽略的"。[1]

最后需要说明的是,政治心理学家也是人。他们的头脑并非一张白纸,而有稳定和成熟的世界观和价值观。由于大多数政治科学家在对研究对象开展研究的时候,不可避免地受到他们对研究对象的认知偏差或错误

---

[1] Michael Brecher and Franck P. Harvey, eds., *Conflict, Security, Foreign Policy, and International Political Economy: Past Paths and Future Directions in International Studies*, Ann Arbor, Michigan: The University of Michigan Press, 2002, p. 7.

认知、甚至存在着严重的政治或意识形态偏见。他们在选择研究对象进行研究时,并非像他们所强调的那样"科学"和"客观",而往往是先对研究对象有既成的看法,然后再寻找材料证明自己的观点,他们的大多数研究本身也存在着他们自己理论中的"认知相符"的现象。政治心理学的科学性一开始就遭受质疑,这个无法克服的现象就像这个学科的影子,伴随着这个学科的发展。

关键概念

心理分析　认知　知觉　问题表征　认知一致性　启发思维
认知图式　操作码　归因思维　多元启发　内容分析

思考题

1. 心理分析与领导人人格研究发展历程中的代表性研究有哪些?
2. 人格研究的主要类型和研究方法有哪些?
3. 领导人人格特点影响对外政策的主要条件和方式是什么?
4. 经常导致错误认知的方式有哪些?
5. 在对外政策分析中常用的类比和隐喻是什么?

推荐阅读文献

〔美〕哈罗德·D.拉斯韦尔:《权利与人格》,胡勇译,北京:中央编译出版社2013年版。

〔美〕亚历山大·乔治、朱丽叶·乔治:《总统人格:伍德尔·威尔逊的精神分析》,张清敏译,北京:中央编译出版社2014年版。

〔美〕罗伯特·杰维斯:《国际政治中的知觉与错误知觉》,秦亚青译,北京:世界知识出版社2003年版。

〔美〕詹姆斯·戴维·巴伯:《总统的性格(第4版)》,赵广成译,北京:中国人民大学出版社2015年版。

尹继武、刘训练主编:《政治心理学》,北京:高等教育出版社2011年版。

第三章
政府政治与对外政策

现实主义把对外政策决策看作单一行为体的理性选择。从决策者的视角分析对外政策挑战决策是理性的假设,认为决策者并非总是理性的,他们或者是有限理性的,或者不同人格的决策者的理性是不一样的。从决策机制的角度分析对外政策挑战国家是单一和不可分割的行为体的假设,认为任何决策者都不可能在真空中,而是要在特定政府机构中,根据政府不同部门提供的信息制定政策,并由政府的不同部门来落实和执行政策。

历史文化等社会因素的差异,国家政治体制的不同,决定了对外政策的决策机制、过程和方式也不尽相同。决策议题不同,同样的决策机制在决策过程中的运作方式可能有异,或呈现不同的特点。大多数情况下,对外政策按照既有程序有序制定。但关键的对外政策是由政府主要部门的领导人在一定的体制内共同制定的。这些领导人对同一对外政策议题可能具有不同的观点,对外政策的决策过程可能是一个漫长的讨价还价、折中妥协的过程。有时候参与决策的领导人对政策议题具有不同的认识和看法,却因为决策环境对决策参与者产生一定的压力,不同的观点得不到表达,决策过程会呈现出超乎寻常团结一致的假象。不同的决策机制和决策环境,都可能影响对外政策的结果。

第一节　组织行为与对外政策

政府是"国家权力机关的执行机关,即国家行政机关"①。从政府政治的角度研究和分析对外政策,就是把对外政策分析的自变量,从抽象的国家转向决策的机构和参与决策的具体的人,通过分析决策机制的运作过程,理解国家对外政策的结果或对外行为。

组织制度理论的根源,可追溯到马克斯·韦伯的社会学理论。韦伯认为,任何组织或社会共同体都必须有某种形式的"权威"或"支配"作为基础。没有某种形式的"支配"关系,任何组织都不能达到自己的目标,"'支配'是共同体中最重要的环节之一"。② 在此基础上,韦伯勾画出理想的官僚组织模式——组织机构高度理性化,每个组织成员的工作都能达到预期的效果,组织目标顺利达成。

现代国家制度是一个成熟的制度。这种制度按照业务范围将政府机构划分为不同的职能部门,每个部门负责一个领域的事务,各部门之间有序合作,保证庞大的国家机器的顺利运作和政府职能的落实。随着社会的发展,政府业务不断增加,政府机构和部门越来越多,机构的膨胀导致组织帝国主义的产生,不同组织对管辖权的争夺产生了官僚政治。

从政府组织的角度看,国家不是一个单一的理性行为体,而是由众多部门组成的组织。负有责任和参与对外决策的机构一般包括外交部、国防部、经济或贸易部等人们熟悉的部门。随着全球化的深入发展,内外联系增强,国家边界变得模糊,参与对外事务的机构不断增多,对政策协调要求也相应增加。不同性质的对外政策需要不同的机构和部门参与其决策过

---

①　中国社会科学院语言研究新词典编辑室编:《现代汉语词典》,北京:商务印书馆 1983 年版,第 1477 页。

②　"支配"的德文为"Herrschaft",国内早期从英文翻译韦伯作品时,把这个词的英文"authority"译成汉语的"权威",后来有人认为"权威"过分强调个人或团体高高在上的地位,于是又将其译成"支配"(domination)。但实际上这两个词都没有准确表达德文原意。近年来在直接从德文译成中文的韦伯作品中都把"Herrschaft"翻译成"支配"。见〔德〕马克斯·韦伯:《支配社会学》,康乐、简惠美译,桂林:广西师范大学出版社 2004 年版,第 2 页。

程,哪些部门参加、如何决策都会对政策的结果产生影响。

从组织的角度分析国家对外政策的决策可以理解大多数对外政策涉及的问题。如国家间正常的往来、正常贸易和对外援助政策的制定和落实等,签证的发放、不同级别领导人出访或参加国际会议的礼宾和程序安排,以及其他日常对外事务的处理等,都是国家对外政策中最普遍的业务。在处理这些本质上属于程式性对外关系的政策时,决策过程也是程式化的。在这些方面的基本政策,是在长期对外关系实践中形成的,相关部门只需要按照既定程序有序决策,就可以保证政府机构的有效运作和对外关系的稳定。这样的政策制定方式,可以看作是政府组织的正常过程或组织的正常行为。

美国学者阿利森在研究古巴导弹危机过程中,最初将这种决策模式称为组织过程模式(organizational process)[1],后来又把这种模式称为组织行为模式(organizational behavior)[2]。作为对理性行为决策模式的补充,组织行为模式的基本概念和分析思路与理性行为模式有所不同。如果与对外政策分析中的理性行为模式进行比较,可以比较清楚地梳理和把握组织行为模式的基本概念和要素。

第一,政府是一个组织联盟,国家通过组织感知问题。理性行为模式认为,国家在面临一个问题或者国家安全面临威胁时,必须做出一个选择,来保证和实现国家利益。组织过程或组织行为模式不是把国家看作是单一的理性行为体,而是把它看作是由众多不同的机构和部门组成的松散的组织联盟。国家面临的问题往往不是一个抽象的问题,不同的部门所感知的都是具体的问题,而且它们对同一个问题的感知可能不同。

这是因为,组成政府各个部门的机构都有自己的责任和功能、特别的权力和技术,在工作中形成来自本部门的政治文化和工作思路。它的责任

---

[1] Graham T. Allison, *Essence of Decision: Explaining the Cuban Missile Crisis*, Boston, MA: Little and Brown, 1971.

[2] Graham T. Allison and Phillip Zelikow, *Essence of Decision: Explaining the Cuban Missile Crisis*, 2nd edn., New York: Longman, 1999.

和使命决定了它对目标有序的关注。它们根据自己的理解和能力,来理解国家面临的问题。不同部门对国家面临的问题感知的顺序不同,感知也不相同。这些不同的机构相互合作和配合,产生对外政策和对外政策行为。这样的对外政策,不一定是有目的的选择,而是规模庞大的集合体内不同的组织和部门,根据固定的行为规则而运作的"产出"(output)。

组织行为模式认为,政府通过其不同部门的组织和机构处理信息的过程来感知问题,探讨和确立不同的政策选项,评估其后果,实施政策决议。作为一个抽象的国家并不能"感知"问题,国家面临的问题是由政府不同机构的"触角"感知的。没有一项对外关系议题完全单独属于政府一个部门的职权范围之内,许多对外政策的问题最初都是由政府的不同部门感知、动议、协商、汇报给最高层,由政府机构中处于最高层面的机构来拍板决定,再由其他部门来落实。

例如,面对苏联将导弹部署在古巴这个问题,理性行为模式认为,苏联的行动对美国国家安全构成了威胁。作为理性的国家,美国必须采取行动逼迫苏联将导弹拆除,消除对美国的威胁。但是,从组织行为模式的角度看,美国不同部门对这个问题的感知顺序有先后,对这个问题看法是不一样的。中央情报局的职能是搜集情报,在古巴导弹危机中的任务是发现和确认苏联在古巴部署导弹这一事实,它是最早感知这个问题的部门。如果中央情报局没有发现苏联将导弹部署在古巴,其他部门也就不需要采取行动。一旦中央情报局发现并证明苏联将导弹部署在古巴,它的任务是将这个消息报告给白宫。白宫的任务是评估各种可能,做出采取行动的决定。如果白宫决定通过外交渠道来解决这个问题,就需要国务院来实施这项政策,按照一般的外交渠道来落实。如果白宫决定对苏联在古巴的导弹基地进行空袭,就会将任务交给空军。白宫的最后决定是,在加勒比地区对古巴进行"隔离",即封锁。那么任务交给了海军。

在这个过程中,中央情报局的问题是,它是否能够发现苏联在古巴部署有导弹;白宫的问题是如何做出决策;海军的任务是如何才能够落实封锁而不让苏联海军继续向古巴运送物资。在中央情报局确认古巴有导弹之前,白宫是不需要为此而采取行动的,在白宫做出对古巴进行封锁的决策之前,海军甚至是不知道这个问题的。

第二,政府部门的行动既非有目的的行动,也不是随意的行动,而是按照固定的标准操作程序运作的结果。政府各个部门都有自己明确的使命和任务,为了完成这种使命和任务,往往都有根据以往处理过的类似事件而制定有备案(programs and repertoires)和早已形成的日常标准操作程序(standard operating procedure,SOP)。按照一位中国老外交官所说,所谓标准操作程序,就是根据部门以前的惯例,"该做什么事情、先做什么、后做什么,都有一套办法",一旦外交部门接到一个通知"就立即启动早已形成的程序开始工作"。①

政府各个部门所遵循的标准操作程序,可能是成文的,也可能是约定俗成的。前者如相关法律法规和部门内部明文规定的工作流程;后者可能是在多年实践基础上形成的惯例。中央或联邦政府的作用在于协调和分配,而不在于如何亲自落实具体的政策。最高领导人的所谓领导作用不在于如何落实政策,而在于如何启动程序、分配任务。对于一些早已形成的程序,甚至连总统也不能随意改变,而是要按照这种程序去履行自己的职责。新政策的出台往往也是以新的程序为标志,通过改变旧程序来实现政策调整。不同的组织总是按照自己多年形成的标准操作程序处理日常事务,根据自己的能力和理解来解读上面的指示,并根据已有的程序落实政策。

在古巴导弹危机过程中,发现并证实苏联在古巴部署导弹,是情报部门作为一个机构来按照自己的工作程序组织产出。如美国情报人员从发现苏联在古巴部署导弹的嫌疑,到白宫决定正式派出飞机来证实这一嫌疑,持续了相当长的一段时间。这是因为根据情报工作的性质,一线的情报人员不可能把看到的任何情报证据都直接递交给白宫,而是要按照程序,一般是单线联系的方式,逐级向上汇报。中层的情报官员也不仅仅是

---

① 张宏喜:《相知纽约》,北京:世界知识出版社 2005 年版,第 110 页。

一个中转站,而是要对相关情报进行甄别分析,有把握后才向更高一级的部门汇报。这个过程就持续了两个星期,相关信息才送到白宫。从白宫做出派空中侦察飞机去核实证据的决定到这个决定的落实,又持续了一个多星期的时间,因为相关部门并没有落实过类似的政策,没有既往的"程序"可循,出现了一段时间的不作为。政府机构对形势变化反应是缓慢的,总是保持一种惯性。

白宫根据情报部门提供的信息,并在派出 U-2 飞机核实苏联在古巴部署导弹的事实后,最终确定了对古巴进行海上封锁。总统肯尼迪考虑的是这个政策可能会产生的国际影响,但白宫对于应该做什么和不应该做什么,只有一个大致判断,并无该如何具体实施封锁的行动指南。而具体负责落实封锁任务的海军接到任务后考虑的是,如何按照既有的《海军规章指南》去落实上级交给的任务;对于试图控制局势、防止核灾难的国防部长的提问,海军司令掏出《海军规章指南》说:"所有的答案都在里面!"

第三,政策选择不是由目标决定的,而是由组织能力决定的。理性选择模式认为,国家只要采取了行动,都是为了某个明确的目标。组织行为模式认为,政府应对特定问题所做的具体对外政策决定,并非根据一个清楚的、能够实现利益最大化的目标而制定的,而是根据政府部门所具有的能力和所受到的限制来决定的。随着限制或条件的变化,目标就会发生变化。如果政府部门缺乏特定的机构和部门,也就没有相应的政策选项,国家对外政策有无一个目标取决于机制的限制和具有的能力。

在古巴导弹危机的决策过程中,肯尼迪总统及其白宫的助手最初考虑的政策选项是对苏联在古巴部署的导弹基地进行空中打击。这个政策的优势是在苏联人尚不知道美国已经发现了苏联在部署导弹的情况下,就干净利落、一劳永逸地清除苏联在古巴的导弹。但是,空军却向白宫表示,因为苏联在古巴的导弹是移动式的(实际上是可以移动),他们不能保证空袭能够干净彻底地摧毁苏联在古巴的所有导弹。如果不能一次性将所有导弹摧毁,那么就有可能面临苏联导弹的第二次打击。结果白宫放弃了空袭作为政策选项,而是选择了运用海军进行封锁。如果空军具有这样的能力，美国政府在古巴导弹危机中的政策就可能不是海上封锁，而是外科手术式的空中打击。

第四，标准操作程序相对稳定，政府学习缓慢，对外行为具有显著的惯性或惰性。政府机构的工作程序，是针对"标准情况"制定的。如果一个政府或政府的一个部门今天采取了某一行动，那么不久前它肯定处理过类似的事情。一般来说，时间 t 的标准操作程序一般是根据 t-1 时间段的行为规程决定的。在这个过程中，政府行动是避免出现不确定性。每一种对外政策的程序一旦形成，都会保持一定的惯性，不会轻易改变，政府学习的过程都是缓慢的，面临新的形势和环境，会依现有程序寻找新方案。

标准操作程序都是根据一般的情况而非特殊情况制定的。一旦遇到特殊情况，就会发现这些程序是僵硬的，不能应对和处理新的情况。一般的对外政策中出现问题，往往发生在旧程序过时而新程序尚未形成的阶段，或者是因为根据旧环境确立的标准操作程序与新的环境不协调而产生的。

比如，改革开放初期，中国大学毕业生到国外留学的不多。几乎所有的大学生都是公费上学，毕业后由国家分配工作，一切手续都非常简单。但是，随着改革开放的深入，慢慢地有学生毕业后决定出国留学，在到学校相关职能部门办理手续的时候，会遇到很多麻烦。因为这些职能部门没有遇到过这样的情况，推诿扯皮，手续相当繁杂。随着类似的情况越来越多，相关职能部门根据原有的工作程序，探讨适应新形势的程序，对原有的毕业离校手续进行改革。经过一定的时间后，形成了如今的方式，即毕业离校前按照统一程序转单、盖章、办理离校手续。这个变化是一个缓慢的过程。

在古巴导弹危机过程中，苏联在将导弹从苏联运送到古巴的过程中并没有被美国发现，而在部署过程中却被发现了。从程序上看的原因是，将导弹从苏联运送到古巴的任务是由苏联国家安全委员会即克格勃执行的。鉴于克格勃的性质，其工作程序中一个重要的原则是保密。但是，当克格勃将导弹运送到古巴，完成了自己的使命后，就将导弹转交给苏联的战略火箭部队,由后者来完成部署任务。而战略火箭部队从没有执行过在海外部署导弹的任务,其在苏联国内部署导弹的工作程序则完全不需要保密,因为没有采取保密措施而在部署期间被美国的情报机构发现了。在美国发现苏联部署导弹后,整个活动很快就被很好地掩藏起来。这说明苏联并非没有这样的能力,只是因为负责部署导弹任务的部门没有意识到有这样的需要,也就是说没有这样的标准操作程序。

在古巴导弹危机中,美国政府宣布的政策是将古巴"隔离",这一政策与封锁并不完全一样,但是在交给海军来实施的时候,海军的操作程序中并没有针对这种情况的备案,因此海军就按照工作手册中所规定的应该如何落实封锁的方式来执行,导致海军的指挥官与国防部长麦克纳马拉之间发生了激烈的冲突。

美国轰炸中国驻南联盟大使馆决策的组织过程

1999年5月8日,美国在对前南联盟空袭的过程中,用五枚精确制导炸弹袭击了中国驻南联盟大使馆,造成了严重的人员和财产损失。对于美国政府这一决策的原因,有多种解释。最流行的观点认为,这是美国政府对中国有目的的政策选择。原因包括:南联盟军方在使用中国使馆的通信设备指挥南联盟的军队;中国大使馆存放着南联盟军队击落的美国F-117隐形战斗机的残骸;南联盟领导人米洛舍维奇在中国大使馆;美国表达对中国反对美国领导的北约轰炸南联盟的不满或对中国的战略试探等。也有一些分析试图从美国国内政治解读美国轰炸中国使馆的原因,说美国这样做的原因,是美国共和党对克林顿政府与中国达成建立战略伙伴关系的不满,是美国保守派通过破坏中美关系给克林顿政府出难题等。前者是从理性行为的视角对美国决策过程的解释,后者则是从美国国内政治的视角进行的解释。但是这些观点都缺乏现实的证据。

在中国政府的强烈要求和中国多地抗议示威的压力下,美国派出副国务卿皮克林为总统特使,于5月16日到北京向中国政府道歉,报告美国袭击中国大使馆事件的调查结果。这一解释为组织行为决策模式提供了一个实例。

皮克林的解释说,美国对中国驻南大使馆袭击的错误,是由美有关部门在三个程序上的重大失误所造成的。

第一,目标定位方面的失误。美方要打击的目标是南联盟军需供应采购局,但在查找这一目标时使用了南斯拉夫绘制于1989年和1996年以及美国国家地图局绘制于1997年的三幅地图。所有这些地图都没有显示南联盟军需供应采购局大楼,也没有标出中国驻南使馆的正确位置。1997年版地图仍把中国驻南使馆标在贝尔格莱德老城区的旧址。同时,在定位过程中,美有关情报人员违反操作规定,使用美陆军野战时确定目标的方法,根据一条街道的布局和门牌号顺序来比较并推定另一条平行街道上的目标。这种方法只适用于普通的地理定位,而完全不适用于空袭的精确定位。由此,该情报人员把中国驻南使馆错误地确定为南联盟军需供应采购局。

第二,美数据库存在缺陷。尽管近几年美官员曾数次去过中国驻南使馆新址,但新地址未被输入美情报和军事部门的目标数据库。美方的这些数据库未及时得到更新,而仍把中国驻南使馆定在贝尔格莱德的老城区。因此,当有关南联盟军需供应采购局的错误目标被输入几个数据库进行核查时,美所有数据库均未能查出这一错误。美拍摄的卫星图像也没有显示出中国驻南使馆的明显标志。

第三,审查程序未能纠正上述两项失误。在对被认为是南联盟军需供应采购局这一目标进行审查时,美国及欧洲盟军各级审查机关均未查出有关的错误。在整个审查过程中,谁也没想到这一目标会是中国驻南使馆,因为中国驻南使馆与美要打击的南联盟军事机构没有任何关系,因此,也没有人向那些知道中国使馆地址的人进行过了解。

在此情况下,空袭按计划进行。格林尼治时间5月7日21时46分,从密苏里州怀特曼空军基地出发的一架美B-2轰炸机向中国驻南使馆这一错误目标投下5枚全球定位系统制导、全天候、各重2000磅的联合直接攻击弹(JDAM)。由于是夜间飞行,加之飞行的速度和高度,机组无法看清中国驻南使馆的国旗及其他标志,不可能知道轰炸的是中国驻南使馆。

皮克林说,美中央情报局和国防部仍在继续对那些参与轰炸决策过程的有关人员进行调查。由于北约对南轰炸行动刚刚结束,这项工作迄今未完成,也未能对导致这次错误的责任问题做出结论。美内部调查尚在进行,调查结束后将决定是否对有关人员进行处分。

中方表示,美方对事件发生原因所作出的解释是"难以令人信服的","误炸"结论是"中国政府和人民不能接受的",并对美国的解释逐条进行了驳斥。同时,中方也表示,"中国政府一贯重视改善和发展中美关系"。在美方对炸馆的赔偿问题达成协议后,双边关系很快就回到了正轨。

(参见《美总统特使来华报告美政府对袭击中国使馆调查结果》,《人民日报》1999年6月18日。)

组织机构的功能和标准操作程序的变革更新缓慢,但并非不可改变。政策实践中会碰到不断出现的新情况。更重要的是,好多事件是既有标准操作程序中所没有的,会出现不知所措的情况。新变化会不断推动组织机构进行问题导向的搜索,依现有程序寻找新方案组织学习,并逐步形成新的程序。例如,近年来,自然灾害、重特大事故、环境公害及人为破坏的突发事件不断发生。在新媒体条件下,政府的压力不断增加,需要在极短时间内做出反应和应对。针对这种状况,政府各个部门,针对各级各类可能发生的事故和所有危险源制定专项应急预案和现场处置方案,并明确事前、事中、事后的各个过程中相关部门和有关人员的职责。即使在这样的情况下,也并不是说机构所拟定的应急预案就能够应对所有突发事件,总是会出现一些不能很好应对的或应对不得力的情况。因此政府程序的变化或变革的过程总是一个缓慢的过程。

希尔斯曼将组织行为模式进行了这样的概括:(1)国际政治事件都是组织机构的产出。(2)国际事务的行动者不是民族国家而是"一个松散地联合在一起的组织机构,其最高层是政府的领导人"。(3)各类问题按其不同领域由有关组织机构负责,如国务院负责外交,因此在外交上较其他机构有更大的权力。(4)不同的组织机构只对狭小领域内的事务负责,因此眼光也容易狭窄。组织机构的产出最为突出的特征是这些产出是程序性的,因为组织机构都要按照规范的运作程序来处理问题。(5)组织机构要执行其职责就需要分散其权力,而为协调行动又需要集中控制,于是两种需要之间会经常处于一种紧张的状态。(6)虽然最高领导人的干预并不如人们想象的那样经常是有效的,但是这些领导人确实自有其技巧来改变政府的政策,在解决重大问题时不完全需要改变组织机构规范的运作过程①。

政府部门的标准操作程序的有效实施保证了对外关系的有序和高效运作,大部分对外政策都是由政府相关部门按照各自的工作程序制定的。组织过程或组织行为模式是最为常用和普遍的对外政策分析模式。但是,对外政策决策研究关注的不是正常的对外政策,而是政府部门在决策过程中的特例,例如政策的失败、不合常理的政策、危机、冲突乃至战争。而且越是特殊的政策引起的关注就越多,被研究得也越多。其中,官僚政治和小集团思维是从政府决策机制和过程的角度分析对外政策最受关注的决策模式。

第二节 官僚政治与对外政策

组织行为模式是常规对外政策的决策模式。但是,政府不同机构不是抽象的机器,而是由人组成的,有自己的责任和使命。在政府不同部门任职的人不仅具有自己的部门利益,而且有自己的个人利益,在参与决策过程中有自己的情感和人格。政府部门之间的工作方式也并非像机器一样机械地工作,相互之间有时候需要磨合,有时候可能发生摩擦甚至冲突。

---

① 〔美〕罗杰·希尔斯曼等:《防务与外交决策中的政治:概念模式与官僚政治》,曹大鹏译,北京:商务印书馆2000年版,第88—89页。

这种现象在决策理论中被称为官僚政治。

官僚政治模式也是因运用于美国政治研究而得到普及的。美国学界在政治学领域一直处于领先的地位,相关材料的获取相对容易。除了这些原因,更重要的是美国政体建立在三权分立、互相制衡的基础上。政府在政策制定过程中,不同部门的互相"制衡"和扯皮的现象司空见惯,为官僚政治的研究提供了肥沃的土壤。

具体来说,在美国,总统是国家元首,但签署的国际条约需要经过国会参议院的批准;总统是三军统帅,但宣战权在国会;总统享有所有的行政权,但是国会却掌管着财权和资金。国会享有立法权,但很多议案由行政部门或总统亲自提出,而且国会的议案只有经过总统的签署后方能生效,总统还可以否决国会的议案。最高法院根据国会通过的、经总统签署的立法执法,但最高法院可以宣布立法和行政的行为非法。除了分立制衡的三权以外,还有第四权力——媒体以及游说集团、学术界、思想库等。因此,希尔斯曼在其《移动一个国家》一书中指出:"政府的决策很少,如果有的话,是最终和决定性的。政策经常是单个或者是相互含糊联系起来的行为的堆积。另一些时候,则是内部不一致的各种对立的矛盾和利益之间非常困难的妥协。"① 此外,官僚政治模式可以更好地理解美国国家政策服务目标的多样性和表面上的不一致性,也可以帮助学界理解:为什么朝不同方向的扯皮有时候不明显?为什么有时候又是如此激烈?甚至诸如讨价还价或权力斗争等非理性的程序也变得更加清楚。

20世纪50年代,一些美国学者对美国政府内部的官僚政治进行了比较系统的研究,这一时期的研究被称作是官僚政治研究的"第一次浪潮"或第一代官僚政治研究。阿利森在研究古巴导弹危机期间美国决策时对理性行为模式提出的第二个补充——官僚政治模式,引起广泛关注。后来,霍尔普林(Morton Halperin)利用杜鲁门、艾森豪威尔、肯尼迪和约翰逊政府时期的有关美国军事和对外政策决策与执行的大量实例,揭示了在美

---

① Roger Hilsman, *To Move a Nation: The Politics of Foreign Policy in the Administration of John F. Kennedy*, New York: Doubleday and Company, Inc., 1967, pp. 4-5.

国对外政策制定过程中,不同的机构和人员为争夺特权、经费以及选举等政治考虑对对外政策造成的影响,全面展示了官僚政治的基本类型以及对对外政策结果所产生的影响。①

这里需要说明的是,中文语境中的官僚政治与对外政治分析中的官僚政治模式有所不同。在中文语境中,以"官僚"二字开头的词语都是贬义的。《现代汉语词典》解释说,官僚是"封建制度和资本主义制度国家的官僚",又指官僚主义,即"指脱离实际,脱离群众,不关心群众利益,只知道发号施令而不进行调查研究的工作作风和领导作风"。② 官僚主义或官僚作风是指"讲形式、打官腔、遇事但求形式上能交代、一味被动的刻板应付,一味把责任向上或向下推诿",在任何设官而治的社会差不多都可以见到的一种作风。③

官僚政治在中文语境中包括三个主要的要素:政治体制与官僚机构、官僚机构的运行机制和官僚。④ 从社会基础上概括所谓的官僚政治是一种政治制度。在这种政治制度下,"政府的权力,全把握在官僚手中,官僚有权侵夺普通公民的自由,官僚把政府措施看作为自己图谋利益的勾当"。⑤ 在更加先进的社会主义社会,政府部门的官员都是为人民服务的公仆,因此不应再有官僚政治,但存在着政府部门或官僚机构脱离群众的工作方式或官僚主义工作作风。

对外政策分析理论中的官僚政治,首先指政府政治中或对外政策决策过程中的一种客观现象。这种现象并非仅存在于美国或西方国家,而是任何国家都有,任何历史时期都有。只是在不同的环境下用词不同。如毛泽东在《整顿党的作风》一文中批评党内存在的弊端时就曾指出:"一部分同

---

① Morton Halperin, *Bureaucratic Politics and Foreign Policy*, Washington D. C.: Brookings Institute, 1974.
② 中国社会科学院语言研究所词典编辑室编:《现代汉语词典(第7版)》,北京:商务印书馆2016年版,第480页。
③ 王亚南:《中国官僚政治研究》,上海:时代文化出版社1948年版,第3页。
④ 吴宗国主编:《中国古代官僚政治制度研究》,北京:北京大学出版社2004年版,第1页。
⑤ 王亚南:《中国官僚政治研究》,上海:时代文化出版社1948年版,第4页;张涌、赵文山、宋辉跃主编:《辞海》,北京:中国书籍出版社2003年版,第371—372页。

志,只看见局部利益,不看见全体利益,他们总是不适当地特别强调他们自己所管的局部工作,总希望使全体利益去服从他们的局部利益。"这实际上就是对外政策分析理论中官僚政治模式所指的现象。毛泽东为此还强调:"要提倡顾全大局。每一个党员,每一种局部工作,每一项言论和行动,都必须以全党利益为出发点,绝对不可违背这个原则。"①1956年中共八大党章所禁止的"分裂党,进行小组活动、向党闹独立性、把个人放在党的集体之上的行为"②,1982年中共十二大党章所反对的"派别组织和小集团活动",以及2018年10月1日起施行的《中国共产党纪律处分条例》第六章第49条所反对的"在党内搞团团伙伙、结党营私、拉帮结派、培植个人势力等非组织活动"③,都属于政治学或对外政策分析模式中所说的官僚政治现象。因为这些现象不仅影响国内政策制定和执行,也影响对外政策的制定和执行。

其次,官僚政治模式和其他对外政策分析模式一样,是分析对外政策的一种理论视角,为学者分析对外政策提供了另一幅"导游图",提示研究者寻找相关的材料,从对这些材料的分析中,理解和解释政府机构的运作方式对决策结果的影响。概括来说,官僚政治模式的基本内容包括:

(一)对外政策决策是政府机构中占据一定组织位置的个体之间讨价还价、妥协、竞争的政治结果。和组织行为模式一样,官僚政治模式不把国家当作单一和不可分割的理性行为体。但和组织行为模式不同的是,官僚政治模式不是把国家看作是一个由不同部门联系起来的松散联盟,而是把国家看作是身居要职而参与国家政策制定的个人,既包括高层决策者,例如总统以及国家安全机构、情报部门、军事部门、财政部门和经济部门的领导者或负责人,也包括其他能够进入决策层的个人,例如与政府高层有特殊关系并能够对决策结果产生影响的临时参加决策的人员。在高层决策外,还有很多低层行为者,例如国会议员、媒体、利益团体和公众,也有在特

---

① 《毛泽东著作选读》(下),北京:人民出版社1986年版,第498页。
② 《中国共产党章程》,《人民日报》1982年9月9日。
③ 《中国共产党纪律处分条例(全文)》,《人民日报》2018年8月27日。

定决策过程中对政府决策结果和国家对外政策行为产生影响的其他行为体。

（二）将问题解构，从政府不同机制的视角认识和看待问题。与组织行为模式类似，官僚政治模式认为，国家面临的问题并非一个清晰、完整的问题，大多数问题都不仅仅属于一个部门的职权范围内，而是需要由多个部门共同处理。但是，组织行为模式认为，部门之间的协调是机械性的，组成政府部门的各机构之间按照各自标准操作程序合作，总体上是顺畅的，最终政策是部门运作的产出。而官僚政治模式认为，每个部门在同一时间内要面临很多问题，各个部门考虑不同问题的优先顺序也不一样，在每一个问题上的倾向和政策主张也不一定一样。由于受到时间的限制，政府部门往往关注当前需要紧急处理的问题，每个部门今天的决定都会影响这个部门对后续问题的关注以及在处理未来问题上的政策和立场。

（三）把国家利益与部门利益和个人利益区分开来分析。理性行为模式认为，国家利益是国家对外政策的目标。组织行为模式认为，国家机构的组织能力而不是利益决定国家对外政策。官僚政治模式认为，国家利益并非清晰和一成不变的。在同一问题上，不同部门通过部门利益的透镜来感知问题和判断国家利益。不同的部门对国家利益的判断有所不同，责任和利益的重叠构成了风险。对外政策决策的最终结果，可能不是能够实现国家利益最大化的选择，而是不同部门利益的妥协和融合。

首先，与理性行为模式认为总统或国家最高领导人代表国家利益的传统观点有所不同，官僚政治模式将总统利益和国家利益区分开看待。一方面，总统或最高领导人的利益与国家利益在很多情况下是重叠和交叉的。因为只有实现了国家利益，他们的利益才能得以实现。另一方面，两者绝非完全一致。在当选总统或成为最高领导人之前，政治家的利益就是为了当选或上台，为此可以做任何承诺。当选或成为最高领导人后，他们最大的考虑是保持权力，赢得连任；连任后则是要考虑自己的政绩、威望和历史上的名声。从最高领导人的角度看，任何一项政策都不能影响自己的权威，在一个问题上采取一项政策不能影响他们在另一项政策上的权力和利益。

举例来说,美国总统的个人利益考虑曾经是推动中美关系改善和建交的因素之一。如打开对华关系的大门、开启中美关系正常化的进程,成为因"水门事件"下台的尼克松一生最为辉煌的对外政策成就。受这一事实的启发,深陷伊朗危机丑闻的卡特总统,为了提高自己在国内的声望,为赢得连任创造国内条件,积极推动美国与中国外交关系的正常化。

但更多的情况是,美国对华政策在美国总统大选中成为替罪羊,给中美关系的发展蒙上阴影,甚至影响中美关系的健康发展。如1976年美国总统大选期间,身为加利福尼亚州州长的共和党人里根,为了赢得党内总统候选人提名,指责和批评当时争取共和党提名的另一候选人、时任总统福特:"你为什么不与中国建交?"他批评福特总统在发展与中国的关系上无所作为,服务了苏联的利益。1981年,终于赢得了共和党内总统提名的里根,却攻击刚刚与中国建立外交关系的卡特总统,问他"为什么与中国建立外交关系",指责卡特做出了尼克松和福特都不愿意做出的妥协和让步,声称如果当选将恢复美国与台湾当局的"外交关系"。里根当选总统后的对华政策使中美关系在建交后遇到了第一个危机。

其次,政府的每一个部门都有自己的使命和组织本质、权力和能力,以及利益和势力范围。部门存在的目的在于维护自己部门的使命、权力、能力和利益。例如每一个部门都认为,在本部门职责范围内的事情,自己最有发言权,反对其他部门插手或置喙涉及本部门职权范围内的事;会尽力控制自己的资源,以维持自己的权力。在接受新任务的时候,总是希望获得更多的权力、资源或预算。不同机构的负责人通常通过本机构利益的"透镜"来观察国家的利益。在全球化的时代,没有一项对外政策所涉及的事务仅仅局限于一个部门,部门之间职责的重叠必定导致不同部门之间的相互竞争。

此外,在理想的政府决策中,政府官僚或公务员应没有自己的私利。在对外政策制定和落实过程中,所有外交官的神圣使命都是服务国家利益。但是,如果职位更高、权力和责任更大,就能为国家做出更大的贡献,也能更好地实现自身的价值。从这一点来说,职业外交官的利益确实是与国家利益一致的。理论上,包括外交官在内的所有政府官员,都应该实事求是。但是,在外交实践中两者并不完全或总是一致。一般外交官自身的利益是职务上的升迁,外交官在实际工作中都存在着这样的现象,即为了自己的前途或利益着想,在汇报驻在国情况时迎合国内的政治需求,而不把实际情况汇报到国内。

霍尔普林在他的著作中用大量的事实支持这种观点,其中有不少案例涉及美国对华政策。例如,在第二次世界大战期间,一些到过延安的美国外交官,如实向美国政府汇报了国民党政府如何腐败和堕落,共产党领导的边区政府如何清廉和有朝气。但是,新中国成立后,特别是朝鲜战争后,这些外交官不仅没有因为他们正确的判断得到褒奖,反而被指责为共产党的间谍,甚至有的被投入大牢。为了填补这些官员被免职后出现的空缺,一些长期在中东或欧洲工作的外交官或这些地区的专家被安排来负责远东事务。到了20世纪50—60年代,惮于他们前任的噩梦,这些人员不敢将远东真实的情况报告给美国政府,而为了迎合国内形势的需要,有选择地汇报那些国内需要的信息,他们提供的不符合事实的消息,是致使越南战争升级的原因之一。

从官僚政治角度分析对外政策,看到的是不同的人为了不同的利益执行或支持某一种政策。如总统为了避免国内经济衰退或避免通货膨胀,改变政策立场,为实现总统自己的利益想尽一切办法在选民中塑造一个良好的形象,如诉求于特别的群体或在主要问题上否定对手对自己的攻击,甚至撒谎。总统实现自己利益的手段包括说服、谈判、换人、自己亲自参与决策过程、任命新的代理人、成立新的机构等。政府不同部门为了维护自己的部门利益,坚持要保持本部门在行使职权过程中的独立性,要求在落实自己的任务的过程中不受外界的干涉;在接受新任务时要求获得自行决策的权利;在增加任务的时候,要求增加部门能力、增加预算。职业外交官为了实现自己的利益,会努力争取得到上司的青睐,为上司提供一些个人的服务,向上级展示自己的能力,削弱自己的竞争对手等。

（四）官僚政治中每个人的立场是由他在政府部门担任的职务所决定的，即"职位决定立场"。参与决策过程的不同人（决策者）在政府中位置的差异，决定了他们的认知和偏好。决策者的认知和偏好规定了他们在某一问题上的利益，进而限定了他们的立场。因此，参与决策者的位置，决定了行为体可能和必须去做的事情。参与决策的部门领导人在各项决策博弈中，拥有的优势以及受到的限制，都来自他们所在的组织的位置。为了激励本组织成员，参与决策者（往往也是一个组织的领导）必须考虑本组织的利益和立场，而且在参与决策的过程中会把这些放在优先位置。分析者可以根据官员的位置推断出其在许多问题上的立场。

官僚政治的方式不仅与决策者的位置有关，还与决策者的个性、经历和认知方式相关。例如1979年伊朗人质危机爆发后，美国国务卿万斯主张通过和平谈判手段解决这一危机，国家安全事务助理布热津斯基则主张通过武力方式营救。他们不同的主张，主要与他们的经历有关。万斯亲身经历过新中国成立前夕美国驻沈阳总领事华德（Augus I. Ward）被拘案、1968年美朝之间爆发的"普韦布洛"号事件等，他在解决伊朗人质事件中援引这两个成功的案例，主张通过和平方式解决。布热津斯基则对以色列1976年在乌干达恩德培机场人质事件中使用武力成功解救100多名以色列人质事件非常熟悉，因此他援引这个案例，主张使用武力营救的方式解决伊朗人质事件。①

官僚在政治博弈中的立场是由他们的位置所决定的，而官僚政治现象存在的程度和特点，则是由最高领导人的性格和决策风格所决定的。一个总统的外交经验越丰富、对外交事务越感兴趣，就越有可能参与和介入具体对外政策的决策过程，官僚政治对决策的影响相对就会少。相反，一个缺少外交经验、对外交事务又不感兴趣、过多地将决策过程交给对外政策顾问班子的领导人，他的政府决策过程可能变成一个典型的官僚政治斗争的漩涡，就会大大增加对外政策的不确定性。

---

① David Patrick Houghton, "The Role of Analogical Reasoning in Novel Foreign Policy Situation," *British Journal of Political Science*, Vol. 26, No. 4, Oct. 1996, pp. 523-552.

总统人格差异与美国对华政策的不同官僚政治

卡特以佐治亚州州长的身份入主白宫,在外交事务上是一个"门外汉",人格特点上属于主动—消极型。作为总统的卡特把自己看成是"一个根据助手提供的广泛观点、自己做出决定的政策发起者和管理者"。因为对外政策主要部门的领导人国务卿万斯和国家安全事务助理布热津斯基在理念和对外政策问题上的观点不同,卡特政府对外政策决策过程呈现出"多种主张之间互相竞争"的状态,摇摆于两个主要对外政策助手之间。国务卿万斯和布热津斯基的竞争和矛盾不断积累。也影响到他们手下具体负责对华政策的官员。为了争夺对华政策上的相关信息,国家安全事务委员会负责中国事务的奥克森伯格与国务院负责东亚事务的助理国务卿霍尔布鲁克,在访华结束回美国的飞机上甚至厮打起来。① 随着卡特支持布热津斯基,国家安全事务委员会主导了美国对外政策,国务卿万斯逐渐失去了对外政策的主导权。

里根也无外交方面的专业知识和经验,是个被动—消极型领导人。他对外交事务既不敏感,也不感兴趣,更多地依赖对外政策的主要助手。由于理念和经历不同,在大到美国全球战略,小到对华政策,特别是对华政策中最为敏感的台湾问题的认识上,对外政策团队的主要成员都存在着分歧。里根的白宫工作班子被国务卿黑格称为"多头怪兽",里根和白宫则认为黑格有政治野心,处处提防。里根政府的对外政策制定过程是非常混乱的官僚政治过程。里根一上台,对华政策就陷入困局,在是否邀请"台湾"代表参加里根的总统就职仪式上国务院和白宫互相扯皮。随后在美国向台湾地区出售先进战斗机方面,两派陷入典型的官僚政治斗争。在不到两年的时间内,国家安全事务助理艾伦和国务卿黑格先后被革职。艾伦辞去国家安全事务助理后,主张对台湾地区出售 FX 战斗机的白宫势力受

---

① Patrick Tyler, *A Great Wall*: *Six Presidents and China, An Investigative History*, New York: A Century Foundation Book 1999, pp. 236, 259-260.

到影响；黑格辞职后，国务院负责中国事务的专家被革职，批评黑格对华政策的沃尔福威茨得到新国务卿舒尔茨的支持，出任负责亚太事务的助理国务卿，里根政府的对华政策也重新定位。随着里根政府内部第一轮官僚政治斗争的结束，中美围绕美国向台湾地区出售武器问题的谈判达成了《八一七公报》。

布什的经历和个性与里根刚好相反，属于积极—肯定型总统。他不仅外交经验丰富，特别是对中国事务很熟悉，而且热衷外交和国际事务。他的对外政策班子是一个以他为中心、对外事务经验同样丰富、对他忠心耿耿的人组成的一个高度内聚的团队。作为总统的布什与内阁成员有着良好的个人友谊，内阁成员相互之间也都有着"三十年历史的友谊"。他们之间虽然在一些具体问题上也有争执，但国务卿贝克回忆说，"我们之间的分歧从来没有像罗杰斯和基辛格或者是万斯和布热津斯基时代那种背后相互咬的状况，或者像在里根政府时期国家安全委员会内部那种窝里斗的现象。既没有到上级那里给对方抹黑，也很少有对媒体的泄密"。贝克自豪地说："我坚信布什总统最大的成就之一就是使国家安全机制按照其最初设计的那种方式运作。"①

冷战结束后，布什亲自主持美国对华政策。他顶住国会的压力，拒绝召回美国驻华大使，施加了有限制裁，维持了中美关系的稳定。但是，在1992年做出的向台湾地区出售150架F-16战斗机的决定，从问题的提出到最后决策的出台，持续时间不到两个月。到目前为止还没有找到显示这个决定过程存在官僚政治斗争的证据。

追求获得更多的预算、人力和自主权，乃至国家政治上的主导权，各个部门的负责人都认为本组织的手段和方式会在最大程度上增进国家利益。其中军队和文职官员之间的矛盾，或者所谓的"鹰派"和"鸽派"之间的争斗，一直是政府内部影响国家对外政策的重要官僚政治要素，也始终是从

---

① James Baker A. Ⅲ, *The Politics of Diplomacy*: *Revolution*, *War and Peace*, *1989-1992*, New York: Putnam Sons, 1995, pp. 19, 25.

官僚政治视角分析对外政策所关注的议题。正如熊彼特(Joseph A. Schumpeter)指出的那样,"由于战争的需要而创造出机器,因为自身的需要而创造战争"。① 军队和文官体系,特别是外交部门,是国家机器中的重要部门,武力和外交是国家机器中两种重要的手段。一般情况下,军队倾向于用武力甚至是战争手段实现和追求国家利益。外交部门希望利用外交手段实现国家利益,这也是由外交的和平本质所决定的。军队和外交的职能使命不同,在具体问题上的利益不同,具体对外政策主张也常常有异。

实践表明,为了增加自己在国内的政治地位,军人可以对外挑起危机,并利用外部危机在国内煽动民族主义情绪打击竞争对手,增强自己的地位,最终导致国家对外政策变得强势。如第一次世界大战前夕,德国军方利用了所谓来自英国的海上威胁、波斯尼亚危机和不断升级的七月危机等,争取自己在国内政治中的地位。第二次世界大战前夕日本军方以中国的北伐战争、革命外交为借口,夸大中国革命的威胁,制造了"皇姑屯事变""九一八事变"等危机来争夺日本对外政策的主导权。在面临外部威胁的情况下,不管这种威胁是否真实,军方都很容易成功煽动民族主义情绪赢得公众的支持,而外交部门则往往被批评为过于软弱。当军人主导了国内政治决策大权,选择战争也就成了国家的政策。

(五)政治博弈的渠道和手段有章可循,游戏和讨价还价通过一定的渠道进行,政治结果形式多样。在对外政策决策博弈中,有着特定的行为渠道(action channel)和规范化方法(regularized ways)。具体可以分为两个部分,即高层官员的决策和低层官员对这些决策的执行。不同层次的博弈和斗争具有不同的特点。其中高层决策称作决策博弈或政策博弈,低层级的决策或者执行层面行政人员之间的博弈被称为行为博弈。②

---

① Joseph A. Schumpeter, *Imperialism and Social Class*, translated by Heinz Norden, New York: Augustus M. Kelly, Inc., 1951, p. 33.

② Graham T. Allison and Morton H. Halperin, "Bureaucratic Politics: A Paradigm and Some Policy Implications," *World Politics*, Vol. 24, 1972, p. 46.

不同部门的领导人对自己利益的认知影响他们对"国家利益"的认知,他们对自己部门利益的追求影响国家对外政策决策的结果。要解释为什么政府做出特定的对外政策,或为什么政府行为显现出某种特点,需要找出具体的决策"游戏"和该"游戏"的参加者。他们如何看待国家面临问题的性质、谁有资格参与决策过程、以什么样方式参与、有什么优势和劣势等,这些都是官僚政治博弈的内容。一旦一个部门被排斥在决策圈子之外,那么这个部门不仅失去了影响决策的机会,也失去了追求自己利益的机会。参与的方式又分完全参与和部分参与,主要部门的参与者往往同时参与多个政治博弈,他们之间展现出的结盟、讨价还价、妥协、传达出某种让人困惑的信息,都是分析官僚政治的要素。

政策和决策博弈有时是因为有些行为者要改变政策,如大范围和大规模的政策调整或改革,但通常情况下是因为国内或国外出现了新的情况或问题。当一场博弈开始的时候,参与者需要对其拥有的资源和声誉进行计算,例如:权力、资源、与总统的关系、在政府内部的声誉、参与决策的时间等。代表不同部门参与决策的人对不同方面的考虑有所不同。他们对下属需要争取更多的时间,对左右则是争取更多的支持,对上级则是给予信心、赢得信任。他们在博弈中能否取得胜利取决于多个方面的要素,包括决策部门领导人的地位、与总统或最高决策者的关系、利用有利条件讨价还价的能力和技巧、参与决策者的其他部门领导人对相关问题的认识、相关政策主张对他们部门利益的影响等。政策和决策博弈也受到所掌握的信息和进行选择时组织程序问题的限制,如公众和官僚体系共享价值标准的倾向等。对一个事件的解决方式可以是一个政策、一个决定,也可能避免做出某一决定或政策选择。

从政府结构的角度看,最高领导人在决策中拥有最终权力。由于军方和文官集团与最高领导人之间的接触渠道不同,两者的政策主张与最高领导人倾向的契合度不同,因而两者对于最高领导人的影响力也就不同。例如,在2003年决定对伊拉克发动战争的决策过程中,与美国军方联系密切的副总统切尼和国防部长拉姆斯菲尔德,不仅具有类似的在国防部任职的经历，在思想理念上也与小布什更加接近，对于小布什总统决定对伊拉克使用武力起到了至关重要的影响。国务卿鲍威尔虽然有军方的背景，但理念上相对温和，对于军事打击伊拉克持反对态度，结果就在决策过程中被边缘化了，成了"看不见的空白国务卿"①。美国国防部成立了一个针对伊拉克事务的特殊情报机构，经常引用错误情报和未经确认的报告证明伊拉克拥有大规模杀伤性武器，或指责伊拉克暗中支持基地组织和参与了"9·11"恐怖袭击。这些日后被证明是错误的理由蒙蔽了国务卿鲍威尔和美国公众。美国军方在战争决策中起到了直接推动作用，导致鲍威尔在小布什的第二任期内不再担任国务卿。

有些决策博弈的结果，在很大程度上取决于决策所涉及的事件发展的趋势和结果。例如，相关国家在关于印度支那问题的日内瓦会议（1954年）、关于朝鲜战争谈判（1953年）上的立场以及关于老挝问题的日内瓦会议（1962—1963年）中的谈判立场，最终都取决于这些事态发展的结果。

讨价还价达成妥协的方式多种多样，主要包括妥协与联盟。因为决策者一般都同时参与多个政策博弈，参与决策博弈的双方可以交换利益，即一方以某一个问题上的妥协换取另一方在另一个问题上的妥协，最终形成在整体上双方都满意的双赢局面。另一种方式是在政策观点相似的部门或人员中形成一个相近政策的联盟，争取绝对多数，在博弈中取得胜利。这种联盟可能是政府内部的，也可以寻求政府外部乃至盟国政府的支持来赢得多数。

官僚政治决策的结果也会出现各种立场的混杂，这种情况下，最终决策的结果可能不代表任何一方的利益，而是各方立场的折中。在对古巴进行封锁的过程中，国防部长麦克纳马拉最开始强烈主张不采取行动。他认为危险在于采取过激的行动。军方则主张空中打击。最后的结果既不是不采取行动，也不是对古巴进行直接的空中打击，而是两者之间采取了妥协，达成了一个中间路线，即对古巴进行海上封锁。

---

① Craig Unger, *The Fall of the House of Bush*, New York: Scribner, 2007, p. 213.

（六）官僚政治不仅存在于对外政策的制定中,也贯穿于对外政策的落实过程中。政策制定后,官僚政治对政策的影响并没有结束,而是会继续影响国家对外政策的执行和落实。这个层面的博弈可以被称为是行为博弈。一般情况下,在政府对一项对外政策做出正式的决定后,这个阶段的政策是看不清的,只有对外政策得到落实,形成了对外政策行为,这个时候人们才能通过对外政策行为理解对外政策。官僚政治影响对外政策的落实过程,也影响对外政策的落实结果。

例如,在政策的执行过程中,执行者自己的位置和利益也可能影响决策的实施方式和结果。执行者可能从自己和自己机构的利益考虑,或对政策的落实过头,或有限度地部分落实,甚至在落实过程中制造借口改变政策。具体方式包括:根据政策对本机构的利害关系或忽视、曲解、抵制一项命令;或不将政策传达下去;或仅仅做一些表面文章,而不做任何实质性的事情;或坚持必须亲自听到命令才能执行;或提出新的政策建议,采取其他的行动;或将信息告诉国会或其他国家政府;或诉诸舆论促使政府改变政策立场;等等。同决策博弈一样,执行者成功的可能性取决于他们的实力,在大多数情况下,执行者执行某一决策会有一定的活动空间,支持这一决策的执行者会想办法加快其执行,反对这一决策的人会想办法延缓其执行。

为了研究影响政府对外政策行为,需要对这些行为进行个别的研究,并对每一个行为提供解释。如果这种行为是组织行为程序的结果,就需要解释形成这一结果的组织标准操作程序;如果行为是政策或决策博弈中的妥协,那么就需要解释它产生的机制和过程;如果行为在没有高层决策的情况下执行,就需要确认允许这个行为发生的决策环境,并解释执行者采取这一步骤的原因;最后,如果行为是遵从相关的决策,那么需要解释那个决策行为的原因。

在阿利森研究古巴导弹危机期间提出的三个决策模式中,官僚政治模式受到的关注最多,受到的批评也最多。如克拉斯纳(Stephen D. Krasner)在《决策的本质》出版不久就发文批评官僚政治模式的缺陷,他指出:"它因其忽视了总统的权力而具有误导性;因其为官员逃避个人责任开脱,损害了民主政治的假设而具有危险性;因其为官员的失职寻找了借口、为学者们无止境的重新解释和论述提供了机会而具有蛊惑性。"①

的确,官僚政治模式首先忽视了最高领导人的核心作用。最高决策者不是一般的参与者,而是一个能挑选和解雇其他决策参与者的决策者,是对外政策制定过程中的权力中心。克拉斯纳提出,"国家行为,或者国家一些政府官员的行为,在国际体系中表现出的混乱或互相矛盾,不是因为政府不同的机构拥有独立的权力,而是因为决策者没有控制好自己的权力"。② 在总统制的国家,如美国,宪法和法律赋予美国总统的权力超越了官僚组织的权力,官僚只是总统的雇员,不可能具有挑战总统的权力。大多数对外政策的研究并没有发现官僚组织具有自主性,它们实际上屈从于总统权力。在内阁制国家,总理是首席部长。在社会主义国家,执政党的领导人在党和国家的政治生活中都居于核心地位。他们作为最高的决策者是否参与决策过程,决定政府内部是否存在官僚政治斗争以及官僚政治斗争存在的程度。

其次,官僚政治模式忽视了国家利益的客观存在。国家的领土、主权和安全,以及经济利益和国家尊严等,都是实实在在的国家利益,是当今国际社会所有国家都承认并在对外政策中积极维护的国家利益。一般来说,国家安全的利益超越任何党派的利益,在这些客观存在的国家利益面前,任何官僚都不能否认国家利益的存在,更不会在对外政策的制定过程中为了自己的部门或个人利益而罔顾国家利益的客观存在。

最后,官僚政治的核心格言"职位决定立场"并不一定是官僚政治中行为者的行为准则。有不少时候,有些参与者的立场并不清楚,他们甚至也不知道代表谁。例如在解决古巴导弹危机的过程中,美国国家安全事务助理邦迪的观点含糊不清(有人认为他因为猪湾入侵失败感到自责而没

---

① Stephen D. Krasner, "Are Bureaucratic Important? (Or Allison Wonderland)," *Foreign Policy*, No. 7, 1972, p. 159.
② Ibid., p. 166.

有表现出任何立场);身为国防部长的麦克纳马拉却一直反对使用武力,主张什么也不做;国务卿腊斯克则主张使用武力。在官僚政治中,决定决策参与者立场的要素,除了"位置"外,还有个人的信仰、经历、感情和知识等,而后者相对更为重要。

尽管遭到了各种各样的批评,到20世纪80年代,阿利森提出的官僚政治模式已经成为"社会科学领域传播最广泛的概念之一"。1997年再版后,阿利森的《决策的本质》一书不仅每年都销售数千本,截至2008年已经被1500多篇期刊文章引用过,成为对外政策分析所有理论模式中最受关注的模式。这个模式不仅被用于更多国家对外政策的研究,而且也不断与对外政策分析的其他视角,如社会认知视角、组织文化视角以及主要决策者(总统)的个性等结合起来,得到进一步丰富和完善。

第三节 小集团思维与对外政策

理性行为模式把决策看作是国家领导人代表国家理性选择的过程;组织行为模式把决策看作是政府不同部门按照标准操作程序运作的产出;官僚政治模式将决策过程看作是不同部门的代表根据部门利益讨价还价的政治结果。实际上,多数对外政策,特别是重要和敏感的对外政策,既不是领导人单独决定的,也不是政府多个部门斗争和扯皮的结果,而是由最高领导层在一个很小的范围内共同做出的。

政府最高领导人和主要部门的成员组成决策核心做出决定,有很多的优点。比如不受外界的干扰、保密性强、效率高等。这种决策的理想状态是,参与决策的成员之间真诚相待,各抒己见,取长补短,集思广益,形成合力,经过一个科学的决策过程,形成理想的对外政策决策。这是团队决策的优势,也就是人们常说的"三人行必有我师",或"三个臭皮匠赛过诸葛亮"。但是,由于受到不同因素的影响,团队的决策过程和方式往往会发生变化,对政策结果产生完全不同的影响。

第一种情况是,集思广益的团体决策程序变为一言堂的决策模式。如不少研究中国对外政策的学者指出,新中国成立初期,中共党内的生活是健康的,重要政策都是通过民主集中制的程序做出的。但是,"文化大革命"爆发后,中国对外政策的决策权集中在毛泽东的手中,"他不需要咨商任何人就可以做出决定"。[1] 在这样的背景下,健康的决策程序遭到破坏,即使政治局召开会议开展讨论,也失去了应有的意义。对于这样的对外政策决策,更适用于人格理论或政治心理学的模式进行分析。

第二种情况是官僚政治模式所描述的,决策团队的每一个成员都从自己部门利益的角度看待决策议题,不同观点和政策之间互相竞争,议而不决,最后的政策结果是一个妥协的结果。对于这样的政策宜借用官僚政治模式进行分析。

第三种情况是,成员之间高度团结、互相依赖的决策团队,面对危机形势时,互相推诿,造成人们所熟悉的"三个和尚没水吃"的状况。即便最高领导人在决策的过程中非常希望参与决策各个部门的领导人能够各抒己见,成员也不敢表达自己的意见。虽然团体内的成员之间的确存在着不同的想法和政策主张,但是一种微妙的氛围影响和限制团体成员的行为方式,他们不能或不愿发表批评意见,形成了一种似乎已经达成共识的决策氛围。这样的共识只是一种假象,结果决策团队集体误判,做出愚蠢的决策,导致政策的失败。

这种决策方式所产生的政策失败后,决策团队不是反思决策中的失误,而是粗暴地找替罪羊,轻松愉快地将决策过程中曾经发表真实和正确批评意见的成员从小团体中开除出去,在和谐的气氛下一笑了之,继续保持决策团队的团结。这种决策常见于社会生活的各个领域。如公司董事会因为对市场形势的错误判断,做出的决定导致公司的破产或赔

---

[1] Yafeng Xia, "China's Elite Politics and Sino-American Rapprochement, January 1969-February 1972," *Journal of Cold War Studies*, Vol. 8, No. 4, Fall 2006, p. 26;宫力:《中国的高层决策与中美关系解冻》,载姜长斌、罗伯特·罗斯主编:《从对峙走向缓和:冷战时期中美关系再探讨》,北京:世界知识出版社 2000 年版,第 674 页;李捷:《毛泽东与新中国的内政外交》,北京:中国青年出版社 2003 年版,第 206—212 页。

本;大学董事会没有经过充分讨论做出一个决定,最后发现决策没法实行;融洽的家庭成员不愿相互伤害感情,最终做出损害家庭利益的决策等。

早在20世纪40年代,社会心理学家就开始关注和研究团队或小组决策中的这种特殊状况。勒温(Kurt Lewin)运用实证方法研究了团体动力(group dynamics)的特点,引发了学界对如何保持团体有效决策的关注。[1] 拜昂(Wilfred Bion)对小团体内聚性潜在危害性的研究提出,因潜意识的神话和互相依赖的成员之间的误解,可能对团队的效率产生消极影响。[2] 里维拉(Joseph de Rivera)的《对外政策的心理因素》首次运用政治心理的方法,研究了美国对外政策中的团队心理,揭示了美国领导人在对外政策决策中将不同观点排除在外的做法所产生的消极影响。[3] 里维拉对对外政策决策的研究,启发贾尼斯(Irving Janis)对这种类型的对外政策决策的兴趣和更深入的思考,对团体决策的消极现象做出了系统总结,提出了小集团思维的决策模式。

贾尼斯从美国入侵古巴的失败开始,对美国历史上不同时期被认为是失败的对外政策的决策过程进行了追踪,包括罗斯福政府对日本偷袭珍珠港毫无防备,杜鲁门总统做出入侵朝鲜的决定,约翰逊总统升级越南战争的决定,以及导致尼克松总统下台的"水门事件"等。通过这些研究,他发现这些政策的决策过程有一个共同的特点,即这些政策都是由政府一小部分官员和顾问组成的内聚决策小组在非常封闭和融洽的环境下做出的。在每项决策过程中,团队成员对他们决策的现实和道义后果都做出了难以置信的严重误判。基于这些案例研究,贾尼斯概括出"小集团思维"(groupthink)的症状,使"小集团思维"成为一个受到广泛关注的决策模式。

---

[1] Kurt Lewin, *Field Theory of Social Science*, London: Tavistock Publications, 1952, pp. 145-169.
[2] Wilfred Bion, *Experience in Groups*, London: Tavistock Publication, 1961.
[3] Joseph de Rivera, *The Psychological Dimension of Foreign Policy*, Columbus Ohio: Charles Merill, 1968.

美国入侵古巴的大失败

艾森豪威尔政府后期,美国中央情报局招募了一批古巴流亡分子,把他们集中到危地马拉进行训练,计划派他们回古巴推翻卡斯特罗政府。民主党的肯尼迪政府上台接受了这一计划后允许美国军队协助1400名古巴流亡分子,于1961年4月17日秘密在古巴猪湾(又称基隆滩)登陆。结果不仅没有像美国决策者所设想的那样,把卡斯特罗政权推翻,而且200人被打死,其余全部被俘。美国不得不拿出5300万美元将这些被俘的人员赎回。这是美国精英群体做出的一个愚蠢透顶的决定,是美国外交史上的大失败和国际关系史上的丑闻。学术界有不少关于这次事件的研究,美国政府事后也对入侵猪湾的失败做了四点解释。但是贾尼斯认为,如果仔细分析,政府的解释是站不住脚的,以往的研究给出的论证也是不足的。他发现在肯尼迪政府的决策过程中存在着一系列错误的估计,具体包括如下六点。

第一,行动是绝密的,没有人会知道美国介入了这件事情。但实际情况是,在入侵发生之前,就有媒体已经在报道美国在古巴流亡分子中征召志愿者的细节,以及在危地马拉训练他们,并计划把他们派往古巴,推翻卡斯特罗政权的"秘密"。

第二,古巴的空军非常落后,在流亡者登陆前,美国只需使用二战期间服役的B-26轰炸机,就足以摧毁古巴的空军。事实是,由于B-26飞机功能陈旧,战斗力有限,出动了一次就陷入了混乱,此后肯尼迪被迫取消出动B-26轰炸机。

第三,由古巴流亡分子组成的入侵者斗志高昂,急于推翻卡斯特罗政府。事实是,这些人仅有的一点点士气也是由中央情报局编制的一个骗局所建立起来的。在中情局向华盛顿汇报乐观形势的时候,流亡者正在逃亡或者反抗训练他们的中情局成员。

第四,古巴的军队很弱,很小一队人马就可以在古巴的海滩上建立一个坚固的堡垒。结果是,古巴军队反应非常迅速和有力,在入侵者登陆的第二天,他们就被2万装备精良的古巴军队所包围。

第五,卡斯特罗政权在古巴不得人心,入侵会引发古巴地下反政府组织起义,有力地支持这次入侵,最终推翻卡斯特罗政权。实际上一年前古巴举行的一次民意测验表明,绝大多数古巴人是支持卡斯特罗的,而且卡斯特罗获得美国将要组织对古巴入侵的信息后,早把可疑的异议人士集中关起来了。

第六,如果入侵失败,入侵者可以撤退到埃斯坎布拉伊山,化整为零进行长期的游击战。但实际情况是,中情局最初把入侵地点选择在埃斯坎布拉伊山脚下的特立尼达,如果入侵失败,可向山上撤退。后来考虑到特立尼达太显眼,于是把入侵地点改变到猪湾。如果决策小组有一个人查看一下古巴的地图,就会发现埃斯坎布拉伊距猪湾80多英里,中间是地形复杂的沼泽和热带丛林。但是决策小组的成员在决策的过程中没有一个人查看一下地图。

由于这些错误的估计,决策者的所有设想都与实际情况相去甚远,形成了美国外交史上的一个"完美的失败"。①

小集团思维指"当人们深陷一个内聚的团体时,团体成员对团结一致的追求取代了他们对不同行动步骤进行客观评估的动机"。② 换句话说,就是政策制定团队的成员对团队内部团结的追求,超过对合理政策结果的追求,因担心团队的分裂,或担心自己被看成与其他团队成员不一致,不愿意或不敢提出不同的意见,以至于不能对客观现实进行充分的估计。这种气氛阻止了决策团队对决策内容进行有意义的讨论,不能对政策结果的严重风险进行认真评估,不能对应当考虑的政策选择都进行考虑,最终导致不科学的对外政策或政策实施的失败。贾尼斯把小集团思维决策过程中

---

① 〔美〕欧文·L. 贾尼斯:《小集团思维:决策及其失败的心理学研究》,张青敏、孙天旭、王姝奇译,北京:中央编译出版社2016年版,第21—32页。

② 同上书,第11页。

所表现出来的"小集团思维症状"(groupthink symptom),概括为以下六个方面的错误。①

第一,决策团队错误地认为自己一方坚不可摧,无懈可击。决策团队成员对自己和对敌人都形成一个刻板印象,认为自己一方是好人,站在正义一边,强大无比,即使出现差错,也会得到上帝之手的帮助和幸运之神的眷顾,最终是会取得胜利的。对于敌人则是另外一种刻板印象,把对手妖魔化,坚信敌方的决策者都是愚蠢的、羸弱的坏蛋。他们的立场是不道德的,即使有一定的风险,"正义终将战胜邪恶",自己一方最终会取得胜利。

第二,决策团队成员错误地认为团队成员之间没有分歧。尽管每个人的设想和考虑都是不同的,但是在团队决策的会议上,为了团队的团结,没有人提出任何反对的意见,也没有人提出任何更现实的其他选择,模糊的沉默造成高度一致的错觉。

第三,团队成员压制个人的怀疑。即使有个别团队成员对政策结果表达一点怀疑,但因为担心失去同事的信任,或担心被看作对敌人"软弱"、胆小、不够爱国、对团队不忠诚,或对团队代表的理念和道德不自信,变得沉默,压抑自己的不同意见,助长了团队没有分歧的假象。

第四,团队成员中有人锐身自任"思想保镖"(mindguard)。就像"身体保镖"(bodyguard)的任务是保护领导人的人身安全不受损害一样,"思想保镖"总是尽力保持团队成员对团队已经承诺或者将要承诺的政策保持信心。如果有成员表达了不同意见,就对他们施加压力,敦促他们保持沉默。

第五,在团队核心的影响下,形成一种氛围,让下属顺从团队的核心。团队领导一开始就把自己的意见明确表达出来,或者纵容决策团队内部顺从自己,或不加批判地接受一种意见。团队领导人的这种行为导致那些对政策有怀疑的成员感到很难提出批评性的建议或其他的选择。

第六,不愿意得罪团队内部有价值新成员。内聚的小组内如果有了

---

① 〔美〕欧文·L.贾尼斯:《小集团思维:决策及其失败的心理学研究》,张清敏、孙天旭、王姝奇译,北京:中央编译出版社2016年版,第37—50页。

新的成员,会得到小组内部成员的同情。所有的小组成员都避免显示出对他们存在敌意,不便驳斥和反对新成员的意见,即使这种意见存在着明显的瑕疵。

随后,贾尼斯对美国对外政策史上的两个成功政策的研究,包括肯尼迪政府应对古巴导弹危机的决策过程和杜鲁门政府1948年制定马歇尔计划的决策过程,发现这两个政策的决策过程并不存在"小集团思维症状"。这两个案例研究表明,决策团队并不一定必然导致小集团思维和对外政策决策的失败,团队决策的质量取决于决策团队内部的氛围。小集团思维的存在需要一定的条件。①

小集团思维存在的最主要的条件,是决策小组的内聚程度(cohesiveness)。如果一个小组内部的成员之间充满矛盾,就不可能出现"小集团思维症状"。但是,也不是说只要决策团队内部存在内聚性,就一定会出现"小集团思维症状"或导致决策的失败。小集团思维的存在以及对政策的消极影响受到两个方面条件的影响。

一个是管理方面的,包括决策团队与外界隔绝,缺乏公平的不偏不倚的领导。前者会使成员不能从政府其他部门那里获得专家意见和批评性信息;后者则会导致决策团队的领导人使用自己的威望和权力,影响决策团队的其他成员赞同他(她)的政策选择,而不是鼓励他们提出疑问或批评意见。

另一个则是程序方面的,即团队在决策时缺乏方法和程序上的规范。如许多决策团队都有清楚的决策规范,多数类似于"民主集中制"和"从群众中来到群众中去"等具有科学道理的规范。但是,问题的关键在于,这些规范在制定政策的过程中能否得到落实。实践证明,很多错误的产生都是因为违背了这样的决策规范。这些条件在决策团队就某一问题做出决策之前都是存在的,因此小集团思维现象是完全可以预测的。

根据造成小集团思维的条件,可以把小集团思维概括为以下几种类型:

---

① 〔美〕欧文·L.贾尼斯:《小集团思维:决策及其失败的心理学研究》,张清敏、孙天旭、王姝奇译,北京:中央编译出版社2016年版,第192、277页。

第一种，对团队力量和道德过高估计造成的。这一类型包括决策团队大部分或全部成员都认为自己一方的力量无懈可击，这种幻觉又产生过分的乐观，鼓励采取过于冒险的行为；或者对自己团队道德层面上正确坚信不疑，往往忽视团队决策可能造成的种族和道德上的后果。

第二种，团队闭塞所造成的。为了使决策理性化，不考虑新的信息，尽管这些信息可能引发决策团队对最初的政策设想重新思考；对敌方的领导人有一种成见，认为他们太坏而不会有真正谈判的愿望，或者认为他们太弱或太愚蠢等。

第三种，保持团结一致的压力所造成的。如每个成员都认为自己的怀疑或反对意见不重要；认为团队成员大部分观点都是一致的；压制对团队的任何不同意见，或压制对政策持有不同意见的成员，认为忠诚的成员不应该有不同的意见，有成员自任"思想保镖"等。

如果一个决策小组显示出以上三种类型中的大部分或所有症状，决策小组对于一致性的追求就会导致以下后果：(1)不对所有的政策选项进行充分的考虑；(2)对政策的目标不进行充分和足够的分析；(3)不对倾向性的政策选择可能的危险和后果进行充分的分析；(4)不对最初拒绝的政策选择进行再次评估；(5)不能获得足够的信息，在处理手头有限的信息时存在偏见；(6)不考虑如果决策失败需要的补救措施等。如果出现了这些现象，对外政策的决策就必定失败。①

最后，贾尼斯提出了避免出现小集团思维的一些预防措施：(1)政策制定小组的领导人应该鼓励小组重视提出不同意见和怀疑；(2)最高领导人应该采取公平的态度，而不是一开始就表明自己的喜好和希望；(3)设立几个独立的政策计划和评估小组，每一个小组都在不同的领导人的带领下单独思考；(4)小组的成员应该时不时地与同一单位内他(她)自己所信任的同事或朋友一起讨论小组的意见，然后把他们的反应汇报给小组；(5)应该邀请局外的专家或者机构内部有资格的同事交错参加每次会议，

---

① 〔美〕欧文·L. 贾尼斯：《小集团思维：决策及其失败的心理学研究》，张清敏、孙天旭、王姝奇译，北京：中央编译出版社2016年版，第193页。

鼓励他们对小组核心成员的意见提出挑战;(6)根据交错排列的原则,邀请不属于决策核心的外部专家参会,并鼓励他提出挑战性看法;(7)在决策过程中至少应该有一个成员充当敌人的辩护者的角色;(8)应该花费相当的时间探讨对手发出的所有警告性信号;(9)在做出决策后,应该"再一次"召开会议,对整个问题思考再三。①

贾尼斯的研究让小集团思维模式受到广泛关注,小集团思维模式的应用远远超出对外政策或政治学领域,被广泛应用于经济、文化、体育、宗教领域,产生了更多成果,国际上成立了专门研究小团体决策的学术群体,在对外政策的教科书中,有关决策的内容几乎都有大量的关于小集团思维的内容。

小集团思维的现象不仅存在于内聚的小团队,也存在于更大规模的社会群体。法国社会心理学家勒庞对群体心理现象的研究发现了群体从众心理的特点和规律:一般情况下孤立的人是理性的,会按照符合社会规范和道德原则的方式行事。但是一旦个人成为一个狂热群体的一部分,约束个人的道德和机制就失去了效力。在这样的群体中,群体的无意识行为取代了个人的有意识行为。人多势众不可战胜的感觉,导致集体不思考、走极端、偏执、教条主义,受"法不责众"侥幸心理的影响,丧失社会责任观念和法制意识,集体做出一些非理智、甚至是杀人放火、抢劫杀戮的行为。即便是一些杰出人士,也会在群体精神驱使下,做出极端低劣的行为。勒庞将这种从众心理称为"群体精神统一性的心理学规律"。国内许多译者把他对这种群体行为的研究著作翻译成中文。②

由于历史文化、社会制度和政府体制的差异,对外政策决策过程也不局限于以上几种情况。不同的社会制度和国家,同一个国家的不同政府,以及决策团队的组织形式和决策方式都有很大的差异。有的领导人喜欢和与自己意见一致的人组成核心决策团队,有些领导人喜欢成员具有多元

---

① 〔美〕欧文·L.贾尼斯:《小集团思维:决策及其失败的心理学研究》,张清敏、孙天旭、王姝奇译,北京:中央编译出版社 2016 年版,第 292—303 页。
② 〔法〕古斯塔夫·勒庞:《乌合之众:大众心理研究》,冯克利译,北京:中央编译出版社 2017 年版。

观点的决策团队。从决策机制上说,决策规范是否明确,或者是否完全按照决策规范去做,也是影响决策过程是否会出现小集团思维的一种状况。从文化上,是否具有独立自主的文化传统,也是影响小集团思维是否存在和影响决策结果的重要因素。

第四节　政府政治决策模式的比较及应用

本章介绍的从政府政治角度分析对外政策的几个模式,都是通过对对外政策典型案例的研究,在总结经验和归纳演绎的基础上提出的。这些案例都是美国对外关系史上的典型案例,这也是这些模式在形成后多用于研究美国对外政策的必然原因。但是,这些不同的模式所刻画的状况在不同的国家或不同文化背景的条件下是否存在、有无差别、其存在是否受到一种先决条件的限制,是对外政策分析研究领域近年来所关注的问题。

组织行为模式和官僚政治模式,是以对理性行为模式补充的方式提出的。阿利森在提出这些模式的时候并没有考虑在不同文化或政治背景下的适用性的问题。可以确定的是,组织行为模式所刻画的现象,在所有政府部门或多或少都是存在的,特别是在对外政策的执行阶段,因而组织行为模式也是最普遍的对外政策分析模式。这个模式虽然受到的关注少,其适用价值并没有受到太多的质疑。

贾尼斯在揭示了对外政策决策过程中小集团思维现象后提出,小集团思维决非美国所特有的现象。他之所以选择美国的决策进行研究,完全是由于他参考的都是美国政治科学家的成果。他说,在美国政府各委员会所做出的政策决定中,小集团思维足以对三分之一决策的质量产生显著的负面影响;而在欧洲国家平均比例可能只有美国的一半,即每六个决策中有一个。① 他还提出了欧洲和亚洲国际关系中多个可以用来证明小集团思维存在和负面影响的案例,但是他并没有进行这方面的研究。运用小集团

---

① 〔美〕欧文·L. 贾尼斯:《小集团思维:决策及其失败的心理学研究》,张清敏、孙天旭、王姝奇译,北京:中央编译出版社2016年版,第205—206页。

思维模式对非西方文化背景下对外政策决策的研究还不多。因此,研究小集团思维的过程越来越关注其普遍性,而且特别注意其存在的政治的、机制上的乃至文化上的环境。

相对而言,阿利森提出的官僚政治模式受到的关注最多,受到的质疑也最多。如前所述,这个模式一经提出就遭到不少学者的批评,但是多数批评仍然是根据美国对外政策实践而提出的。不少学者从更广的视野提出,官僚政治模式具有显著的美国特色或美国偏见,很难运用于分析不同社会制度和文化背景的国家和政府的对外政策。

随着对外政策分析群体的扩大,对外政策分析研究的视野逐渐扩展到北美以外的国家和地区。新的研究表明,官僚政治现象在不同的政治制度和文化背景下的确是存在的,只是存在或表现的方式有所不同。如果把冷战期间的两个超级大国对外政策决策机制和过程进行比较,就会发现因为社会制度的不同,对外政策决策过程中的政府政治也具有显著的不同特色。比如,尽管官僚政治模式是研究美国对外政策的过程中提出的,但是在实行总统制的美国,无论是国务卿、国防部长或其他部门的负责人,都是由总统任命的,是总统的政治盟友和忠实伙伴。在政策制定过程中,很少会出现总统权威受到挑战的状况,这也是为什么克拉斯纳批评官僚政治模式"忽视了总统的权力而具有误导性"。

在另一个超级大国苏联,官僚政治斗争的形式有所不同。在苏联,无论是国内政策还是对外政策,都是由执政党的总书记和他周围的政治局的成员"集体"制定的。从国家层面上看,苏联共产党总书记的权威似乎和美国的总统没有什么区别,但与美国总统不同的是,总书记没有固定的任期,政治局或书记处的其他成员既是总书记的同事,又是各持己见的竞争对手,任何重要的政策制定过程都既是一项或一系列政策的制定过程,也是一个权力争夺的过程,重大政策制定过程往往与权力继承密不可分。

如 1924 年列宁去世后,托洛茨基和斯大林之间展开了激烈的政策和权力争斗。前者主张苏联应该继续进行"永久革命",在世界范围内对革命运动给予援助,后者根据"一国社会主义"的理念,主张苏联应该集中力量着眼于国内的建设。结果是斯大林取得胜利,斯大林的政策就成为苏联的政策,托洛茨基的政策主张遭到了批判,他自己也被放逐国外,最终在墨西哥被暗杀。1954年斯大林刚一去世,赫鲁晓夫和马林科夫之间也展开了激烈的政策和权力斗争。马林科夫强调提高消费资金和食品生产,赫鲁晓夫主张应改善农业生产。最后赫鲁晓夫取得了胜利,开始在苏联推行与美国"和平共处、和平竞赛、和平过渡"的政策,在国内推动开发未开垦的农田,大力推进农业的机械化。随着赫鲁晓夫农业政策的失败,加之古巴导弹危机等原因,赫鲁晓夫被追责,并于1964年被迫下台。勃列日涅夫上台后通过对外扩张来巩固自己的权力和地位,这个政策的失败是在他死后才显现出来的。随后苏联经过三次权力交接后,戈尔巴乔夫成为领导人。戈尔巴乔夫上台后搞"改革"和"透明化",在对外政策上收缩苏联的全球扩展政策,一度给很多人带来希望。但是,随着戈尔巴乔夫改革的失败,他不仅结束了自己的政治生命,而且也导致了苏联的解体和冷战的结束。①

在东亚的一些国家,如日本和新加坡,冷战时期的多数时间也是一党执政。这些国家对外政策制定过程中的官僚政治既存在于执政党内,也存在于政府部门之间。在日本的自民党内部各种派系之间的斗争、官僚机构和政治家之间对日本对外政策主导权的竞争,都影响着日本对外政策的实施。

从文化角度考察,东方文化和威权政府更容易形成小集团思维和乌合之众的状况。在这样的环境中,最高层一旦做出一个政策决定,很少有人对其进行理性思考,不管是决策团队还是一般公众,都会一边倒地参与其中,竞相表达对政策的支持。在政策的执行过程中,甚至还会出现更积极甚至极端的落实情况。但是,同一政策一旦遭到否定,所有参与者都会成为"事后诸葛亮",纷纷表示自己一开始就不支持这个政策。很多政治斗

---

① 〔日〕佐藤英夫:《对外政策》,王晓滨译,北京:经济日报出版社1990年版,第75—77页。

争都是以这样的方式进行的,如涨潮退潮,来回摇摆。

在中文语境下官僚政治具有特殊的政治含义,因而更多使用"宗派主义""个人主义""山头主义"等词语来表达对外政策分析中的官僚政治现象。也有研究表明,在社会主义国家,官僚政治主要存在于执政党内部,而不是在政府不同的部门,争论的依据也不一定是部门利益而是意识形态。如在中国,对外政策虽然不是历次政治运动的焦点和关键,但历次国内政治运动都以不同的方式影响着中国对外政策,因而显示出典型的中国特色。[1]

对北美以外国家的对外政策决策过程中政府运作方式的研究表明,官僚政治或小集团思维在不同的政治制度和文化背景下是存在的。但是这些模式所解释现象存在的程度,除了受到政治制度和文化差异的影响而表现出不同特点以外,在很大程度上取决于最高领导人的性格、决策风格和对决策过程的控制力。

组织行为、官僚政治和小集团思维模式,都是从政府运作和决策机制与过程的视角来分析国家对外政策的制定。作为分析模式具有清晰、简洁的特点,但对外政策决策的实际过程是非常复杂的,并不能盲目和笼统地使用。对它们进行比较可以看出四个模式看问题的角度、理论基础、在研究过程中遵循的逻辑原则以及应该关注和使用的材料都有所不同。如果把这三个模式与传统的理性行为模式进行比较,它们各自的优势和劣势非常显著。

表3-1 不同决策模式的比较

	理性行为	组织行为	官僚政治	小集团思维
决策者	理性、单一、不可分割的行为体	松散地联合起来具有各自生命力的组织构成的集团	代表不同部门和机构的个人	内聚的小团体

---

[1] Zhang Qingmin, "Bureaucratic Politics and Chinese Foreign Policy Making," *The Chinese Journal of International Politics*, Vol. 9, No. 2, 2016, pp. 435-458.

续表

	理性行为	组织行为	官僚政治	小集团思维
组织概念	行为是为了解决一个问题 选择是静止的 确定目标 探寻选项 分析结果 最后选择	问题可以被拆分给不同的组织 组织有自己的优先考虑、观点和问题 非目标而是限制 对问题有序的关注 标准操作程序 避免不确定性 依现有程序找新方案 组织变化缓慢 政府的作用在于协调 政府的任务在于分配	决策者是占据要职的人 部门利益影响对国家利益的认知 职位决定部门优势 决策是一个讨价还价的政治过程 有多个问题 有多个参与者 位置决定立场 过程遵循有序渠道与既有规则 结果有很大不确定性	政策是一个团队的选择 决策者是高度理性的人 决策团队有高度的团队精神 内聚性团队出现认知问题
分析单位	国家（或政府）为追求最大利益的选择	组织机构依标准操作程序处理运作的产品	政府部门的代表根据部门利益讨价还价的政治结果	内聚团体的集体选择
理性程度	完全理性	不完全理性：标准操作程序的形成是理性的，执行中可能是非理性的	不同的理性：每个参与者都理性，最终结果未必理性	集体的非理性
优点	简单明了	突出机制，揭示过程，容易掌握	揭示机制，注重动力，了解机理	既重视组织也重视组织成员
缺点	过于简单，忽视了决策过程	决策过程过于复杂	过程复杂，需要细节和信息，忽视国际和国内环境	发挥作用的条件难以确定
适用条件	集权程度越高，适用性越强	制度化程度越高，适用性越强	集权程度越低，适用性越强	受文化而非制度的影响
适用政策	高政治领域政策，内容保密，时间紧迫的政策	重要性弱，日常政策适用性越强	非常规问题，越保密和紧迫，适用性越高	危机情况

续表

	理性行为	组织行为	官僚政治	小集团思维
基本命题	国家利益决定国家行为 成本越高,成为政策可能越低 利益越大,成为政策可能越大。 反之亦然	标准操作程序决定组织行为 组织行为灵活有限,变化缓慢和渐进 各组织各尽其职	位置决定立场 不同级别的官员的要求都不相同 有不同动机的独立个人行为构成了最终的结果,这个结果与每个个体的选择不一定相同	内聚的团队 闭塞 高度自信 团结的压力 导致决策结果非理性

对外政策分析的这些模式,在分析对外政策的时候,关注对象、分析对象和层次不同,基本命题都有各自的优缺点,分别可以适用于分析不同国家或不同性质的问题。但是,它们产生的背景和来源又具有几个显著的特点,这些共同点展现了对外政策分析的共同逻辑和规律。

组织行为、小集团思维、官僚政治模式揭示了对外政策决策过程的复杂性和多样性,运用这几个模式来分析对外政策都需要详细的材料。从理论上看,三个模式之间具有显著的不同和竞争性,在实践中它们之间的界限含糊不清,特别是组织行为和官僚政治模式之间存在着很多的交叉。如阿利森的组织行为模式中的很多内容涉及政府不同部门之间的矛盾和摩擦,官僚政治模式的不少内容涉及的是国内政治中的党派矛盾、选举的考虑等国内政治要素。

三个模式之间的交叉和冲突尤其体现在官僚政治模式和小集团思维模式之中。两个模式描述了对外政策决策过程的两个极端——前者给人们的印象是,从二战结束到越南战争,美国主要对外政策的决策过程都或多或少地受到互相扯皮和讨价还价的官僚间政治斗争的影响。后者给人的印象则是,几乎在同一时期,在美国主要对外政策的决策过程中,决策集团的成员都受到一般小集团中常见的压力的制约,在这种内聚小集团中对团结一致的追求超过了对现实估计以及不同政策选择的意愿,最终导致对外政策的失败。

从实践上看，官僚政治和小集团思维所描述的现象不可能存在于同一个对外政策的决策过程中。如果官僚政治是存在的，那么就不可能有小集团思维现象的存在，反之亦然。但是，研究官僚政治的经典之作、霍尔普林的《官僚政治和对外政策》和贾尼斯的《小集团思维》所运用的案例差不多都是从二战到20世纪60年代美国对外政策决策的案例，两人给人的印象是他们所刻画的现象在这一时期的美国对外政策决策过程中几乎都是无处不在的。

不同的学者在提出自己对外政策分析的模式时，往往都会说自己的模式具有普遍性，可以解释大多数对外政策决策。这提出了在研究对外政策过程中普遍面临的材料选择和分析模式选择的问题。从材料上来说，如果我们在研究过程中只有或只依赖一份档案材料，那就很容易得出明确的结论。但如果掌握了两份文件，可能就要面临如何选择的问题。在信息化时代，研究者面临的问题不是几份材料，而是材料过多，且很多材料往往是互相矛盾的。如何分析筛选和利用材料就成了对研究者一个很大的考验。

如果我们只有一个视角或模式作为指导，那么在研究的时候对材料的选择就很容易，结论往往也是一致的。如果换一种模式就可能改变立场观点和整个结论。然而，当我们面临很多不同的模式的时候，也就产生了如何选择的问题。当好几个视角和模式都是从一个层次去看待同一个问题时，问题就更加复杂，这是对外政策研究的特点和理论化的难点。

从理论上讲，官僚政治和小集团思维模式之间的分歧，揭示了对外政策决策过程的复杂性。一个对外政策的决策过程，既可能有官僚政治斗争，也可能存在小集团思维，对两者的研究需要进一步深入。如在官僚政治斗争中，决策成员因为害怕或不愿承担责任，也会保持沉默，导致团队决策过程出现小集团思维的状况。因此两种模式是密不可分的，无论运用哪种模式，都应当考虑决策的环境。

从操作的角度看，人们不可能获得有关某一对外政策决策的所有相关信息，把决策的每一个环节和整个过程全部描述清楚。不同的对外政策分析模式在分析对外政策中的作用，类似于现实生活中的"导游图"，它不需要把现实地理环境中的所有标志都画下来，而是把主要标记画出来，以方便指导人们很容易就找到自己的目标。符合逻辑和具有学术价值的对外政策分析是，找出与决策结果相关或对决策结果具有决定影响的因素，探求这些因素与对外政策决策结果的关系。正如本书第一章阐述对外政策分析模式的部分所强调的，揭示对外政策制定的内在规律，才是对外政策分析的要旨。

同一个层次的不同分析视角和模式，对决策者提出了一个问题，即在从事对外政策决策研究时如何选用不同的材料展开研究。如果一个分析者在研究对外政策时选取了理性行为模式，那就需要将关注点放在国家目标上，寻求能够体现国际格局和力量对比的变化等要素对决策结果产生影响的材料，说明国家是如何选择的。如果一个分析者选取了官僚政治模式作为研究的框架或"导游图"，就需要寻找反映不同的政府部门在同一政策上不同立场的材料，并按照这一模式探讨这些不同的立场之间的分歧和政治斗争对政策结果的影响。如果选取了小集团思维模式，那就需要思考决策者是否是一个内聚的团队？这个团队是否存在导致小集团思维的先决条件？决策团队有无表现出"小集团思维症状"？决策过程是否有瑕疵？

一个例子是对于第二次世界大战前夕的英法对德国执行的"绥靖政策"的解读。中国国际关系史的教科书都以充分的证据证明，第二次世界大战前夕，英法等国执行绥靖政策的目标是为了纵容德国，将纳粹德国的"祸水""东引"，推动德国把矛头转向社会主义的苏联，认为这是一种搬起石头砸自己脚的政策。这种方法是一种理性行为主义的解读思路。邝云峰的研究则从认知的视角提出，第二次世界大战爆发前协约国和同盟国之间僵硬外交所造成的严重后果，是导致英法国家领导人对德国采取了相对缓和的"绥靖政策"的主要原因，揭示了历史的记忆和认知过程影响的结果。[①] 贾尼斯在研究小集团思维的过程中提出，张伯伦内阁的高度自信、

---

① Yuen Foong Khong, *Analogies at War: Korean, Munich, Dien Bien Phu, and the Vietnam Decision of 1965*, Princeton, NJ: Princeton University Press, 1992.

对外部信息的封闭、决策团队高度一致的假象,是导致英国对德国执行"绥靖"政策的根本原因。正是在这些不同理论模式指导下进行的研究推动了对二战前夕英法对德国执行绥靖政策的研究的不断深入。

实际上,在现实生活中的多数政策决策过程都是复杂的,受到多种要素的影响,并不一定完全符合一种模式的特点。网络上曾经广泛流行的"十分钟的悲剧"引发不同的解读,给人以不同的启发。从管理学的角度看,有人认为这件事情反映了操作人员责任心和素质问题;也有的人指出,这件事反映了企业内部信息沟通和传递环节存在问题,导致内控失效,其经验教训是"细节决定成败"。从决策的角度考虑,这个案例反映出组织程序的僵硬和组织部门之间完全按照标准程序去做,而没有考虑到在遇到特殊案例的情况下应该如何采取行动。也可以看出这个案例中存在小集团思维的典型症状,即所有人都认为其他人应该清楚这个风险或应该采取措施,相互依赖的结果则导致了银行资产的巨大损失。也可以看作是决策过程中,不同部门之间互相扯皮的官僚政治作风所带来的结果。

十分钟的悲剧

2008年9月15日上午10点,拥有158年历史的美国第四大投资银行——雷曼兄弟公司向法院申请破产保护,消息转瞬间通过电视、广播和网络传遍地球的各个角落。匪夷所思的是,在如此明朗的情况下,德国国家发展银行居然按照外汇到期协议,通过计算机自动付款系统,向雷曼兄弟公司即将冻结的银行账户转入了3亿欧元。毫无疑问,这3亿欧元将是肉包子打狗有去无回。

转账风波曝光后,德国社会各界大为震惊,财政部长佩尔·施泰因布吕克发誓,一定要查个水落石出并严厉惩罚相关责任人。

人们不禁要问:短短10分钟里,德国国家发展银行内部到底发生了什么事情,从而导致如此愚蠢的低级错误?一家法律事务所受德国财政部的委托,带着这个问题进驻该银行进行全面调查。

第三章 政府政治与对外政策

法律事务所的调查员先后询问了银行各个部门的数十名职员。几天后，他们向国会和财政部递交了一份调查报告，调查报告并不复杂深奥，只是一一记载了被询问人员在这10分钟内忙了些什么。然而答案就在这里面。

看看他们忙了些什么：

首席执行官乌尔里奇·施罗德：我知道今天要按照协议预先的约定转账，至于是否撤销这笔巨额交易，应该让董事会开会讨论决定。

董事长保卢斯：我们还没有得到风险评估报告，无法及时做出正确的决策。

董事会秘书史里芬：我打电话给国际业务部催要风险评估报告，可那里总是占线，我想还是隔一会儿再打吧。

国际业务部经理克鲁克：星期五晚上准备带上全家人去听音乐会，我得提前打电话预订门票。

国际业务部副经理伊梅尔曼：忙于其他事情，没有时间去关心雷曼兄弟公司的消息。

负责处理与雷曼兄弟公司业务的高级经理希特霍芬：我让文员上网浏览新闻，一旦有雷曼兄弟公司的消息就立即报告，现在我要去休息室喝杯咖啡了。

文员施特鲁克：10:03,我在网上看到了雷曼兄弟公司向法院申请破产保护的新闻，马上就跑到希特霍芬的办公室，可是他不在，我就写了张便条放在办公桌上，他回来后会看到的。

结算部经理德尔布吕克：今天是协议规定的交易日子，我没有接到停止交易的指令，那就按照原计划转账吧。

结算部自动付款系统操作员曼斯坦因：德尔布吕克让我执行转账操作，我什么也没问就做了。

信贷部经理莫德尔：我在走廊里碰到了施特鲁克，他告诉我雷曼兄弟公司的破产消息，但是我相信希特霍芬和其他职员的专业素养，一定不会犯低级错误，因此也没必要提醒他们。

公关部经理贝克：雷曼兄弟公司破产是板上钉钉的事，我想跟乌尔里奇·施罗德谈谈这件事，但上午要会见几个克罗地亚客人，等下午再找他也不迟，反正不差这几个小时。

有德国经济评论家说，在这家银行，上到董事长，下到操作员，没有一个人是愚蠢的，可悲的是，几乎在同一时间，每个人都开了点小差，加在一起结果就创造出了"德国最愚蠢的银行"。

（参见《十分钟悲剧带来的启示》，《中国会计报》2011年10月21日。）

不同对外政策分析模式之间看似相互矛盾的现象，与不同国际关系理论之间的竞争一样，增加了人们从不同视角对同一现象的理解，推动学术的进步。这也是一切科学进步的共同特点。概念模式是可操作化的理论，不同的对外政策分析模式的背后是不同的理论，它们给研究者提供了使用不同的理论，从不同的视角，关注、选择和利用不同的材料，找出不同要素对政策结果的影响，提出竞争性解释的途径，加深了人们对国家间关系中重大对外政策的理解。它们之间谁优谁劣的判断标准，并不在于谁是对的、谁是错的，而在于谁的解释证据更充分、材料更丰富、逻辑更严谨、结论更有说服力。每一种对外政策分析的新模式，让人关注到以前研究所没有关注到的要素和资料，探讨以往研究没有关注的现象与政策结果之间的关系，给研究对外政策的学者提供了一个新的工具。

作为结论，可以说以标准操作程序所代表的组织行为、以位置决定立场的官僚政治以及决策团队内聚性为特点的小集团思维与对外政策结果之间的关系，向对外政策分析者提供了三张"导游图"，指导研究者分别选择不同的材料，找出政府决策过程中的特殊现象和特点，揭示它们与对外政策结果之间的关系，推动了对外政策研究的深入，丰富了同样是从政府层次分析对外政策的三个模式。

关键概念

组织行为　官僚政治　小集团思维　位置决定立场　标准操作程序　"小集团思维症状"

思考题

1. 组织行为决策模式的基本假设、主要内容和不足是什么?
2. 官僚政治决策模式的基本假设、主要内容和不足是什么?
3. 小集团思维模式的基本假设、主要内容和不足是什么?
4. 从政府机构分析对外政策的三个主要模式分别可以用于分析什么样的对外政策?
5. 如何选择和运用不同的模式分析同一对外政策?

推荐阅读文献

〔美〕罗杰·希尔斯曼等:《防务与外交决策中的政治:概念模式与官僚政治》,曹大鹏译,北京:商务印书馆 2000 年版。

〔美〕格雷厄姆·阿利森、菲利普·泽利科:《决策的本质:还原古巴导弹危机的真相》,王伟光、王云萍译,北京:商务印书馆 2015 版。

〔美〕欧文·L. 贾尼斯:《小集团思维:决策及其失败的心理学研究》,张清敏、孙天旭、王姝奇译,北京:中央编译出版社 2016 年版。

Morton H. Halperin, *Bureaucratic Politics and Foreign Policy*, Washington D. C.: the Brooking Institution, 1998.

第四章
国内政治与对外政策

随着全球化的深入发展,内政与外交的联系变得密切,国内政策和对外政策之间的边界越来越模糊。在两者的关系上,国内政治是第一位的,对外政策是第二位的。对外政策是国内政治的延续,有什么样的国内政治,就有什么样的对外政策。对外政策受国内政治的影响,也服务于国内政治的目标,是国内政治的工具。在不同社会环境和政体的国家,影响对外政策的国内政治因素不同;在同一类型的国家,针对不同的问题,国内政治影响对外政策的方式、程度和结果都有所不同。将国内政治与对外政策联系起来、探讨两者之间联系的思路也有所不同。

第一节 国家、利益与政治

在传统现实主义的观念中,国内结构被当作已知条件,国内政策的终结点是对外政策的起点,即所谓的"政治不过海"。① 国际关系被当作是具有个性的政治单位之间开展的,国际体系中的力量对比是制约和限制国家对外政策选择的主要因素。对外政策的研究不需要关注国内政治因素。

---

① 这是美国共和党参议员范登堡(Arthur Vandenbey)在1947年说过的一句话("Politics Stops at the water's edge"),就是说美国两党斗争只发生在国内,一旦到了太平洋或大西洋海岸就不存在了,指正常的党派竞争和分歧在对外政策上必须让位于团结,国内政治不应影响对外政策。

随着全球化的深入,国内政治和对外政策之间的联系在不断加强,人们越来越将理解国家对外行为的重心转移到国内。有研究表明,从1987年到1996年,在《国际组织》上发表的文章,有三分之一是从国内政治的角度解释国际关系,或者将国内政治因素包括在解释因素之内。[1] 理解国内政治的本质,是理解国内政治影响对外政策的前提,也是理解国内政治与对外政策关系的枢纽。

国家是人类历史发展到一定阶段的产物。国家产生以后,国家间的相互交往成为必要和可能,产生了国家之间的关系,即国际关系。国家间经济、社会、军事和外交关系的互动形成了国家间复杂的联系。国家为了处理与外部行为体的关系,需要制定对外交往活动的指导思想和路线方针政策,即对外政策。落实对外政策可以用多种手段,但越来越多的国家把和平的外交手段作为落实对外政策的工具。国家的属性有不同的侧面,对国家概念不同侧面的理解,是影响理解国内政治与对外政策关系的关键。

国家 现代国际法意义上的国家由人口、领土、主权和政权等要素构成。这四个要素之间紧密联系不可分割。从人口的角度看,国家指这块领土上的人民,即具有同样的语言、文化和历史的整个民族的整体,英文对应的是"nation"。从领土上看,国家是由一个政府和法律控制的一片领土,即英文的"country"。

从政治属性上说,国家是由一个政府控制的有组织的政治群体,英文对应的是"state"。在中国,对国家的理解多借用列宁的话,把国家看作是掌握在经济上占统治地位的阶级手中的"统治机关","是一个阶级压迫另一个阶级的机关"[2]。

主权作为国家统一而不可分割的最高权力,是一个国家的生命和灵魂。一个拥有主权的政府,在不受外部干涉的情况下制定国内政策,在对

---

[1] James Fearon, "Domestic Politics, Foreign Policy, and Theories of International Relations," *Annual Journal of Political Science*, 1998, Vol. 1, pp. 289-313.
[2] 中共中央马克思、恩格斯、列宁、斯大林著作编译局编:《论马克思主义》,《列宁专题文集》,北京:人民出版社2009年版,第180页。

外交往中,就涉及本国利益的问题独立决定自己对外政策。主权国家是外交的主要行为体,也是对外政策的制定者。

国家利益 国家自身利益是对外政策的主要动力。摩根索认为,"以权力界定的利益概念是帮助政治现实主义找到穿越国际政治领域道路的主要路标。这个概念把试图理解国际政治的推理与有待于理解的事实联系起来"。[①] 正是这个概念,让政治成为独立的领域,与其他学科分开。国家之间的关系,本质上是不同国家的人之间的关系,也是一种利益关系。国家对外政策是一个国家在与其他国家的关系中,追求国家利益的指导原则。对国家利益的理解是理解国内政治与对外政策的钥匙。

但是,国家的内涵有多个侧面,国家利益的概念也相当宽泛。不同的理论视角对国家利益的不同理解,进一步增加了认识国家利益的困难。掌握不同理论视角对国家利益的理解,是了解对外政策分析的学科归属的前提,也是分析国家对外政策的基础。

现实主义认为,国家利益是客观存在的,这些利益包括领土完整、政治独立、军事安全、经济发展、社会稳定等。现实主义将国家利益当作是给定和清晰的,对外政策的目标就是最大限度地争取和实现国家利益。现实主义可操作化的概念模式就是理性行为主义。

自由主义认为,国家是中立的场所或机制。国际社会的基本单位是利益团体,利益集团借国家之名以维护本集团利益。具体的对外政策维护的是具体的集团利益;不同利益集团的利益加起来不一定是明确统一的国家利益,而只能是服务一个或几个利益集团的利益。对外政策分析的官僚政治模式和国内政治视角都从这个角度来分析对外政策,在宏观理论范畴上属于自由主义范畴。

传统马克思主义与自由主义有着类似的观点。它们都不认为有一个客观存在的统一的整体国家利益,也不认为国家是一个中立的场所,而是把国家利益看作是不同人的利益。与自由主义不同的是,传统马克思主义

---

① Hans J. Morgenthau, *Politics Among Nations: The Struggle for Power and Peace*, 7th edn., revised by Kenneth W. Thompson and W. David Clinton, Beijing: Peking University Press, 2005, p. 5.

认为,国际社会的基本分析单位是阶级,国家利益是统治阶级的利益,没有笼统的国家利益,只有统治阶级的利益。国家"是统治阶级实现自己利益的工具……任何一个国家对于其国外经济利益的追求,都首先表现为对于统治阶级经济利益的追求"。① 国家对外政策是统治阶级维护其统治的工具,国家利益是统治阶级用来欺骗和愚弄劳动人民的美丽的谎言。

建构主义认为,国家利益是不确定的,是由施动者的身份决定的,身份的变化决定利益的变化。国家的角色和身份并不是先定或外生的,而是由行为体在和国际体系的互动中建构的。国际社会中的政治文化影响国际社会的规范,规范影响身份,身份决定利益。

阎学通在梳理了关于国家利益的各种观点后,将国际政治中的国家利益和国内政治中的国家利益区别开来。他认为,国际政治中的国家"是一个人群的政治集合体,所以它必然代表那个政治集体的整体利益,而不应是代表那个政治集体中部分人的利益。因此,国家利益是由一国政府来代表的,而不是由一个阶级来代表的"。在国际政治中的国家利益指"一切满足民族国家全体人民物质与精神需要的东西。在物质上,国家需要安全和发展;在精神上,国家需要国际社会的尊重与承认"。② 国家利益是客观存在的,是全体人民或称为民族国家的利益,英文翻译为"national interest",与之相对应的是集团利益、国际利益(或世界利益和全人类的利益)。

在国内政治中的国家利益,指的是政府利益或政府所代表的全国性的利益,其英文翻译为"interest of the state",与之相对应的概念是地方利益、集体(包括阶级)利益、个人利益。国际政治中的国家利益和国内政治上的国家利益内涵上存在重叠,国际政治概念中的国家利益包括国内政治概念上的国家利益,大多数情况下两者是一致的。但是,两者之间并不完全一样,作为统治阶级利益的国家利益或政府利益,有时候与国际政治中的国家利益是冲突的。正因为如此,才会出现为了执政者的利益而不顾全体

---

① 张季良:《国际关系学概论》,北京:世界知识出版社1989年版,第58页。
② 阎学通:《国家利益分析》,天津:天津人民出版社1997年版,第10—11页。

人民利益的所谓卖国政府、卖国政权或卖国政策。①

国家利益是多元和多维度的。对于国家利益的理解和判断受到许多客观和主观条件的制约和影响。不仅不同的国际关系理论视角的理解不同,不同的国家对国家利益的理解不同,同一个国家在不同的历史时期对国家利益的判断也不同。对国家利益的不同判断,是影响国家对外政策差异的要素之一。只有将国家利益解构成不同的利益,才能从国内不同群体和要素之间关系的角度,解读国内政治中的不同利益关系,理解不同利益之间的竞争过程对国家对外政策的影响,从国内政治的角度分析对外政策。

中美对国家利益的不同归类

西方国家从不忌讳把国家利益作为国家对外政策的目标。冷战结束后,美国对外关系委员会就组织阵容庞大的学者队伍探讨美国国家利益。2000年的一份报告把美国的国家利益看作是美国对外政策成功的"根本性基础"(an essential foundation),并把美国的国家利益划分为四个层次,即(1)生死攸关的国家利益(vital interests);(2)极端重要的国家利益(extremely important interests);(3)重要的国家利益(important interests);(4)不重要或次要的利益(less important or secondary interests)。②

在冷战结束之前,中国领导人的文集、政府文件和主流媒体很少使用"国家利益"这个概念。在对外关系中,总是强调"民族利益"或"阶级利益"。冷战结束后,国家利益逐步成为中国对外政策中的一个重要的概念。21世纪以来中国明确中国的"核心国家利益"在中国对外政策中的指导作用。中国的核心利益包括:"国家主权,国家安全,领土完整,国家统一,中国宪法确立的国家政治制度和社会大局稳定,经济社会可持续发展

---

① 阎学通:《国家利益分析》,天津:天津人民出版社1997年版,第4—9页。

② The Commission on America's National Interests, *America's National Interests*, July 2000, at http://belfercenter.ksg.harvard.edu/files/amernatinter.pdf accessed on June 20, 2012.

的基本保障。"①

政治　对外政策是一种政治政策,对外政策的制定过程是一个高度政治化的过程。政治是政治学的核心概念,人类历史上有不少学者都对政治这个概念进行过权威的界定。如马基雅维利把政治界定为"争夺权力的斗争";戴维·伊斯顿认为:"政治是社会价值的权威性分配";拉斯韦尔有专著提出,"政治就是谁得到什么、得到多少、如何得到"。②

中国人根据马克思主义的观点把政治当作是"经济的集中表现"。它"产生于一定的经济基础,又为经济基础服务……政治所要处理的主要是国家生活中各种关系,包括阶级内部的关系,阶级、阶层、各类群体之间的关系,民族国家以及国际关系等,并表现为代表一定阶级、阶层的政党、社会集团、社会势力在国家生活和国际关系方面的政策和活动。"③

英文字典对政治这一概念是这样解释的:"政治是人们做出集体决定的过程。这个词一般指政府的行为,但是在其他群体中,如公司、学界、宗教机构中也可以看到政治现象。它包括'涉及权威和权力的社会关系',对政治单位的管理,制定和运用政策的方法和策略。"④

概括来说,政治就是政府、法律以及制定和执行各种法律法规的政府及其各种机构,其核心任务就是解决利益关系和利益分配的问题。

国家是由不同的人组成的,人的需求是不同的,利益是多元的。人们在政府应该如何治理问题上的喜好和期待不同,没有一个政府能够获得它所统治的所有民众的支持;也没有一个国家的所有民众能够对政府的一项政策表示全部赞同和支持。对外政策也是如此。国家分配利益的方式和手段不同,也就产生了不同的政治制度。政治过程决定利益分配方式,如果把国家利益看作是不同群体或阶级的利益,那么这些不同群体和阶级之

---

① 国务院新闻办:《中国的和平发展》白皮书,2011 年 9 月 7 日。
② Harold D. Lasswell, *Politics: Who Gets What, When and How*, Peter Smith Pub Inc., 1990.
③ 夏征农、陈至立主编:《辞海》(下),上海:上海辞书出版社 2010 年版,第 5074 页。
④ Judy Pearsall, ed., *The Concise Oxford Dictionary*, 10th edn., Oxford University Press, 1999, p. 1107.

间的关系就是国内政治所要解决的问题。

国家政治形态 由于受到历史文化和不同政治价值观念的影响,世界上没有普遍或完全一致的政治制度,也没有普遍的政府和法律。根据参与利益分配或决策的方式不同,柏拉图把政治形态划分为三类,即一个人统治、少数人统治和多数人统治。每一种形式的统治都可以有好的统治形式和坏的统治形式。好的一人统治形式为君主政体,坏的一人统治为暴政;良好的少数人统治是贵族统治,坏的少数人统治是寡头政治;好的多数人统治形式是民主,坏的多数人统治形式是暴民统治。罗伯特·达尔按照社会治理过程中参与治理过程的人数以及社会多元化和容忍程度,把政治制度分为四类。从参与人数看,每一种政治制度都处于两个极端之间,一个极端是一个人或一小部分人的专断的专制政府;另一个极端是所有人的要求被赋予同样权重的多头政治。从多元化和容忍程度看,每一种政治都处于有很多持不同政见者和有很少持不同政见者之间。①

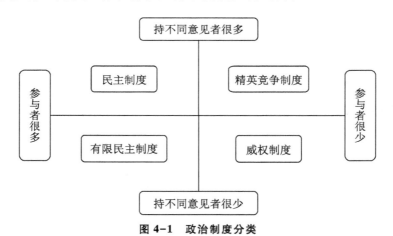

图 4-1 政治制度分类

一国政治制度和权力结构是影响对外政策的硬性条件因素。它决定反对力量以何种方式向决策者发起挑战以及统治者可以用何种方式和手段加以应对。政府制定的任何政策,包括对外政策,都不可能满足所有人

---

① Robert A. Dahl, *Regimes and Oppositions*, New Haven and London: Yale University Press, 1973, p. 1.

的利益和要求，只能满足一部分人或一个阶级的利益。如果把国家看作是阶级压迫的工具，那么一个国家的对外政策所代表的自然是压迫阶级的利益，国家利益就是统治阶级利益的代表。

在不同的政治体制的国家，利益分配方式是不一样的，决策者在制定对外政策的时候所面临的国内制约因素也是不一样的。为了参与政治，争取自己的利益，具有相同利益和观点的人们通过组成一定的党派，结成社团，选举自己的代表，举办报纸，发表一定的言论，提出自己的主张，通过合法的手段争取自己的利益。这是从国内政治视角分析对外政策的根本。

对外政策是最为敏感和重要的政策，其决策过程受到国内政治框架的束缚。从参与人数的多少来看，有些国家参与政治的人数很多，决策程序相对公开透明，有章可循；在另外一些国家，对政治的参与或局限于某一个党派，或局限于具有一定经济地位和身份的人，或局限于特定部落或种族，决策程序相对封闭。政府类型不仅决定了决策过程的不同，而且也决定了决策内容的不同，对外政策制定的效率和效益也可能是不一样的。

一个政权的政治权力越分散，参与决策的人数和机构越多，考虑的要素也就越多，决策程序越复杂，对外政策问题受到国内政治竞争影响就越大，甚至会经常出现制衡和扯皮的现象，致使决策效率低下。但从结果来看，政策的效益会更合理和经得起检验。如在瑞士，一切主要的对外政策都需要由自己国家的人民决定，在参加联合国、加入欧盟等问题上，曾经举行过多次的公民投票，决策效率相当低下。从另一方面看，瑞士的政体和对外政策总体上是比较稳定的。相反，国内政治中权力越集中，对外政策受到的国内限制就相对较少，参与决策的人数少，决策效率就越高。但是，这样的决策随意性强，考虑的要素少，决策结果的不确定性可能就会增加，经不起时间的考验。

国内政治影响对外政策的方式、程度等，也受到对外政策议题本身的影响，包括具体对外政策问题的性质及其同国内事务的联系的紧密程度、既有国内分歧或反对力量对于政府对外政策的态度等。在涉及诸如国家领土、主权和安全等同质问题上，国内反对力量同政府间总体上是一致的，只是在具体政策制定上可能出现差异，这种情况下领导人往往具有更大的主动权和政策选择余地。对于一些国内存在不同意见和主张的异质问题，如有众多国内利益攸关方的对外经济政策，受到国内政治影响的程度就更大，不同的利益攸关方会采取措施影响政策朝自己有利的方向发展。如是否给予另一国最惠国待遇问题，领导人的选择需要综合考虑更多国内因素以调和反对力量的声音。同样，当具体外交问题与一国国内事务关联度相对较低时，领导人的选择空间将更为广阔，或换句话说，其受到的国内阻力将更小。反之亦然。随着全球化的深入发展，这种状况表现得越来越明显。

在同样的政治体制下，甚至在同一国家，国内政治因素在不同的时期影响对外政策的状况也有所不同。民主国家的领导人做出战争决定的时间点受到选举周期和选举规则的影响。也有一些研究表明，一旦一个国家面临一个外部威胁，如外敌入侵、国际危机等，就会"团结在国旗周围"，即所谓的"兄弟阋于墙，外御其侮"。1962年古巴导弹危机发生后，美国总统肯尼迪的支持率上升了10多个百分点。1991年第一次海湾战争胜利后，老布什总统的支持率达到92%，随着战争的停止，美国经济的衰退，布什的支持率急剧下降，最终在大选中败给了名不见经传的克林顿。2003年2月初，在美国对伊拉克使用武力前，大约仅有34%的美国人表示支持在未经联合国授权的情况下对伊拉克动用武力。3月，美国对伊拉克的战争打响后的一次民意调查显示，有76%的美国民众支持美国对伊拉克开战。再如2014年3月，俄罗斯和乌克兰之间关系紧张，俄占领克里米亚，遭到西方的严厉制裁，普京的支持率在近一个月内提高了11.4%，与2014年年初相比提高了15%，达到75.7%，创下五年内最高水平。一个国家或政权只有获得国内的支持，才能代表这个国家并以这个国家的名义制定对外政策。在制定具体的对外政策的时候，任何一个国家的政府都会面临众多不同的国内政治因素的影响。

第二节　影响对外政策的国内政治因素

价值观念的差异是国家政治和法律制度不同的关键,但仅仅关注政府和法律不可能理解一个国家的政治,而是要关注和研究更多的因素,例如党派、议会、媒体和舆论、利益集团、教派或民族等。这些要素在不同国家的状况有所不同,影响对外政策的方式和程度也不相同;即使在同一个国家,针对不同的问题,在不同的时间,它们的影响状况也不相同。在一些国家对于这些要素的研究本身就是政治学的分支学科,在对外政策分析中,这些都被看作是影响对外政策的国内政治的力量或因素。因为影响对外政策的国内因素众多,至今尚没有一个被普遍接受的对外政策分析的国内政治概念模式。这一部分介绍对外政策分析中所关注的影响对外政策的几个主要国内政治因素。

党派　从党派的角度分析国内政治与对外政策的关系,或从党派之间利益矛盾和冲突理解对外政策,是从国内政治角度分析对外政策的首要选择。列宁曾说:"群众是划分为阶级的……阶级通常是由政党来领导的;政党通常是由最有威信、最有影响、最有经验、被选出担任最重要职务而称为领袖的人们所组成的比较稳定的集团来主持的。"[1]据此,《辞海》将政党界定为:"代表某一阶级、阶层或集团并为维护其利益、实现其政治主张而以执掌或参与政权为主要目标开展行动的政治组织。"[2]即使不从阶级分析的角度分析不同的群体,每一个国家都存在着众多不同的群体或阶层,它们总是希望国家或政府制定或执行对自己有利的政策,他们的利益也是由政党代表的。

不同的群体或阶层或马克思主义视野中的不同阶级,为了自己的利益建立自己的党派。利益的不同就可能产生各种不同的组织和政党,就有了

---

[1]　《共产主义运动中的"左派"幼稚病》,《列宁选集》第4卷,北京:人民出版社2012年版,第197页。

[2]　夏征农、陈至立主编:《辞海》(下),上海:上海辞书出版社2010年版,第5071页。

众多的党派。在当今世界各个国家存在各种各样的政党。如果一个政党执政或几个政党联合执政，它们就被称为执政党。没有执政的党被称为在野党。不管其名称是什么，在野党一般都是反对党。因为它们总是通过不同的渠道、在不同议题上对执政党的政策进行批评和监督。大的反对党这样做是为了赢得执政地位，一旦执政，这个国家对外政策就将受到这个党派理念的影响，具体的对外政策一定会服务于这个党所代表的阶级或阶层的利益。小的反对党则是希望执政党在制定政策的时候将自己的利益考虑在内。它们关注的问题和意识形态非常不同，主要是想通过一定的手段和途径影响政策，实现自己党派的利益。例如欧洲的绿党所关注的焦点是裁军和环境问题。这些党派是行政部门决策的批评者，也是不同信息的源泉。

政党的存在总是与一定的阶层和群体利益有着紧密的联系。除了执政党外，还有在野党或反对党。在一些国家，反对党的存在是合法的，而且有可能通过合法途径取代执政党。还有一些国家不允许反对党存在。但是，这并不意味着这些国家不存在反对党或反对派。只是它们不能以公开方式存在或开展活动。这样的反对派或反对党，平时虽然看不到，而一旦能够看到，就意味着过激的政治行为。

在美国，主要的党派有两个，即共和党和民主党。在意识形态上前者保守，后者自由；在国内政策上，前者主张小政府、减少税收以刺激经济，后者主张大政府、多征税以维护社会公平；在对外政策上，前者突出同盟的作用，强调使用武力，后者强调自由贸易，突出人权。两者之间互相竞争，轮流执政，虽然在维护美国利益的大目标上是一致的，但在追求国家利益的方法和路径上有不同的主张。它们互相指责，互相拆台，对外政策成为最经常用以攻击对方的工具。对外政策中的重要问题，往往成为选举期间的重要议题，对外政策成为政党政治的替罪羊。如肯尼迪政府支持的猪湾入侵的失败，在很大程度上是担心共和党指责他对共产主义软弱。自尼克松1972年访华以来，美国对华政策，特别是其中的美国对中国台湾地区的政策，多次成为总统大选的议题，导致新政府上台后美国对华政策出现波折。

在另一些国家,存在着多党竞争的状况,但主要的仍然是一两个大党。如法国政党历史悠久,党派繁杂众多,自1875年确立共和制以来,先后出现过400多个各种名目的政党。20世纪80年代活跃于法国政坛的仍有40多个,主要包括法国共产党、社会党、保卫共和联盟和法国民主联盟。其中以社会党和保卫共和联盟这两大党为代表分为左翼和右翼两个派别。在英国,有中间偏右至右翼的保守党、中间偏左的工党和中间派的自由民主党。德国的两大政党为社会民主党和基督教民主联盟。

在日本,自1955年自由党和民主党合并而成自民党后,长期保持着一党执政的地位。虽然在相当长的时间内,没有其他政党挑战自民党的地位,但在执政的自民党内部始终存在着不同的派别。这些派别之间的斗争始终对日本的对外政策产生实质的影响。冷战结束后的1993年国会选举,自民党第一次败于三新党联合,细川护熙担任首相;2009年众议院选举,自民党再次败于民主党,逐渐打破了自民党一党独大的局面,自民党内部的矛盾和冲突逐步让位于党派之间的竞争。如安倍内阁推进解禁集体自卫权的安保法案,就遭到民主党和共产党等在野党的反对。

在社会主义国家,共产党或工人党是法定的领导政党,但在具体国家又有所不同。比如在中国,除了中国共产党外,还有8个民主党派。《中华人民共和国宪法》规定了中国共产党在中国的领导地位,"中国共产党领导的多党合作和政治协商制度将长期存在和发展"。中国共产党与其他政治党派的关系不是一种竞争关系,也不是执政党和反对党的关系,而是一种合作关系,是中国共产党领导的多党合作和政治协商制度的一部分,其原则是"长期共存、互相监督、肝胆相照、荣辱与共"。在对外政策上,民主党派通过全国人民政治协商会议,特别是其外事委员会,献策建言。

议会或国会 议会在不同的国家有不同的称谓,如在美国被称为国会,在西方多数国家则为议会,在中国被称为人民代表大会等。在各国的宪法中,都有关于议会参与对外政策决策以及参与外交活动的明确规定。在全球化时代,议会不仅影响国家对外政策的形成,还会亲自走上外交前台,开展议会外交,成为对外政策的执行者。因为议会在各自国家中的地位和作用不同,其参与和影响国家对外政策的方式和程度也不完全一样。

美国是当今世界最有影响的国家,美国国会也是世界上最有影响力的议会。之所以把美国国会作为国内政治要素,是因为美国总统是由全国选举的,代表全国;而议员是由不同的地区选举的,只对自己选区的选民负责,代表的是典型的地方利益。"一切政治都是地方性的"。国会与行政部门之间的斗争一般被称为"拉锯战"(tug of war),既是联邦政府与地方政府之间关系的主要体现,也是民主与共和两党矛盾和斗争的主要平台。作为行政部门的总统和作为立法部门的国会之间的斗争往往成为美国对外政策斗争的焦点。

美国国会所拥有的其他国家议会所不能相比的权力,是美国建国者专门设计的。美国宪法的第一章是国会,第二章才是总统,国会在对外政策上制衡总统。国会是美国政治制度的核心,总统是对外政策的决策主体。有人认为美国有"两个总统",即总统负责外交和安全事务,国会负责国内事务。有人则根据国会与总统权力关系的历史,提出了"摆钟效应"理论,在美国成立后的相当一段时间内,国会主导了美国对外政策。随着美国一次次介入战争,国会和行政部门围绕战争的决策权开始了摆钟式的斗争,即一旦战争爆发,国会就把制定对外政策的权力交给行政当局;战争结束后,国会则重新收回这些权力。但是,二战结束后,国会还没有来得及这样做,冷战就爆发了。面对苏联的威胁,总统权力持续攀升,甚至出现了所谓的"帝王般的总统"。直到越南战争后期,国会基于美国介入越战的反思,通过了《战争权力法案》,限定总统在对外宣战方面的权力,但仍然没有改变权力向总统倾斜的势头。①

除了冷战的背景以外,国会在机制上的弱点也限制了国会在对外政策上的决策权力。曾经长期担任众议院对外关系委员会主席的汉密尔顿

---

① Jerel A. Rosati, *The Politics of United States Foreign Policy*, Fort Worth, TX: Harcourt Brace College Publisher, 1993, pp. 278-326.

(Lee Hamilton)曾说,外交需要快速,但国会太慢;外交需要谈判,而国会只能投票同意或不同意;外交需要保密,而国会总是泄露情报;外交需要专业知识,和行政部门相比,国会所掌握的专业知识很少;外交需要具有强有力的领导,但是国会的领导权太分散。① 但是,冷战结束以后,一是失去了重大的外部敌人,二是内政与外交的界线模糊,国会不断介入美国对外政策,成为制约美国对外政策的最大要素。中国人已经认识到,仅从美国对华政策来看,如在 1995 年是否批准台湾当局领导人访问美国以及冷战后围绕延长中国贸易最惠国待遇问题上,美国国会的表现给人的印象是,美国有两个政府、两个对外政策,为中美关系的健康发展设置了大量的障碍。理解和分析美国对外政策,特别是美国对华政策,越来越需要了解和分析美国国会的作用。

西方内阁制国家议会在对外政策中的作用具有一些共同的特点,但不同于美国国会。在内阁制国家,议会的多数党组阁执政。在内外政策上,议会与政府基本上是一致的。在对外政策决策中,议会直接发挥作用的条件是间接和有限度的。一旦执政的党派丧失了国内的支持,或者在某一重大对外政策上国内出现分歧,往往需要解散议会,重新选举。在大选中获得胜利的党派控制了议会,也就赢得了组阁权,新的内阁就可以将其对外政策付诸实施;如果在选举中失败,丧失了议会的多数,也就丧失了执政地位,其主张和奉行的对外政策也将无法得到实施。2016 年 6 月 24 日,英国就是否退出欧盟进行公投,公投的最终结果为支持英国脱欧的票数占51.9%,支持留欧的票数占 48.1%,支持脱欧的票数以微弱优势战胜留欧票数。这一公投结果出来后,主张英国留在欧盟之内的戴维·卡梅伦内阁辞职,主张英国脱离欧盟的保守党组阁。特雷莎·梅出任首相,任命英国"脱欧派"干将鲍里斯·约翰逊为英国外交大臣,着手英国脱欧的进程。

民意和媒体 国家是由人民构成的,政府代表人民制定的政策,理应反映人民的意见和要求。但是,从国内政治的角度看,利益和公众的意见

---

① John T. Rourke, *International Politics on the World Stage*, 3rd edn., Guilford, CN: The Duskin Publishing Group, Inc, 1991, p. 128.

都是多元的,拥有多元意见和利益的公众都以不同的方式影响对外政策。民意影响对外政策的方式和过程非常复杂,甚至自相矛盾,且因国家不同而不同。

公众一般关注的是与自己切身利益有关的国内经济问题,对外政策并非公众关注和感兴趣的议题。1980年的一项盖洛普调查结果表明,公众舆论在美国的影响最大,随后依次是联邦德国、日本、法国。在加拿大和乌拉圭,几乎没有人关注对外政策,在巴西只有4%的人担心国际石油危机的影响,5%的英国人关注移民问题,只有西班牙表现出对对外政策比较高的关注度,达到27%,而且这部分关注主要是对该国是否加入欧盟的关注所引起的。[1] 一般情况下,公众倾向于将对外政策交给政府领导人,支持政府所宣布的政策,在危机或战争情况下尤其如此。

即使在同一类型的国家,如在民意相对最为关注对外政策的美国,公众意见影响对外政策的程度和后果也充满争议。建立在第二次世界大战以后美国民意与对外政策的关系研究基础上的"阿尔蒙德-李普曼共识"认为,民意在对外政策上往往表现为无知、轻率、波动很大,而且缺乏理性,立场不清楚,容易受到宣传的操纵,因此对外政策不应当基于民意。

但是,民意与对外政策之间的关系还是受到越来越多的关注。特别是在某一问题上或对特定国家的政策成为国内政治议题,引发国内针对性的大规模公众游行示威的时候尤其如此。例如随着美国在越南战争的泥淖中越陷越深,美国民意在越南战争上的共识被打破,反对越南战争的抗议示威席卷全国,成为促成美国结束越南战争的重要因素之一。20世纪末和21世纪初期,随着中国公众更广泛地参与对外事务,针对一些特定的事件,如1999年以美国为首的北约轰炸中国驻前南联盟大使馆,2008年北京奥林匹克运动会火炬传递期间在一些国家遭到敌对势力的破坏活动,以及在中日关系上所发生的抗议活动等,都引起学界对中国民意与中国对外政策关系的研究。

---

[1] John T. Rourke, *International Politics on the World Stage*, 3rd edn., Guilford, CN: The Sushkin Publishing Group, Inc., 1991, pp. 131-132.

民意影响对外政策的方式既有直接的,也有间接的。最直接的渠道是在特定对外政策问题上的公投。例如瑞士在加入联合国和欧盟问题上进行过多次公投,英国、挪威、丹麦、爱尔兰、法国都曾经就是否加入欧洲共同体和是否通过《欧洲宪法》等议题进行过公投。这些国家在相关问题上的政策都是按照公投的结果做出决定。如 2016 年欧盟成员国相继就不同的议题举行公投,由公投结果决定最终的政策:荷兰就欧盟与乌克兰联系协定举行公投,最终超过 60% 的人反对;英国保守党政府出于国内政治的需要,进行脱欧公投,支持脱欧的结果为英国国内长期以来具有争议的政策做出了最终的决定。匈牙利政府为增加其在难民分摊问题上与欧盟斗争的砝码,就欧盟难民分配方案进行公投;意大利伦齐政府在宪法改革法案未能获得议会 2/3 支持后,被迫转向公投,最终演变为对其政府的不信任投票,伦齐被迫辞职。这些都是民意影响对外政策的重要案例。

所谓间接影响,是指通过选举来改变政府,从而改变政策。尽管对外政策往往不是政治选举的主要考虑,但是在一些对外政策在国内政治具有非常重要地位的国家,民意就非常关注对外政策。在西方世界有各种各样的民意调查,例如盖洛普、皮尤研究所和英国广播公司所进行的调查,往往成为影响候选人政策的风向标和政策辩论的依据和政治工具。如在 1968 年和 1972 年的美国总统初选和大选中,候选人在越南问题上的立场和政策是影响公共投票的重要因素。

没有一个政府的对外政策是由公众舆论来控制的,也没有一个政府从来都不在乎公众舆论。在当今国际背景下,政治人物都非常在意民意。实际上,民意与对外政策的关系从来不是单向的,而是一个互动的过程。中国外长王毅充分认识到民意的作用,他说,"民意越来越成为影响甚至左右两国关系走向的重要因素"。他同时也指出,中美两国都"应积极引导各自民意,让支持中美友好合作成为主流声音,不断壮大中美关系的社会基础"。[①]

---

① 王毅:《如何构建中美新型大国关系》,2013 年 9 月 20 日在美国布鲁金斯学会的演讲。

媒体也称为传媒或媒介,包含传播赖以实现的中介和机构,如传统的报纸、广播、电视以及后来兴起的互联网,也包括通过文字、语音或者其他意象符号传达信息的途径。在西方一些国家,民众非常重视自己的公民权利和言论表达的自由,对政府的权力抱有一定的戒备,于是媒体作为一支独立的重要力量获得了重要的地位。在立法、行政、司法三权分立、相互制衡的美国,媒体作为"第四权力"具有非常高的地位,对政府具有一定的制衡作用。在另外一些国家,主要媒体是作为政府机构的一部分而存在的。例如,在中国,媒体的"作用和力量,就在它能使党的纲领路线、方针政策、工作任务和工作方法,最迅速最广泛地同群众见面"①。对于党和政府主办的媒体而言,这一作用不断得到强调。比如习近平总书记强调,"党和政府主办的媒体是党和政府的宣传阵地,必须姓党"②。

但无论在形式上独立于政府之外,还是作为政府机构的一部分,媒体与国内政治和对外政策的关系上具有共同点,只是侧重点有所不同。而且随着传统媒体的商业化以及新媒体的出现,媒体影响对外政策作用的方式所具有的共同点在增加。

首先,所有媒体都是国家体制的一部分,不管是否存在于政府体制之内,都受到国家特定的法律法规的影响。决策层一般对媒体是既利用又控制,媒体是政府手中的工具。特别是在对外政策涉及有关国家安全、国家利益的问题上,政府会对媒体进行一定的信息控制。

其次,政府在控制媒体的同时,还充分发挥媒体的舆论引导功能。政府控制消息来源,对政客形象进行系统的包装,限定媒体的范围,媒体依赖政府所提供的信息影响和引导民意。一些国家通过媒体在国内公众面前对敌人进行妖魔化,是对外发动战争进行国内动员的必要步骤。政府通过新闻发布会、重要场合讲话等表明政府对外立场,影响媒体议程,引导公众舆论,为对外政策造势,赢得民众的支持,为对外政策和行为寻求合法性支

---

① 毛泽东:《对晋绥日报编辑人员的谈话》,转引自丁淦林等:《中国新闻事业史新编》,成都:四川人民出版社 1998 年版。

② 习近平:《党和政府主办的媒体必须姓党》,新华社北京 2016 年 2 月 19 日电。

持。因此,媒体是研究和分析对外政策时需要的材料的主要来源,特别是作为国家结构一部分的媒体。

媒体影响对外政策的方式主要有以下几个方面。

第一,框定事件(frame an issue)。媒体通过遍布全球的记者站网络和较为迅速的信息传达方式,总能够高效快速地提供有关外交事件的一手信息。在敏感的外交事件当中,媒体凭借自己敏锐的触觉,常常能够优先于外交人员进入事件现场,收集到一手的资料。传媒并不决定人们在想什么,但是却通过对特定事件的报道,以特定的方式将新发生的事件呈现给读者,帮助公众解读报道当中所隐含的、需要强调的元素,从而不仅影响公众舆论,也影响政府选择的范围和政策走向。

第二,影响舆论甚至政策议程的制定(agenda-setting)。世界上每天都在发生各种各样的新闻,媒体可以选择哪类事件或者问题进行报道,引起民众的关注。相较于国内政策而言,民众主要依赖于媒体了解对外政策。媒体的报道频度、广度直接决定了是否会引起公众的关注,而公众的关注又会影响相关政策是否被列入对外政策的议程,缩短了政府做出反应的时间,加快了决策速度,提高了决策级别。从这一点上看,不仅公众跟着媒体跑,政策也跟着电视和公众情绪跑。美国有线电视新闻网对国际重大事件的报道以及在对美国对外政策议程设置过程中的作用,被称为"CNN 现象"。

CNN 现象

"CNN 现象"是指美国有线电视新闻网(CNN)在报道国际重大事件过程中对美国公众和美国对外政策的影响。如 1991 年海湾战争期间,美国有线电视新闻网推出了"24 小时实时新闻",通过记者在一线发回的画面和文字报道,让决策层和美国民众都能够通过电视节目了解战争状况,形成强大的舆论焦点。

1993 年年底,美国有线电视新闻网反复报道东非国家索马里内战造成的杀戮不止、饥民遍野的画面。这种报道影响了美国的民意,敦促克林顿总统紧急下令美国军队参与一项在那里的大规模维和行动。然而，没有多长时间，电视上播放了几个美国士兵的尸体被愤怒的索马里人拖过大街的镜头，在美国人民中造成震撼，立即令全美哗然。公众要求撤军的呼声一浪高过一浪。在美国舆论的压力下，美国政府匆匆终止了这次不成功的维和行动。美国的政治分析家评论说，是 CNN 把美国拖进了索马里，还是 CNN 又把美国拉了出来。

第三，舆论监督。媒体影响对外政策的第三个方式是媒体发挥舆论监督的功能。媒体为政策论辩提供了平台，媒体以政策论辩的组织者和参与者的身份，参与政策辩论，探讨政策合理与否。民众可以通过大众媒体，参与到政策论辩当中，不仅反映民意，让更多的人听到自己的声音，引导读者之间的互动，不同的媒体还可以根据自身的立场表达对于政策的观点。通过政策论辩，可以让更多的民众、智库、学者加入到对于政策的讨论当中。由于每个人所属的利益群体不同、视角不同，政策论辩能够让政策的制定者看到原先由于视角所限而忽视的缺陷，调动大多数人的智慧，让公民加入到协商民主当中。而协商民主背后一个基本动力就是让人们相信，可以在与他人的讨论中，得到更多有关政策的改进意见，让政策得到调整。一旦辩论形成共识，就会对现有政策起到一个"刹车闸"的作用。

利益集团　政治学上的利益集团是"由于专业因素或者共同的政治、经济和社会利益而连接在一起的个体集合或者组织"[1]，或"所有从事政治活动的非党派组织"[2]。利益集团不同于政党，不直接参选，不是政府的一个组成部分，但有明确的政治诉求，并且利用其资源影响各级政府的决策。一般情况下，特定的利益集团关注的是与自己切身利益相关的政策。

影响对外政策的利益集团包括与特定国家和地区或特定对外政策有某种联系的不同类型。前者属于族群利益集团，后者属于行业利益集团。

---

[1] John R. Wright, *Interest Groups and Congress: Lobbying, Contributions, and Influence*, Boston: Allyn and Bacon, 1996, p. 22.

[2] Anthony J. Nownes, *Interest Groups in American Politics: Pressure and Power*, 2nd edn., London: Routledge, 2013, p. 4.

第四章 国内政治与对外政策

当代许多国家都是多民族国家。居住在同一国家、来自不同地区、拥有不同宗教和文化背景的人民,与他们的来源国家或文化群体有着特殊的感情和关系,成为影响住在国家或自己国籍所在国对自己来源国家政策的力量。如移民国家的特点使美国的这种利益集团尤为众多,如爱尔兰裔、波兰裔、非洲裔、犹太人利益集团等。其中最为突出的两个利益集团是,亲以色列的犹太人利益集团和美籍古巴裔利益集团。这两个利益集团在美国对它们各自来源国家的政策中都发挥着重要的影响。古巴裔利益集团是在20世纪80年代才逐步形成规模,并持续不断且非常成功地推动美国对古巴进行禁运。犹太人利益集团具有相对悠久的历史,对美国对以色列的政策具有显著而重要的影响。

美国以色列公共事务委员会(AIPAC)

美国以色列公共事务委员会(AIPA)是美国国内最大的游说集团之一。该委员会每时每刻都在对国会议员们施加影响。尼克松和卡特政府的中东政策顾问曾经说过:"七到八成的美国国会议员都受到了美国以色列公共事务委员会的操纵。"所以从里根到奥巴马,在推行中东和平政策时,美国总统都发现政府对中东政策的障碍不是以色列议会而是位于华盛顿的参众两院。前伊利诺伊州众议员保罗·芬德利就说过:"我们的国会简直就是以色列议会驻美分会!"

在以色列2002年入侵约旦河西岸、2006年发动对黎巴嫩的战争等行动中,美国国会都通过压倒性的决议,对以色列表示支持。2009年2月,有消息透露曾经担任美国驻沙特大使的傅立民(Charles Freeman, Jr.)将有可能被任命为奥巴马政府的国家情报委员会主席。消息一经披露很快就遭到包括以色列公共事务委员会在内的多股亲以色列势力的批评。在这些批评的压力下,傅立民主动放弃了国家情报委员会主席的提名。傅立民对《纽约时报》记者称,自己是以色列院外集团协调一致游说的牺牲品。

对外政策分析

一名致力于推进巴以和平的以色列学者在讽刺美国国会山上这一让人愤慨又无奈的残酷现实时戏称,"要是美国以色列公共事务委员会想要让以色列废除'摩西十诫',那将会有80名参议员和300名众议员立刻在国会上表示支持",这足以说明以色列公共事务委员会影响力之强大。

在对外政策上具有特殊利益的集团,一般也被称为行业利益集团。如美国的"全国制造商协会""劳联—产联"等。随着经济全球化的深入和国际贸易的增加,海外销售和来自海外的竞争对很多制造业、银行业或跨国公司的利益来说都是非常重要的,特定行业往往形成自己的利益集团,这在全球正变得越来越普遍。它们游说本国政府制定符合自己利益的国内立法,或是推动本国政府对外采取有利于自己利益的政策。

一个典型的例子是冷战期间美国的军工复合体(military-industrial complex),又名"军工铁三角"(简称"铁三角"),即需要先进武器的军事部门、需要大量拨款的军工企业和科研机构,以及掌握国家财政大权的国会议员之间形成的利益集团。前两者通过展开院外活动对国会议员的游说,影响美国对外安全政策。艾森豪威尔曾警告要小心这个利益集团的影响,但这种警告并没有削弱军工复合体在美国对外决策过程中的影响,而且还由于它同美欧军方与国会的联系,实际上操纵着美国与欧洲国家的防务政策。

此外,对某一特定的外交或国际问题具有一定关注的利益攸关者,他们有着不同的经济、社会和或者文化背景,甚至来自于不同的国家,为了一个共同的兴趣或目标走到一起,形成特殊问题领域的利益集团,例如冷战期间形成的反对核武器的绿色和平组织和美国的对外关系委员会。前者把来自世界各国的反对核武器的力量组织起来,反对各国发展核武器的政策,后者将1500多名立场相对自由、具有国际主义倾向且具有一定影响力的美国精英组织起来。

利益集团在有些国家是合法存在的,如确立利益集团的合法地位是美国建国者为了维持权力平衡的举措。利益集团居于政府部门之外,很难直接对行政或者司法部门施加影响,一般把游说对象指向国会议员。它们通过捐款、影响媒体和舆论、游说议员、影响立法等途径和方式影响一个国家的对外政策。在另外一些国家则是不合法的或者是隐形的。在这些国家,利益集团则通过秘密的甚至暴力的手段影响国家对外政策。在美国,由于利益集团与国会的关系密不可分,学界也有人将利益集团称为国会中除参众两院外的"第三院"。利益集团绝不仅仅局限于美国,在冷战结束后越来越具有普遍性,成为研究众多国家对外政策不能忽视的因素。

教派与部落 多数有关国内政治与对外政策关系的研究多是以西方国家为基础的,并不太关注历史文化和社会政治背景不同的地区的特殊利益集团。如以伊斯兰阿拉伯文化为中心的中东地区,多年来战火连绵,热点不断,一直是世界政治研究的重要对象。除了地缘和能源竞争等外部要素外,在历史上一系列王朝统治时期产生的不同宗教信仰和生活习俗以及帝国统治期间播下的不同教徒和部族之间的矛盾、隔阂甚至仇恨,是理解中东以及非洲国家对外政策至关重要的国内或区域内政治要素。

历史宗教矛盾是中东问题的根源。信仰犹太教的以色列人与信仰伊斯兰教的阿拉伯人本出同源,但由于复杂的历史原因,成为势不两立的敌对双方。在中东冲突的核心问题——巴勒斯坦问题上,以色列和巴勒斯坦以及巴勒斯坦背后的阿拉伯国家之间的矛盾,既是犹太教和伊斯兰教之间在历史上恩怨情仇的延伸,又进一步加剧了两种宗教信仰之间的矛盾,具体又表现为以色列和巴勒斯坦两个国家之间的矛盾。

在阿拉伯国家之间也绝非铁板一块。虽然绝大多数阿拉伯国家都信奉伊斯兰教,但所属教派不同,产生了又一层次的矛盾。如以什叶派为主的伊朗,伊斯兰革命后建立了以什叶派主导的政教合一的政权;在另一个什叶派占多数的伊拉克,执政的逊尼派遵循政教分离的原则。两个伊斯兰教派之间的矛盾是导致20世纪80年代持续八年之久的两伊战争的重要原因之一。在萨达姆政权被推翻以后,伊拉克在西方的支持下建立了什叶派主导的联合政府,逊尼派受到压制,教派冲突导致的恐怖主义频仍,国家得不到安宁。

近期另一个中东国家也门的动荡也与教派矛盾有关。长期以来,也门的执政者为逊尼派,但居住于中北部萨达省、主要由什叶派民兵构成的胡塞武装组织长期具有强烈的反美意识,他们也反对也门逊尼派政府。也门政府无力消除这个反政府组织,任其不断壮大。2015年胡塞武装推翻亲西方的哈迪政府,造成也门长期的战乱。

在中东的传统领导国家埃及深陷国内冲突的情况下,沙特担当了阿拉伯世界对也门进行干涉的领导者的角色。因为沙特境内大多数是逊尼派,沙特王室也属于逊尼派,而沙特的主产油区则由什叶派控制,后被沙特强行管理。沙特国内什叶派对执政的沙特高层也是一个威胁。为了不危及自身,沙特联合中东其他逊尼派国家,打击属于什叶派的胡塞武装,防止也门落入什叶派的手中,这一政策也得到美国等西方国家的支持。

与宗教密切相关的是部落。在中东以及非洲一些国家存在着大量的部落。海湾君主国家的王室均来自古老而显赫的部落,部落之间也有着太多的恩怨情仇。利比亚200多个部落在支持和反对卡扎菲的过程中持完全不同的立场。支持卡扎菲的部落呼吁让利比亚成为"侵略者的坟墓",而反对卡扎菲的领导的部落则欢迎西方对利比亚的空袭,最终借西方势力将卡扎菲赶下台。至今利比亚的局势也没有恢复平静。近百年来部落自治和专制集权左右着中东历史,再加上西方势力的介入,中东政局一直扑朔迷离。这些是以西方对外政策实践为基础的对外政策分析理论很少关注的。

随着内政与对外政策之间的联系不断加强,影响对外政策的因素在快速增加。除了这些比较常见的影响对外政策的国内政治因素外,一些新的因素不断引起学界的关注,成为从国内政治角度研究对外政策学界日益关注的新热点。比如,随着次国家政府部门如省、州以及一些地方的城市之间的民间纽带建立起来,地方政府成为推动和制约一个国家对特定地区的政策的一个重要因素。社会老龄化和男女性别比例的失调以及不断崛起的新型群体,如在一定领域内的知识共同体和跨境的民间组织等,都在成为影响对外政策的重要因素。这些都是对外政策分析近年关注的新因素。

第三节 国内政治与对外政策的"双层博弈"

国内政治与国际关系之间的联系是当今国际政治或国际关系研究的热点。多数研究采取比较政治或国际政治经济学的分析方法,打通两者之间的界线,将全球化过程中的诸多国内问题置于国际关系的背景下考察,或者关注国家间相互依存对一个国家内部政策的影响,或者是跨国的社会和制度力量对国内结构变迁的影响,或者关注全球化对国内社会经济行为的影响。这类研究都属于"颠倒的第二意象"[①],关注的是外部因素对国内政治的影响,而不是本章所要关注的国内政治对对外政策的影响。

国内政治概念的内涵相当宽泛,影响对外政策的因素众多,按照"第二意象"的思路,将众多国内政治因素与国家对外政策联系起来的研究,远没有形成被普遍接受的模式。既有相关文献要么是影响对外政策的国内因素的罗列,要么是对国内政治和对外政策以某种方式联系起来的一般观察。如罗西瑙曾致力于在国内政治因素与对外政策之间建立联系,后来也提出了关联理论,但这种理论不能解释国内政策和对外政策之间的不一致的状况。在有限的把国内政治与对外政策联系起来的理论模式中,帕特南(Robert Putnam)的"外交与国内政治——双层博弈的逻辑"思路[②]将决策者选择国内政治的策略与该国对外政策联系起来的框架,相对具有普遍的意义。

只要国家相互依存,而且享有主权,每个国家的领导人都需要同时面临国内和国际两种不同的政治格局。在国内层面,国内利益(或政治)集

[①] 肯尼思·沃尔兹在他著名的《人、国家和战争》一书中从个人、国家和体系三个层探讨战争爆发的原因。这三种层次也被译介为三种意象。第二意象或层次认为国内政治体制是战争爆发的原因。所谓"颠倒的第二意象",关注的是外部体系因素对国内政治的影响。

[②] Robert Putnam,"Diplomacy and Domestic Politics: The Logic of Two-Level Games," *International Organization*, Vol. 42, No. 3. Summer, 1988, pp. 427-460.

团通过对政府施加压力,促使政府实行对自己有利的对外政策。政治家们在与这些力量的博弈中,建立起支持政策的同盟来掌握权力,主导对外政策。这是领导人能够代表国家对外进行谈判的基础。在国际层次,国家领导人代表国家就一项议程与另外一个国家的谈判代表进行谈判,与其他国际行为体展开博弈,追求达成满足国内要求的协议,增强自身的能力。国家领导人作为对外政策的决策者,对这两个层次中的任何层次都不能忽视。

帕特南用隐喻把这两种局面比喻成两个层次博弈,提出了"双层博弈"的概念。国际层次的谈判为第一层次的博弈,国内层次的谈判为第二层次的博弈。在国际层次的博弈中,桌对面坐着其他国家的谈判对手,任何一个对结果不满意的谈判者都可搅乱谈判,使国际层面的谈判达不成任何协议。在国内政治的博弈中,对外政策决策者身后坐着本政党代表和国内事务的发言人等,对面坐着议会领导人、反对党的代表甚至国内民众。

双层博弈的连接点在于,决策者或谈判者在一个层次上面的政策或步骤可能是符合逻辑的,但在另一个层次的博弈中可能是失败的。如果国际谈判达成的协议得不到国内的批准或一项对外政策得不到国内的支持,那么国际谈判的结果可能遭到否决,对外政策就得不到支持。更重要的是,任何一位在国内博弈中不能使他的同伴满意的领导人都有被赶下台、失去代表国家对外谈判或制定对外政策权力的危险。

在实践中,谈判者对结果的推测非常必要。国内政治中的地位会影响决策者在国际层次谈判中的资本。在国内层次的博弈中,预先咨询和讨价还价能为决策者在国际层次的谈判确定一个初步的立场。如果没有国内的共识、支持,就不可能形成初步的谈判策略或政策,如果在国内政治中地位不稳,决策者就不能进入国际层次的博弈。

在国内层次获得批准或者获得支持的需要,影响决策者或谈判者在国际层次讨价还价的策略。国内层次拒绝批准国际层次博弈达成的协议或国内博弈的对象拒绝政策制定者的政策建议,就可以使国际谈判夭折或特定的对外政策不能得到实施。如第一次世界大战后,美国总统威尔逊不顾国会的警告,抛开国会参与巴黎和会,虽然得到巴黎和会与会国对他的国联计划的支持,但是却遭到美国国会的反对,导致威尔逊精心提出的国联计划最后夭折。

  国内政治支持或批准第一个层次博弈结果的过程可能是正式的,如宪法赋予议会的一个功能。如美国宪法规定,美国行政部门达成的国际协议和签订的国际条约,均需要得到参议院三分之二多数的批准和通过。国内批准的方式也可能是非正式的,如政府的另一个部门或政府内部具有同等地位甚至更高地位的领导人反对或不支持代表国家在第一层次博弈中达成的协议,国际层次达成的协议也可能在国内层次遭到否决。如1969年珍宝岛事件后,中苏两国政府首脑周恩来和柯西金在北京的首都机场进行会晤,达成了一些协议。但柯西金回国后,协议没有得到勃列日涅夫的支持。这个过程也可能遭到社会上特殊利益集团或公众的反对。如韩国李明博政府时期,为了加强与美国的关系,与美国签署了进口美国牛肉的协议,遭到了韩国农民的强烈反对,造成数万人的大规模游行示威,逼迫李明博政府不得不再次与美国展开谈判,签订补充协议。

  国内政治层次博弈对对外政策或国际谈判结果的影响程度,取决于国际层面谈判结果或执行的特定对外政策在国内政治层次得到支持或获得通过的"胜集"或"获胜集合"(win-set)的大小。"胜集"是指国际层次博弈中所达成的协议在国内政治层次博弈中可能得到支持或批准的范围。简单说就是国际协议在国内被接受的程度。一般情况下,国内层次"胜集"越大,国际层次博弈达成的协议获得批准的可能性就越大;反之,国内谈判破裂的可能性就越大。只有在参与国际谈判双方各自国内"胜集"重合时,两个国家达成的国际协议才可能生效。

  从国内政治影响对外政策结果的角度看,需要从理论上区分协议不能获得批准的原因是"非自愿违约"(involuntary defection)还是"自愿违约"(voluntary defection)。前者指由于协议不能获得批准而不能履行协议承诺的行为,如美国政府虽然已经签署了《联合国海洋法公约》,但至今仍然没有得到国会的批准。后者指在缺乏强制性协议的情况下,极端利己的行为者违背协议的行为,像美国政府退出《京都议定书》和《反导条约》等现象。两者在实践上是很难区分的。在策略上,谈判者总是找理由和借口,把故意和自愿违约表现成非自愿违约,谈判的另一方和观察家很难区分这两者之间的差别。非自愿违约只有在"双层博弈"中才能表现得更清楚。从"胜集"的角度分析,"胜集"越小,非自愿违约的可能性就越大。

"胜集"是国内政治影响对外政策或国际谈判结果的重要变量。国际谈判协议或对外政策在国内政治中的"胜集"的大小取决于三个政治因素。

一是国内层次选民间的权力分配、偏好和联盟。这一因素包括四个方面:(1)对选民而言,达成协议和维持现状的成本。如国际协议需要国内付出的代价越低,"胜集"就越大,反之,"胜集"就越小。(2)国内政治的偏好和联盟,或者国内反对和支持国际合作之间群体之间的力量对比,如"孤立主义"与"国际主义"力量的对比影响一个国家的国际承诺得到国内支持的程度。(3)政策和谈判议题所涉及国内选民的利益上是"同质的"还是"异质的"。如果谈判或对外政策议题属于同质的,如涉及国家的领土问题,谈判者得到越多,在国内层次的"胜集"就越大;如果谈判中拿回来的利益越少,国内层次中的"胜集"就越小。对于异质的问题,如冷战后美国是否延长中国贸易最惠国待遇问题,一些势力坚决反对无条件延长,而另外一些势力则积极支持无条件延长。这种复杂的国内情况需要决策者采取措施,推动国内不同力量之间的组合,达到预期的目的。

二是国内层面的政治制度、批准程序、国家力量和自主性等。相对来说,一个专制或独裁的政府,国内政治对对外政策的影响和限制总体上是有限的,领导人决策的余地很大,不管是任何谈判或对外政策,决策者的国内"胜集"相对都很大。相对而言,一个民主政府,在任何对外政策问题上面临的"胜集"要小得多。在民主的国家,决策者在对外谈判或对外政策上的"胜集"大小取决于相关国家的政治制度。如果宪法规定国际协议需要得到议会简单多数的支持,那么国际协议获得通过的可能性就很大;如果是需要国会三分之二多数的通过,那么决策者"胜集"就要小得多。

对于一个内阁制的政府来说,"胜集"在很大程度上取决于执政党的纪律。如果议会投票是按照党团原则进行的,所有执政党的党员都要自动支持执政党政府达成的协议,那么国内"胜集"就相当大,执政党达成的国际协议获得国会通过的机会就很大。如果党的纪律是松散的,党员可以随意投票,那么执政党达成的协议就不一定能得到国会的支持。

"双层博弈"与中美三个联合公报

在处理中美关系过程中,美国政府一方面表示要根据中美之间达成的三个联合公报发展对华关系,另一方面又强调要按照《与台湾关系法》发展与中国台湾的关系。美国这种"双轨"政策是制约中美关系的障碍。这个政策的框架可以从美国政府在国际上与中国政府谈判、在国内和国会谈判或者受国内政治限制的双层博弈中找到解释。

新中国成立后,美国执行对华敌视政策,到尼克松政府时期开始改变。为了应对苏联的攻势,改变美国在越南战争中的被动局面,尼克松打开对华关系的大门,1972年访问中国。经过与中国领导人的谈判,达成了指导中美关系的《上海公报》。美国在公报中表示"认识到海峡两岸的所有中国人都认为只有一个中国",但没有承认中华人民共和国是唯一合法政府。尼克松明确表示由于国内政治困难,不能马上抛弃台湾。这的确反映了尼克松在国内层面所面临的困难,因为在美国国内存在着相当有影响力的反华亲台势力,尼克松政府在与中国的接触和谈判中不得不谨小慎微,以避免对华政策在国内给他造成政治困难。尼克松表示希望在他的第二任期内解决中美关系正常化的问题。因出现了"水门事件",尼克松辞去总统,没能在第二任期内实现他的对华政策承诺。

中美建交前夕,美国国内一些亲台议员意识到美国将改变对中国台湾地区的政策,在《1978年国际安全援助法》中加入了一款修正案,规定:"对于任何会影响到(美台)《共同防御条约》长期有效性的政策改变均需由参议院和行政部门先行磋商。"为了摆脱国内政治对中美建交谈判的掣肘,卡特政府不得不在极其保密的情况下与中国政府开展建交谈判，达成了建交公报。中美建交公报一公布，亲台的戈德华特（Barry Goldwater）参议员就纠集14名议员向法院诉讼，控告卡特总统终止美台《共同防御条约》违背美国宪法。经过两次上诉，最高法院法官以此案的实质是"政治性的"，"不宜以法律手段解决"为由，使卡特取得了成功，维持了中美建交的成果。但是，卡特政府接受中方提出的美国必须与台湾"断交""废约""撤军"的条件，实现与中美关系正常化的决定还是遭到了国会的批评。国会的众参两院分别以339票对50票和85票比4票通过了《与台湾关系法》，迫使卡特必须签署，规定了美国对台湾的基本政策和法律框架。中美《建交公报》是美国政府与中国政府之间谈判的结果，而《与台湾关系法》则是美国行政部门与国会博弈的结果。

里根上台后试图向台湾地区出售先进战斗机，引发中美建交后双边关系的危机。受国际格局的影响，里根政府在与中国政府的谈判中不得不做出妥协，达成《八一七公报》，承诺美国对"台湾出售的武器在性能与数量上将不超过中美建交后近几年来供应的水平。它准备逐步减少对台湾的武器出售，并经过一段时间导致最后的解决"。但是，面对国内亲台势力的压力，美国国务院表示，"最终解决不一定是最终停止向台湾出售武器，而是台湾问题最终通过海峡两岸人民同意的方式得到了和平解决，那么美国向台湾地区出售武器问题也就自然解决了"。同样在国会的压力下，里根政府向台湾做出五项承诺，保证向台湾出售武器的政策不会改变，并同意延长美台联合战斗机生产线。

中美之间的三个公报，是双方经过艰苦谈判达成的协议，是国际层次的协议，具有法律效力，是中美关系平稳发展的政治基础。但是，三个公报都无两国领导人签署，而仅仅是"达成"或"宣布"。这与差不多同时期中日之间签署的《建交公报》和《中日和平友好条约》形成鲜明的对比。原因在于，在日本国内存在着支持中日建交和发展友好关系的强大力量。美国国内虽然支持中美建交和发展友好关系，但也存在着支持台湾的强大力量。采取公报而不是协议或条约的形式确立中美关系的原则，让美国行政当局绕开国会批准程序,避免了政府在国内层次博弈中遇到尴尬。

以美国国会为代表的国内政治压力,限制美国政府在国际层次的博弈中的回旋余地,阻止行政部门向中国政府做出的承诺。更重要的是,在面对国会质询的国内层次博弈中,行政部门在中美建交协议达成后被迫签署《与台湾关系法》,在《八一七公报》达成后做出对台湾的军售承诺,这些都是国内层次博弈的结果。

当然,很难说美国行政当局在对华政策和台湾问题上与国会存在根本的分歧。行政和国会在相关问题上可能的确存在分歧,更大的可能是行政部门以国内政治为借口,在对华政策上扮演黑脸和红脸的角色,更好地服务美国长远利益。美国政府在一些关键时候,或以国内法律的形式通过议案,或对公报的内容做出含糊的解释,甚至违背公报精神,向台湾地区出售武器等。有些是迫于国内压力,不得已的非自愿违约;但更多的情况是在自愿违约后,以国内政治为借口给人以非自愿违约的印象。在实践中,自愿违约与非自愿违约并不容易区别。

三是国际层次谈判者的谈判策略。每一个处在国际层次上的谈判者都希望和非常明确地力图最大限度地增大对手在国内的"胜集",以便对方在谈判中能够做出更大的让步,以有助于实现自己的政策目标。但是,对于自己的"胜集"来说,谈判者的动机则是相当复杂的。因为他的"胜集"越大,达成的协议获得国内通过的可能性就越大。但是,"胜集"越大,也意味着与对手讨价还价的地位就越弱,从而造成策略方面的困境。因此在国际谈判中会经常看到美国的谈判代表,将美国国会不可能通过谈判的结果作为谈判杠杆,要求对方做出更大让步。相对而言,国内"胜集"大的国家的谈判代表则没有类似的谈判杠杆。

此外,为了推动协议得到国内的批准,谈判者常常通过在国内政治中做出承诺,通过"边际支付"(side-payment),改变国内政治中的力量分配和公众喜好,扩大他的"胜集"。如1978年,卡特政府向一些参议员承诺,联邦政府在他们的州投资建设一些公共设施项目,来换取这些议员支持国会批准《巴拿马运河条约》。这是一些谈判者在国内经常使用的策略。

参与谈判的领导人的权威和决策者的策略一样重要。这是首脑外交越来越活跃的主要原因之一。国家元首或政府首脑亲自参与的国际谈判或做出的重要承诺,在国内获得支持的可能性更大,第二个层次的"胜集"就大。如果是一个低级别的领导人参与国际谈判所达成协议,或做出的对外政策承诺,在国内缺乏权威,面临的反对意见就大很多。因此,在国际层次的谈判中,决策者的策略和立场,既取决于领导人的谈判策略,也取决于领导人在国内的政治地位和权威。

在程式化的双层博弈模式里,首席谈判代表是第一层次与第二层次之间的唯一正式联结。如果参与国际谈判者只是一个诚实的"掮客"(broker),完全按照人民的意志和利益采取行动,国际关系将会和平得多。但是,首席谈判代表作为对外政策的制定者,是政治家,有自己的政治利益。个人的政治利益影响他们对国家利益的解读和看法。领导人的利益并不一定与人民的利益完全一致,他们的一些看法也不一定与大多数人的看法相一致,导致了一种国际关系中比较普遍的状况,即"A 国人们是爱好和平的人民","B 国人民也是爱好和平的人民",但是 A、B 两个国家却长期不能友好相处。

在现实的国际谈判中,首席谈判代表的利益和政策倾向可能会影响具体的谈判策略。从国内政治的角度考虑,领导人参与国际谈判或制定对外政策的目的包括以下方面。

第一,通过国际谈判达成协议,增加政治资本,巩固自己在国内政治中的地位,或减少在国内政治中的潜在损失。例如,政府首脑如果达成一项协议,他可以为自己脸上贴金,也可以预测到协议的成果将会使他在政治上得到报偿,这样的协议一定是决策者极力推动的。如果一项政策对多数人是有利的,但结果会威胁到领导人的地位,甚至政权的合法性,执政者是绝不会达成这样的协议的。

第二,要改变国内政治层次中的均势,通过与外部达成的协议,对外做出承诺,借助外部力量,推动政治家在国内的政治议程,或推动国内政治朝自己希望的方向发展。比如 1974 年和 1978 年，意大利的保守派政府为了克服国内阻力，推动国内经济体制改革，与国际货币基金组织达成协议，借助外部压力实行自己所喜欢的政策。中国政府通过加入 WTO，做出了一系列的改革承诺，在某种意义上也进一步推动了国内的经济体制改革。这一策略更多属于国际化对国内政治的影响。

第三，作为政治家的对外政策决策者，有着自己的政治抱负和理想，也可能希望通过达成国际协议来实施他自己的关于国家利益和国际秩序的构想，如卡特推动《巴拿马运河条约》获得批准，威尔逊在第一次世界大战后的巴黎和会上坚持将《国联盟约》作为《凡尔赛和约》的核心，并坚持美国国会必须无条件通过这个和约等，都属于这种现象。

"双层博弈"理论是联系内政和对外政策的一个重要思路，被广泛应用于对外政策的研究中，在实践中不断得到丰富和完善。比如随着欧盟的发展，欧盟越来越多地以一个独立的国际行为体的身份在国际上参与谈判，做出承诺，执行单一的对外政策。欧盟在与其他国家或国际行为体谈判达成协议的时候，不仅需要得到欧盟议会的批准和同意，也需要得到欧盟成员国的批准和同意。而且随着全球化的发展，内政与外交联系的加强，许多国家所面临的问题是，一项国际协议或者一个重要的对外政策承诺，不仅仅需要国会的批准，而且需要得到在该项协议或政策上的利益攸关方的批准和同意。这种被称为"三层博弈"的现象表明，内政与外交联系的程度在加深，相互之间的关系也在变得更加复杂。

其实，"双层博弈"主要是用于分析国际谈判与国内政治之间的联系，它的基本思路完全可以用于研究国内政治和一般对外政策的关系。不管代表国家的谈判者是国家首脑还是其他领导人，一般的协议都必须经过本国相应政治程序的批准。如果领导人要执行一项在国内政治中有影响的对外政策，也需要得到国会的批准或国内支持，否则就可能面临着国会不予以拨款、政策得不到落实、承诺得不到兑现的结局。这也是本章在阐述"双层博弈"的时候并没有局限于帕特南原著中的国际谈判，而是把一般的对外政策和对外承诺都包括在"双层博弈"的框架之内的原因。

第四节　国内政治影响对外政策的逻辑

如果国家是一个阶级压迫另一个阶级的工具,那么压迫阶级对被压迫阶级进行专政就必须有一定的理论和法理依据;如果说国家是一个中立的场所,那么执政者或以人民的名义或代表人民制定政策的政府,能够获得人民支持也需要一定的依据。这个依据被笼统地称为执政者进行专政或领导的合法性问题。这是理解国内政治的基础,也是从个人层次、政府层次和国家层次理解包括对外政策在内的一切政策的基础。

在中世纪,合法性被定义为与上帝意志相符合,即世俗的权力只有得到代表神圣权力的罗马天主教会的同意才合法,而天主教会的神圣权力则是上帝赋予的。在中国,自秦始皇在公元前221年统一中国以后,中国皇帝的统治依据是,皇帝是代表"天意"的"天子"。在此后,一个朝代腐败衰落后,那些揭竿而起的农民起义领导者在推翻前一个王朝的时候,总是以自己一方能更好地代表天意,很容易得到百姓的认可。这种朝代的更替是近代以前中国政治生态的主要形态,国内政策的合法性与外部世界没有太大关系。

国家产生初期,国与国之间联系有限。国内政治与对外政策联系非常弱,对外政策在国家政治中不具有重要的地位。中西方对于合法性认识的共同特点都是从国内政治视角体现的。国内权威的衰落可能导致国家面临外部危机的增加乃至最终国家的灭亡。对外政策依附于国内政治,国际合法性不是一个主要的考虑因素,外交的作用非常有限。

启蒙运动时期,卢梭提出了政府的合法性是建立在"公意"基础上的,只有"公意"才能决定由谁来统治。马克斯·韦伯在梳理不同社会形态发展历史的基础上,提出了合法性的三种来源,即传统的合法性、魅力性合法性和法理合法性。这些对合法性的界定仍然主要是从国内角度考虑的。影响合法性的要素包括:一个政权或制度的施政能力、由公众在政治生活中的标准所决定的公众对政治权威的感情,以及支撑自己正确或合法的意识形态等。它们在某种程度上都会影响一个政权的合法性。但国际规范的变迁越来越成为影响一个国家和政府是否合法的重要因素。

自第一次世界大战以后民族自决概念被提出,到第二次世界大战后民族解放运动的兴起和更多民族国家的产生,国际社会形成了一套关于国家要素、国家行为和国家间关系的普遍规范。对国家内外政策提出了相对比较普遍的要求,促进了内政与外交关系的变化,也使国内合法性与国际合法性密切地联系在一起。

在当今社会,一个政权不仅面临国内合法性问题,还面临国际合法性问题。国内的合法性取决于政权或统治者是否能够得到人们的支持,或能够对属地的人们进行有效的统治和管理。国际的合法性则表现为一个政权是否能够得到国际社会其他成员自愿认同、承认和接受。在一个新国家或政权产生以后,如果多数国家或国际社会依据一定的标准不认同该国的政治权力,不与之建交也就使其国际合法性遭到质疑,自然也影响这个国家或政权的国内合法性,它的对外政策和对外关系都会受到影响。

在现代国际关系体系中,赢得国际社会的承认,是一切新国家或新政权对外政策的首要任务。一个国家或政府没有得到大多数国家的承认,没有与国际社会大多数成员建立外交关系,并不意味着它就没有对外政策。但国家或政权之间外交关系的建立,是外交关系得以展开的前提条件。一个国家获得国内统治地位后的首要对外政策,是获得国际社会大多数,特别是主要国际行为体的承认,也就是获得国际合法性。

新中国成立以后明确规定,"凡与国民党反动派断绝关系,并对中华人民共和国采取友好态度的外国政府,中华人民共和国中央人民政府可在平等、互利及互相尊重领土主权的基础上,与之谈判、建立外交关系"。这个被称为国际法上创新的"谈判建交"原则的前提条件,旨在确保与新中国建交的国家,必须承认中华人民共和国政府是中国的唯一合法政府。对"谈判"过程的坚持,则是为了保证这个原则的实施。美国不承认这一原则,中美之间就不可能建立外交关系。直到1979年1月1日,中美双方达成协议,美国政府承认中华人民共和国政府为唯一合法政府,双方才实现了"外交关系正常化"。

对外政策与国内政治的密切联系体现在,有不同的国内政体就会有不同的对外政策。一个国家采取什么样的国内政治制度,不仅决定这个国家的国内政策,也决定这个国家或政府的对外政策。基于同样的原因,一个国家或政权采取什么样的政治制度,也影响其他国家对这个国家或政府的政策。是否承认新建立的国家或新成立的政权,也是其他国家对这个新政体首要的对外政策。

在外交实践中,存在着"后承认"或"先承认"之说。所谓"后承认"是指国家建立或政权成立后相当一段时间得不到另外一些国家承认的情形。如苏维埃政权于1918年成立,美国直到1933年才予以承认。1960年古巴革命后,作为近邻的美国政府长期不承认古巴政府,至今美国仍然不承认伊朗、朝鲜等国家。这些都是美国政府重要的对外政策。

另外一种情况是,有的国家尚未事实上建立就得到承认。如巴勒斯坦国在1988年宣布成立后,虽然没有首都,领土也不确定,却得到了包括中国在内的不少国家的承认;科索沃宣布独立后,立即得到西方一些国家的外交承认。还有一些国家政权是在外部力量扶植下建立的,甚至只有在外部力量的支持下才能生存,如阿富汗和伊拉克现政权等。这些国家政权是由扶植和支持它们的国家的意志所决定的,对外政策在很大程度上受到扶植国本国政权的影响。

在冷战时期,美苏对峙不仅是战略利益的对峙,更是两种社会制度、两种意识形态的对峙。争取更多的国家采取类似自己国家的政治制度成为美苏对相关国家政策的主要考虑。第二次世界大战结束后,一些国家出现两个政权,分别得到东西方不同国家的承认,是这一时期国际关系的普遍现象。如中国和苏联对越南和朝鲜的支持和承认,美国和西方国家对南越和韩国的支持和承认等。苏联在认识到捷克斯洛伐克进行改革可能威胁其国内政治制度的时候,不惜直接出兵侵占了这个国家。对于这些国家来说,与美苏超级大国搞好关系或争取它们的承认,是它们最为重要的对外政策考虑。随着冷战的结束、东西方对峙的削弱,不同国家在类似问题上仍然存在着分歧,也就出现了类似巴勒斯坦国和前南斯拉夫的科索沃被不同国家承认的状况。

国内政权性质与执政者的国际合法性,是研究和理解国内政治与对外关系及其联系的一个视角。类似的事例在非洲更为显著。从20世纪50年代到21世纪初,非洲大大小小的政变有近百次。本来得到一个超级大国支持的国家,一旦发生了政变,通过政变上台的政权往往会得到另一超级大国的支持。随着东西对峙的减弱,在国际承认问题上的国际共识在增加,曾经遭受政变之苦的非洲国家,对政变危害性的认识日益成为共识,对政变不再默许纵容,非洲国家发生政变的次数也在逐步减少。

例如,2012年3月,西非国家马里发生军事政变。随后政变军人宣布,总统杜尔政权已被终结。这次政变遭到联合国安理会、非盟、西非国家经济共同体、欧盟、美国、法国等强烈谴责。非盟宣布暂停马里成员国资格,美国威胁或将取消高达一亿美元的援助,西非国家经济共同体表示绝不会承认政变上台的马里政权,联合国秘书长通过其发言人发表声明,强烈谴责政变,呼吁该国立即恢复宪治。欧盟"强烈谴责军方接管权力、中止宪法",要求马里尽快恢复宪法秩序,确保马里民众的安全和自由。政变军人集团在政治党派联合抵制政变的局面下变得越来越孤立,政变军人想要执政变得愈发艰难,最终只能交出权力。

科特迪瓦总统大选结果由国际社会做出决定

2010年11月,科特迪瓦举行总统大选。时任总统洛朗·巴博和反对派领导人阿拉萨纳·瓦塔拉都宣布在大选中获胜。2010年12月,科特迪瓦独立选举委员会宣布,瓦塔拉以54.1%的得票率获胜。1天后,科特迪瓦宪法委员会宣布巴博赢得选举。随后双方都宣誓就职总统。科特迪瓦随即陷入内战。支持瓦塔拉的武装于2011年3月30日占领科特迪瓦政治首都亚穆苏克罗。

联合国、非盟、欧盟等国际组织表示承认瓦塔拉当选总统,纷纷对巴博拒绝下台表示谴责。2011年3月4日,美国国务卿希拉里发表声明,强烈要求巴博立即下台。3月23日,尼日利亚总统乔纳森在首都阿布贾出席西非国家经济共同体第39次峰会时敦促联合国采取更加果断的行动以结束科特迪瓦政治危机。2011年3月31日,联合国安全理事会15个理事国一致通过1975号决议,"强烈谴责科特迪瓦暴力升级",敦促科特迪瓦各政治团体"尊重民众意愿和选举结果",决议要求巴博"立即下台"。4月11日,前总统巴博当天在其位于经济首都阿比让的官邸中被捕。

科特迪瓦大选后形势的发展和结果表明,当今形成的一些国际规范,已经越来越多地运用于国内政治中。一个国家政权或领导人在国内合法地位的获得需要得到国际社会的认可和承认,否则这种国内合法性就缺乏国际基础。

主权国家是国际关系的主要行为体,国家对外政策的目的是维护国家利益。国家利益是多元的,对于这些利益的分配方式是国内政治的重要议题。对外政策可能永远不能满足所有人的利益,对外政策的制定就是在涉外问题上对国内不同阶级或集团利益的分配,国内政治中对一项对外政策的支持度就是该项政策本身的合法性,一定程度上也影响制定和执行这项政策的政府的合法性。满足更多人利益的对外政策就会得到更多人的支持,反之亦然。好的对外政策或对外政策的成功可以增加决策者在国内的政治地位;相反,不好的对外政策或对外政策的失败则可以影响乃至削弱决策者在国内的政治地位。如美国总统卡特采取武力解救美国人质政策的失败,在很大程度上导致了他在大选中的失败。从这些角度考察对外政策,至少可以梳理出国内政治与对外政策之间的如下逻辑。

第一,国内政治优先。在国内政治和对外政策的关系中,国内政治处于主导地位,对外政策处于从属地位。国内政治的首要目的是巩固执政者的合法性,对外政策首先要服务于国内政治的这一大局。当国内和国外之间的关系出现矛盾或冲突的时候,国内政治大局永远是首先考虑的。这是一项亘古不变的道理。春秋时期,面对外部戎狄侵扰,内部王室衰微、诸侯相争,春秋五霸之第一霸齐桓公就提出"尊王攘夷"的口号,先"安内"以"尊王","尊王"后才能"攘夷"。宋朝宰相赵普在给宋太宗的折子中说:"中国既安,群夷自服。是故夫欲攘外者,必先安内。"

新中国成立前夕,毛泽东在接见苏共代表米高扬时说,"我们这个国家,如果形象地把它比作一个家庭来讲,它的屋内太脏了。解放后,我们必须认真清理我们的屋子,等屋内打扫清洁、干净,有了秩序,陈设好了,再请客人进来。我们的真朋友可以早点进屋子来,也可以帮助我们做点清理工作,但别的客人得等一等,暂时还不能让他们进门。"后来周恩来总理将这项政策概括为"打扫干净屋子再请客"。① 冷战结束后,美国对外关系委员会主席理查德·哈斯(Richard Hass)撰写的名为《对外政策始于国内:办好美国国内的事》一书强调,"对美国的安全和繁荣的威胁不是源自国外,而是源自国内","要想有一个有效的对外政策,美国必须处理好国内问题",也就是必须"打扫干净屋子"才能有效开展对外政策。②

第二,对外政策服务和服从于国内政治。这是国内政治优先的另一个表现形式。从国内政治的角度考察和分析对外政策就可以理解,如果一项政策在国内可能产生非常不利的政治后果,不管这项政策在外部看来多么符合逻辑,也不能成为执政者的一项对外政策。相反,从国际环境看很不可思议的政策,往往有强大的国内政治逻辑。例如2007年,伊朗总统内贾德在联合国大会上指出,对犹太人的"大屠杀"是捏造出来的"神话",并建议将以色列迁到德国或阿拉斯加。他的上述言论让世界震惊。内贾德这样说并不是他不了解国际社会对犹太大屠杀的观点,也不是因为他有意想激怒国际社会,也不是一种偶然行为,而是内贾德为提升自己在国内的名

---

① 中共中央文献研究室编:《周恩来外交文选》,北京:中央文献出版社1990年版,第48页。
② Richard Hass, *Foreign Policy Begins at Home: The Case for Putting America's House in Order*, New York: Basic Books, 2013, pp. 1, 5.

望,"经过深思熟虑想出来的"。这些话虽然是他在国际场合说的,但他主要是想说给伊朗国内公众听,只有这样极端的话在伊朗国内才受欢迎,才能巩固自己的执政地位。

从决策者与民众之间关系的角度分析和理解国家对外行为,是解释战争行为的转移战争(diversionary war)理论,是一个从国内政治角度分析对外政策比较广泛关注的视角。① 建立在内团体与外团体关系实证研究基础上的这种视角的基本思路是,在面临严重国内不稳定现象的时候,如政权的基本制度和观念面临挑战、领导人在国内政策上的能力受到质疑、经济不景气、失业率持续攀升等情况,人们就会考虑是否是因为领导人能力不足、是否需要换一个领导人或改变政权手段来结束国内危机。在这种情况下,领导人会通过挑起或介入一场对外政策危机的策略来改善公众对其能力的认识,在短期内产生一种爱国情绪,转移人们的视线,将国内冲突转移到具有民族主义吸引力的对外冲突上,在国内舆论中树立一个外部敌人,将公众的注意力转移到反对这个外部敌人之上。

与转移战争理论相反,转移和平理论认为,国内危机导致的不是对外战争或挑起危机,而是和平与妥协,让原本不可解决的问题得到解决。一些国家在面临内部危机或问题的时候,为了应对危机而对外转移矛盾,挑起转移矛盾的战争;也有国家因为国内发生了危机,限制了决策者对外政策的余地,特别是在国家面临国内冲突或不稳定,威胁到国家领导人的执政地位或社会政治制度,领导人考虑更多的是维护自己政权的稳定,集中精力处理国内冲突,实现国内的稳定。在一些原本不会对外做出妥协的问题上做出妥协和让步。② 这种理论与国家能力限制国家对外行为的思路是一样的,但转移和平理论不认为这种限制是天然和机械的,而是经过领导人的政策选择而实现的,在这个过程中领导人的国内政策策略会影响到

---

① Ross A. Miller, "Domestic Structures and the Diversionary Use of Force," *American Journal of Political Science*, Vol. 39, No. 3, August 1995, pp. 760-785; Alastair Smith, "Diversionary Foreign Policy in Democratic Systems," *International Studies Quarterly*, Vol. 40, No. 1, March 1996, pp. 133-153.

② M. Taylor Fravel, "Regime Insecurity and International Cooperation: Explaining China's Compromises in Territorial Disputes," *International Security*, Vol. 30, No. 2, Fall 2005, pp. 46-83.

国家的对外政策。

第三,对外政策是内政的延续,有什么样的国内政策,就会有什么样的对外政策。第一次世界大战后,列宁提出帝国主义是资本主义的最高阶段,帝国主义就意味着战争。同一个时期,美国总统威尔逊则提出后来被称为"民主和平论"的思想,认为只有国内建立民主政府,国家才能追求和平的对外政策。不同的政权性质影响甚至决定一个国家或政权的对外政策。即使在今天国际热点问题的解决过程中,不管是津巴布韦、缅甸,还是叙利亚和乌克兰等问题,除了地缘政治的因素之外,政治制度的差异是解释不同国家对这些国家的政策或在联合国讨论涉及这些国家议题时所持政策差异性的主要原因之一。

恩格斯曾指出:"任何一个民族当它还在压迫别的民族时,不能成为自由的民族。"[1]历史经验也告诉我们,一个国家与世界的关系处于一种什么样的状态,从根本上说不是国际环境决定的,而是由这个国家的内部政治决定的,决策者所选择的国际战略、所执行的对外政策只是它们国内政策的一个方面。两次世界大战前夕的德国以及第二次世界大战前的日本走向战争的过程,也是外交在两国政治中地位下降的过程,伴随其国内政治中外交式微和军队主导国家战略的,是人民政治生活受到限制,民主原则遭到破坏,舆论自由遭到践踏。不管是萨达姆时期的伊拉克,还是执行先军政治的朝鲜所面临的国际环境,无不是其国内政策的逻辑结果。

即使在同一个国家,不同的国内政策也可以导致不同的对外政策。如新中国成立后,按照苏联模式建设社会主义,执行了倒向社会主义阵营的"一边倒"的政策。在新中国成立后的前三十年,中国国内强调阶级斗争、无产阶级专政,对外则支持民族解放运动,执行了一条被称为"革命"外交的对外政策路线。随着改革开放以后中国国内工作重心转移到社会主义现代化建设,中国裁减军人100万,减少军费开支;在对外政策上,中国外交的任务也转变为"为国内经济建设创造一个良好的国际和周边环境",

---

[1] 恩格斯:《论波兰》,《马克思恩格斯全集》第4卷,北京:人民出版社1958年版,第410页。

在和平共处五项原则的基础上发展全方位的外交关系,改善了与大多数国家的关系,开始了融入国际社会的过程。中国的国际环境,特别是周边环境得到很大改善,中国外交在世界上取得了巨大成就。

第四,国内政治环境或国内政治考虑限制国家对外政策的选择范围。对外政策的决策者同时也是国家的领导人总是受到国内外很多人的关注和限制,不仅受到国内政治体制的限制,也面临来自国内公众的限制。他们在制定对外政策的时候受到国内不同声音的限制。"国内观众成本"(domestic audience costs)是研究国内公众限制与对外政策关系的一个重要思路。①

在现代媒体的广泛关注下,领导人做出的对外政策选择,会暴露在公众的视野下,任何行动都会产生国内政治后果和影响:一项成功的对外政策或顺利得到化解的危机,会给决策者赢得信誉和面子,巩固政策制定者的政治地位,增加决策者在国内的政治资本;一旦政策失败,就给国内的政治反对派提供了机会,可以成为反对派批评执政者的理由和借口,不仅会伤害政治领导人的信誉和地位,甚至反对派会以此动员公众推翻政府,决策者就需要付出代价,也就是所谓的"国内观众成本"。

多数对外政策,特别是应对危机的政策,会成为国际国内媒体和公众广泛关注的重大事件,政府的政策选择既会受到国内公众的关注,也会受到国际舆论和国际公众的关注。领导人从影响对外政策结果的角度看,最为重要的是"政治观众"(political audience),即在一定政策上具有利益并希望参与政治过程的人们。国内政治观众包括民众、统治集团内部的竞争者和制衡者、政治体系内的反对党和对手、国会议员、政治官僚和其他利益集团等。国外观众则包括国家在对外政策上,特别是作为国际危机参与者的对手以及没有直接卷入危机的国际盟友,其他国家的公众等。根据国内政治优先的原则,决策者首先需要考虑的是国内观众成本,其次也要考虑

---

① James D. Fearon, "Domestic Political Audiences and The Escalation of International Disputes," *American Political Science Review*, Vol. 88, No. 3, September 1994, pp. 577-592.

国际观众成本。

国内观众成本的大小受不同国家的社会文化习俗影响,也受到国家政治制度的影响。具体来说,国内观众的数量、素质,国内媒体的多元化程度以及媒体的地位、媒体报道的方式、报道的数量和影响等,都会影响国内观众成本。相对而言,民主国家所面临的国内观众成本要大。非民主国家的对外政策因为受到国内限制小,决策时所面临的国内观众成本也就小。国内观众成本越高,则集体行动导致政府决策改变的概率就越大,国家所发出的武力威胁信号更具有可信性。

在20世纪60年代的中印边界谈判过程中,印度总理尼赫鲁为了获得国内的支持,不断在印度议会和国内的演讲中强硬表示中印没有领土争议,承诺不会对中国做出任何妥协让步。等他到了与中国领导人谈判的时候,印度方面没有任何回旋的余地,对于中国政府提出的合情合理的要求不予接受,表现出一种生硬和僵化的态度,使双方失去了很好解决领土争议的机会。冷战结束后,双方组成的边界磋商小组已经进行了20多轮的谈判,至今仍然没有取得任何进展。为应对国际谈判发表的政策主张均为两国国内公众所熟知,国内观众成本已经成为限制两国在边界问题上做出任何妥协的因素。

传统上,国内观众成本往往被看作是民主制度虚弱和不足以信赖的根源,而不是力量根源。但是,近年来的研究表明,在国际谈判或应对国际危机的过程中,民主制度可能是力量的源泉。因为在民主国家,国内观众成本使领导人采取一种清楚的立场。如果领导人从这一立场上妥协或后退,最终会导致领导人下台。考虑到做出一项承诺后再违背该项承诺的高昂代价,民主国家的领导人一旦发出信息,就应该明白无误,且可靠。因此,与非民主国家的领导人相比,民主国家领导人在传达对外政策的信息的时候,在制度上处于一种更加可信和有利的地位。观众成本理论是理性主义传统的一种延伸,是理解国内政治与对外政策关系的一把钥匙。

全球化深入发展的今天,越来越多的对外政策需要从国内政治需求上来寻找其合乎逻辑的根源。如当前的亚太地区国际关系非常复杂,虽然国际力量对比的变化是影响亚太国际关系格局以及一些双边关系的重要因素,但更多的学者认识到,如果不理解亚太国家的国内政治形势,就无从理解亚太地区的热点问题。

第五,影响一个国家对外政策的外部因素,需要通过内部因素才能发挥作用。辩证唯物主义关于内因和外因关系的理论认为,事物的发展是内因和外因共同起作用的结果。就两者的关系看,内因是事物发展的源泉,是事物发展的根据,是事物发展的根本原因,决定着事物的性质和发展方向。事物发展变化的外部原因,是事物存在和发展的必要条件,外因通过内因起作用。内因和外因之间互相联系、互相作用、互相转化,外因通过影响事物的内部矛盾关系进而加速或延缓事物的发展。

近年来兴起的新古典现实主义强调体系要素和单元要素的共同作用,并以连贯的因果链条将两种要素串联起来,在分析国家对外政策的时候将体系要素作为自变量,单元要素作为中介变量。体系要素塑造和推动国家行为,而单元要素对体系指令的传导会加强或削弱体系效应,使国家行为既可能偏离体系层次发出的指令,也可能对体系层次发出的指令过度反应。[①] 换句话说,国际体系可能限制一个国家的大战略,但是这个战略的选择和实施则取决于国内的决策过程,包括决策者对威胁和风险的评估(认知过程)、决策机构的选择(政府政治)和国内资源的调动(国内政治)等。新古典现实主义虽然也重视国内政治和个人层次的作用,但因为这种理论仍然强调体系层次作为自变量,而把国内政治看作中介变量,从理论归属上仍然属于现实主义理论范畴。

第五节　国内政治策略与对外政策

从国内政治的角度分析对外政策强调的是,政府对外政策的制定并不

[①] 陈志瑞、刘丰主编:《国际体系与国内政治:新古典现实主义的探索》,北京:北京大学出版社2015年版,第3页。

必然将国家利益或国家生存放在优先考虑的位置,而在很大程度上是内部的政治过程主导的结果。"双层博弈"探讨了内政与对外政策之间的相互联系,但它并没有解释国内政治如何影响或制约对外政策。其他有关国内政治与对外政策关系逻辑的研究关注的是国内政治可能对对外政策结果的影响,但是并没有解释这种影响是通过什么渠道、以什么样的方式产生的,影响的结果幅度和程度又是如何的。黑根(Joe Hagan)针对不同的国内政治状况,提出执政者在国内政治中都有两个考虑:一是建立能够支持一项政策的联盟;二是要保证执政者的权力。为了实现这两个目的,决策者在不同的条件下会采取不同的国内政治策略,进而会对对外政策的结果产生不同的影响,揭示了国内政治策略影响对外政策的方式和程度。①

作为政治领导人的对外政策决策者,在制定一项对外政策的时候,面临的首要政治任务是建立一个支持对外政策的联盟或增加自己的政治资本。这是因为没有一个政府或领导人能掌控一切大权,也没有一个决策部门能够独立地把控决策的过程,无限制地制定和执行对外政策。有些国家的宪法明确确立分权制衡的制度,如美国;有的国家执政者是一个由多党组成的多党联盟,如西方多数议会制国家。即使一党执政的国家,执政的党内总是存在着不同的派别和政策主张,如日本自民党和苏联共产党内部。任何一项政策都需要争得多个不同党派或一个党内多数的支持者的同意。决策者为推行一定的对外政策,就必须建立一个支持该项政策的联盟,也就是要得到多个党派、利益集团或分权的政府不同部门的支持。

如果一项对外政策不能得到国内主要政治力量的支持,或者在一项政策上出现比较严重的国内分歧,不能形成一个支持该政策的联盟,那么这种分歧不仅可能影响这一政策的实施,甚至有可能危及决策者的统治地位。决策者就会通过操纵或改变对外政策,保证自己不会因为这项政策而

---

① Joe D. Hagan, "Domestic Political Explanations in the Analysis of Foreign Policy," in *Second-Generation Foreign Policy Analysis, Continuity and Change*, pp. 122-125; Belle Van Belle, "Domestic Imperatives and Rational Model of Foreign Policy Decision Making," in David Skidmore and Valerie Hudson, eds., *The Limits of State Autonomy: Societal Groups and Foreign Policy Formulation*, Boulder, CO: Westview Press, 1993, pp. 151-183.

遭到反对派的反对,或让一项对外政策危及自己的执政地位。

在两种情况下保持权力会成为对外政策决策目标:一是在国内政治存在或出现显著的对立,在野政治团体对执政者的反对已超越具体对外政策而直接威胁到政府的统治地位;二是公众对某一项对外政策的疑虑不断增长,以致将这项政策同执政当局的整体可信度相联系。如当一国政府同外国对手处于对立或是对其妥协时,国内公众往往把这种对立或妥协看作是政府即将把国家带向战争边缘,或是在对外事务中过于软弱。

建立支持对外政策的联盟主要是在国内反对力量并不足以威胁决策者执政地位的时候所追求的目标。保持权力的目的则是在国内政治中的反对力量威胁到执政者地位的情况下,决策者必须对政策做出调整,以减轻他们在国内付出的政治代价。在有些条件下两者之间是有区别的,但在另一些条件下两者之间并不容易区分。如在以苏联为代表的一些国家,由于最高领导人的任期并没有明确的规定,任何一项政策的制定过程都与权力继承过程紧密相连的,或者说政策决定过程往往也是争夺或继承最高权力斗争的过程。政策可能成为权力斗争的重要武器,如果实行了有效政策,给国家带来了好的结果,同时也就巩固了自己的地位。相反,如果政策失败,就会导致领导人的革职或下台。而领导人离开要职要么是因为在权力斗争中失败,要么是因为出现了死亡。①

对外政策的决策者在制定政策的时候并非仅仅有这两个目标,而是还有很多其他的目标。但是这些政治目标都介于这两个目标之间。为了实现这两个目标之间的所有政治目标,在面对国内政治中不同类型的压力时,作为对外政策的决策者的国家领导人,在不同性质的对外政策决策过程中所采取的应对方式和策略是不完全一样的。这些方式和策略对对外政策的结果的影响也完全不同。这些策略包括和解、煽动、压制或隔绝。这些策略可能是同时采取的,也可能是先后采取的。不同的策略对政策结果的影响有所不同。

---

① Zbigniew Brzezinski and Samuel P. Huntington, *Political Power: USA/USSR*, New York: The Viking Press, 1975, pp. 191-193.

第一种策略是和解或妥协。即领导人在制定特定对外政策的时候,面临国内的反对意见或不同的要求时做出回应,通过与反对派谈判,讨价还价达成妥协,避免争议扩大,造成政府分裂。这种方式在建立支持对外政策联盟的情况下,表现为与掌握政策批准权或政策的落实需要他们支持和配合的政治力量达成妥协。当反对力量威胁到统治者的地位时,和解策略主要表现为避免采取可能产生国内争议的行动。

无论是何种情况,和解策略对于对外政策决策的影响是相似的,即会降低对外政策的风险,或减少承诺,或减少对现有对外政策的改变。比如在第一次世界大战以后,美国国会成立的调查委员会经过调查认为,美国参加第一次世界大战是被军火商拖进去的,先后通过多个《中立法》,限制美国政府对欧洲事务的介入。直到第二次世界大战前夕,希望帮助英法的罗斯福总统,面对国会的强烈反对,采取和解政策,不敢做出大的政策调整,直到日本偷袭珍珠港后才参加了第二次世界大战。

第二种策略是煽动和动员。在面临国内反对意见的时候,政策制定者坚持自己的意见和政策主张,一方面遏制反对者的力量,另一方面通过国内动员以获取对政权或政策更多的支持,或至少是减少已有支持者的背叛。领导人在试图保持统治地位时,可以采取的措施包括诉诸民族主义、寻找替罪羊等。

在建立支持对外政策联盟的情形下,领导人更多地通过向国内公众宣传他们的政策或诋毁反对者的方式,教育和动员公众支持己方政策。例如,在美国国会坚持要对《国联盟约》进行修订后才予以批准的情况下,威尔逊总统认为国会的做法不代表美国民意,坚信他的观点更能代表美国人民的想法。为此,威尔逊展开了积极的游说,行程达8000英里,参加了十多次游行,发表了大约40场演说,与数千人握手,希望通过直接向美国人民呼吁来赢得人民的支持,却终因劳累过度,中风病倒,其计划也没有获得国会的通过。

煽动策略对一国对外政策的影响无疑是强有力的。它显示出领导集团在对外政策问题上最为清晰的立场和意图,可能增加统治集团对外政策的风险和承诺。这也是为什么在最为极端的情况下,煽动策略会把一个国家引入到战争之中。如第一次世界大战前夕,奥、匈、德、俄等国政府,在面临国内政治不稳的情况下,企图通过对外发动战争的方式,保持和巩固自己的政权。希特勒在二战前夕的德国展示自己在维持国家安全和国际地位方面的特有能力,都是这种策略的典型。

第三种策略是隔绝或忽视。与上述两种策略不同,领导人对于特定政策上存在的分歧或对立,也可做出让第三者看不到分歧的应对策略。非民主体制下决策过程透明度不高的政府,在政策制定过程中经常采取这种策略。比如,对那些不支持决策者或对政权构成威胁的反对者,或视而不见,或进行打压;或者以政治交易的形式收买反对力量,从而消除反对意见;或者使外部世界无法知晓政府或国内存在分歧和对立。通过隔绝策略处理国内政策分歧,将使统治集团在对外政策上保持原有的主动性而不是改变其政策的风险与承诺。

国内政治制度的结构影响决策者的国内政治策略的选择。执政者必须在一定的政治制度框架下采取行动,按规则办事,以处理国内的分歧。制度是影响不同策略使用状况的最重要的体制特性。民主制度下的领导人更可能用和解的方式同反对者谈判,而非民主制度下的领导人则有更大的权力使用压制和煽动的策略。同样,和解策略更适用于高度制度化的政治体制,而在缺乏制度约束的国家,政治打压和动员的手段则会更多地被使用。

不同的国内策略影响对外政策结果的程度和方式复杂而微妙,不仅受到国内政治体制的影响,而且受到反对力量的性质、位置、强度的影响。所谓反对者的位置,指反对力量与统治集团或决策过程的距离。如政策的反对力量是处于决策核心还是决策外围,是统治集团内部的分歧、国内政治制度下的反对团体或政党,还是群众层面上的反对派?反对派或反对力量位置的不同可能影响政策结果。

反对者的力量则是指反对者所拥有的、阻止政策形成或实施,或是改变政权的政治资源的多少。如是仅仅一小部分人反对还是很多人反对;是一个党反对还是多个党都反对。对于反对力量的界定非常关键,会直接影响决策所选择的国内政治策略。

反对者的强度则是指反对派要求的激烈程度,如他们是反对一项具体的政策,还是反对具体的领导人,还是反对整个政权。国内的政治分歧是在具体政策制定上的分歧,还是对政权统治的对立。这一点有时候往往很难区分,尤其在民主化和制度化很低的国家,在具体政策上的分歧背后往往伴随着对于现行政权复杂的心理感情。

毋庸置疑,领导人必须对最接近决策核心、具有巨大政治资源和政治诉求的反对力量采取行动。如果和解不成,就很有可能采取煽动策略。如果是对于具体政策的反对,那么国内政治更多地表现出低烈度的有限范围的权力斗争,领导人也将具有更多的工具策略选择去解决这一分歧。如果反对的是政权,那么国内政治的斗争将激烈化和扩大化,留给领导人的策略选择将缩小,反对派就有可能更加极端,因为它直接影响到具体策略的选择与施行。

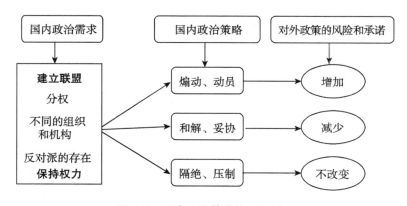

图 4-2　国内政治策略的不同影响

为了建立支持政策的联盟或保持权力,在面临不同的国内政策主张的反对意见的时候,决策者采取三类不同的策略对政策结果的影响也有显著的不同。执政者如果采取妥协策略,就会减少原有对外政策所做出的承诺,从风险程度上看,与原有政策相比,风险会减小。

如果采取动员或煽动的策略,对外政策的承诺将会增加,风险会增加。

对外政策分析

如20世纪60年代初,中共中央对外联络部部长王稼祥提出了"三和一少"的主张,即缓和与苏联、美国和印度的关系,减少对外援助的主张。后来这个建议被指责为"三降一灭",即对修正主义投降、对帝国主义投降、对各国反动派投降,以及扑灭民族解放运动的烈火,遭到了批评。结果中国在三年困难时期的背景下开始了大规模的对外援助。

如果决策者面临反对意见时采取隔离或忽视的策略,那么这种反对意见一般是看不到的,对外政策的结果就不可能受到国内反对意见的影响。

黑根等学者试图寻找一种对外政策决策者在面对国内政治分歧时,所采取的国内策略对该国家对外政策微妙影响的总体框架。决策者面对国内的反对力量可以选择的不同政治策略,在不同的国家的运用程度是不一样的。不同的国内策略在对外政策分析学界所受到的重视也不同。国内政治策略与对外政策之间更直接的关系表现为,国内政治状态导致决策者直接选择某种形式的对外政策。其中转移战争和转移和平,是将国内政治策略与对外政策联系起来的模式,这两种分析框架的观点相反,但逻辑是一致的。

国内政治自身是一个网状结构,对外政策决策既是这一结构中的一环,又是联结此结构同外部结构的纽带。国内政治的复杂性决定了其影响对外政策决策的过程和方式必然也是复杂而微妙的。但是,这个逻辑的核心依然是处理国内政治问题的核心,即如何通过应对反对力量来进行决策过程。围绕这一核心问题,分析各种相关因素,诸如反对力量、决策者、具体对外政策、国家政治制度与权力结构等,将有助于解开这一不规则网状结构,解释国内政治对对外政策决策的微妙影响。

关键概念

国家　国家利益　政治　党派　利益集团　公众舆论　双层博弈　转移战争　转移和平　观众成本

思考题

1. 主要国际关系理论对国家利益的不同理解是什么?
2. 影响国家对外政策的主要要素及其影响机制是什么?
3. 国内政治与对外政策的主要联合和逻辑关系是什么?
4. 如何理解双层博弈理论在对外政策分析中的应用?
5. 如何理解不同国内政治策略与对外政策结果之间的关系?

推荐阅读文献

陈志瑞、刘丰主编:《国际体系与国内政治:新古典现实主义的探索》,北京:北京大学出版社 2015 年版。

James Rosenau, ed., *Domestic Sources of Foreign Policy*, New York: Free Press, 1967.

David Skidmore and Valerie Hudson, eds., *The Limits of State Autonomy: Societal Groups and Foreign Policy Formulation*, Boulder, CO: Westview Press, 1993.

James D. Fearon, "Domestic Political Audiences and The Escalation of International Disputes," *American Political Science Review*, Vol. 88, No. 3, September 1994.

Ross A. Miller, "Domestic Structures and the Diversionary Use of Force," *American Journal of Political Science*, Vol. 39, No. 3, August, 1995.

Robert Putnam, "Diplomacy and Domestic Politics: The Logic of Two-Level Games," *International Organization*, Vol. 42, No. 3. Summer 1988, pp. 427-460.

第五章
国家特性、国家角色与对外政策

人们常说,性格决定命运,要想改变命运,首先要改变性格。个人在社会中的行为方式和扮演的角色是由其性格决定的。国家在国际社会中的行为和在国际舞台上的角色也是由国家的性格决定的。国家性格又称国家特性,决定着国家之间的差异,影响国家在国际社会中的行为。正如人的性格是多方面的一样,国家特性也是多方面的。如果把国家特性进行分类,它包括物质特性,如国家规模的大小、经济和科技发展水平的高低和军事能力的强弱、地缘政治的特点等;精神方面的特性,如民族历史和文化价值观等;政治方面的特性,如政治制度和意识形态等。西方七国集团以及近些年兴起的金砖国家首脑会晤机制表明,具有类似特性的国家更容易聚集到一起,执行类似的政策。

具有整体特征的国家特性,影响国家的身份和认同,塑造领导人对本国在国际社会或国际舞台上的角色认知或他们对本国的身份认同。国家对外政策可以看作是国家身份或国家角色概念的外在表现形式或角色扮演。不同侧面的国家特性和领导人对自己国家的角色观念是影响对外政策的变量。

第一节 国家物质特性与对外政策

从国内政治的角度分析对外政策,探讨的是国内政治不同要素与国家对外政策的关系。强调国家特性的观点认为,国家的不同特质才是影响国家对外政策的重要因素。当今联合国正式成员中有193个主权国家，面积大小不同，发展阶段有异，人口数量有别。根据这些特点，国际体系中的国家可以有多种类型，如霸权国家、超级大国、大国、中等国家、小国等。这种对国家的不同称谓显示了国家之间的差别，是最直观的国家特性。

国家的大小　这一具有整体特点的国家特性一般包括三个方面：一是国家拥有的资源，包括一个国家所拥有的土地面积、矿产资源、人口、地缘要素等。领土面积与可供一个国家利用的资源决定一个国家对外政策的基础和潜力，也是限制一个国家采取对外行动的条件，支撑或限制着这个国家追求国家利益的手段。如果没有这样的基础，一个国家的外交如果不是不可能的话，也将受到很大的限制。

二是将潜在的资源转换为实现对外政策手段的能力或运用这些资源的能力。仅从所拥有的资源角度衡量国家能力是远远不够的。如何运用这些资源的能力是衡量一个国家特性的重要因素。这方面的特性包括国家开发、生产和转换这些资源的能力。简单来说，就是国家的现代化水平，具体指标如国家经济发展水平、人民受教育的水平、科技发展水平、国家的组织能力等。前两个因素共同构成国家的总体能力。

三是国家运用这些资源和能力的倾向、手段和意愿。这方面的特性包括国家的历史传统、文化内涵、社会和民族构成、宗教，以及作为国家代表的领导人的个人特性、倾向、政治制度、政府决策机制和决策过程等。这些因素影响国家如何运用这些资源处理对外关系，开展外交活动。

若就领土的广阔程度看待国家规模及其对国家对外政策的影响，国土面积狭小的国家难以抵挡外来侵略，保卫自己的国家。如第二次世界大战期间欧洲的一些小国，面临德国的入侵没有经过任何抵抗就缴械投降，而中国人民面临日本军国主义的侵略，进行艰苦卓绝的十四年抗战，最终取得了胜利。像日本这样的岛国，领土狭小能够居住的地域有限，人口多集中在位于太平洋沿岸的东京至大阪的地区，产业中心也集中于该中心地域，这样的国家经不起核打击，一次核打击就可摧毁日本的中枢地区，即使装备了核武器也难以形成稳定的抑制力量。相对而言，俄罗斯有广阔的领土,可以把产业中枢部分和人口密集地区扩散到广阔的地域中,若不是极大规模的、真正的核武器攻击,是很难被摧毁的。面对外部的进攻,俄军可以退缩到广袤的腹地,进行持久的战争,无论是拿破仑还是希特勒,在进攻俄罗斯时,都以失败而告终。

面积大的国家一般也拥有更多的资源优势。它们可以依靠自己的资源和实力为国际和地区主导权进行博弈,决定和影响国际力量格局。拥有众多的资源是大国最显著的优势,这些国家在对外政策中会充分利用这种优势,将对外经济关系作为对外政策重点,通过国际贸易发展经济。如能源出口在俄罗斯、沙特阿拉伯等油气资源丰富的国家对外政策中占有重要的地位。面积小的国家一般在资源供给方面依赖海外,难以采取独立自主的对外政策。这样的国家强大时觊觎资源供应国的领土,一般情况下会与尽可能多的国家保持稳定的友好关系。如日本在明治维新强大后为了解决资源短缺问题,发动了对中国的战争,二战以后,日本先是追随美国,20世纪70年代,一直采取所谓的"等距离外交"或"全方位外交"。

只有面积大、人口多而且经济发展水平高、能力强的国家才能成为既大又强的国家。这样的国家在落实对外政策的时候拥有更多的选择,也更倾向于使用军事手段。如美国不仅面积大、资源丰富,而且经济发达,国力强大,在对外政策上动辄使用武力或以武力相威胁。美国有十多艘航空母舰,其中"乔治·华盛顿号"航母排水量10万吨,飞行甲板有3个足球场那么大,不用追加燃料就可以行驶100万英里,仅一艘航母的造价就达35亿美元。此外,一个航空母舰战斗群还有85架战斗机、两艘巡洋舰、四艘驱逐舰以及两艘潜艇,总值加起来达150亿美元,仅每年的运营费就达5亿美元。拥有十多个这样的航母编队的美国可以快速地将军队部署到世界的任何地方,在短时间内将任何一个地方的小国夷为平地。因此,美国是第二次世界大战结束以来在对外政策中使用武力最多的国家。

在仰仗实力、频频使用武力手段作为对外政策工具的另一面,是美国政府对外交手段的忽视。美国不断扩大军事开支的做法与其长期大量拖欠联合国及其附属机构会费的行为形成了鲜明的对比。前联合国秘书长加利在回忆录中说,他在与美国打交道的过程中得出的经验是,"美国不太需要外交,有实力就够了,只有弱国才需要外交",而"在一个帝国强权看来,外交是时间和声望的浪费和软弱的象征"。①

但是,面积大的国家不一定强,大国变成强国有赖于国家经济发展水平。世界上有一些国家领土面积并不小,也拥有相对丰富的资源,但由于经济发展水平低,国家总体能力有限,不能在国际舞台上发挥应有的作用。对于这些大而不强的国家来说,实现国家的经济发展是它们对外政策的主要目标。如近年来在国际舞台上非常活跃的金砖国家,都在经历一个由大变强的过程。

当今国际社会除了少数几个大国和强国外,绝大多数都是小国和弱国。一个资源少、经济贫穷、实力弱小的国家,对外政策选择非常有限,最容易成为无政府状态的国际体系内弱肉强食法则的牺牲品。但是,也有一些小国发掘国内有限资源,寻找到适合自己发展的道路,国内政治有序、经济发展、社会稳定。由于受到资源等方面的限制,它们在对外政策中更多使用外交手段,弥补物质力量之不足,外交会成为它们的立国之本。当今国际舞台上,有不少这样的小国利用高超的外交手段,在国际社会上折冲樽俎、纵横捭阖,与大国或强国抗衡,维护自己的领土主权完整,小而不弱。小国依赖外交,重视外交,带动小国学者成为当代外交学研究的先锋。虽然美国在国际问题研究领域处于绝对优势地位,但外交学研究的中心绝非美国,而是美国以外的其他西方国家。

国家大小也可能影响国家的对外关系布局和对外政策的决策机制、过程和结果。大国面积大、人口多,国家利益也多,会在世界大多数国家派驻使馆。在关键国家的使馆中工作的本国外交官和驻在国的雇员可能超过千人。大国在对外关系中会根据自己的利益和需求去选择多边外交或双边外交。这样的国家对外政策机制完善,人员众多、分工明确,决策过程获得信息多,考虑全面,甚至存在官僚政治的现象。

---

① Boutros Boutros-Ghali, *Unvanquished: A U.S.-U.N. Saga*, New York: Random House, 1999, p. 198.

相对而言,小国资源和能力有限,利益也有限,对外政策的制定机构小,专业化程度相对低,对外交和国际事务的关注就会很有限。多数小国只在有限的国家首都设有大使馆,而且人数也相对有限。小国在对外关系中会倾向于利用国际组织或者通过多边外交的方式来实现它们的对外政策目标。这是因为国际组织,不管是国际的还是地区的,给小国提供了一个倾听别国意见并向别国宣传自己主张的平等机会,而没有必要派人到所有国家的首都去达到同样的目的。小国在制定对外政策时一般不可能获得太多的信息,许多政策不一定是自己国家深思熟虑的结果,而是对国际环境的反应或是落实国际义务或国际组织运作的结果。

国家实力 国家大小强弱是一个很难衡量的维度。当今国际政治和对外政策的研究中最为普遍的做法是,根据国家实力或权力(power)衡量国家的大小。权力本来"指一个人藉以影响另一个人的能力。其基础是对资源拥有者的一种依赖关系。资源的重要性、稀缺性、不可替代性决定了权力与依赖关系的性质和强度"。在政治学中权力是指"政治上的强制力量"[①]。在国际关系中,实力一般指国家的经济和军事能力。中文曾将西方大国说成是"列强",说明这些国家具有强大的能力。

人们常说"强国可以为所欲为,弱国只能为所能为",反映了国家的对外政策选择在很大程度上受到国家强弱的影响。把国家实力与对外政策相联系的做法,在国际关系中被称为实力政治或权力政治原则(德文的Real-Politik),即把权力看作是国际政治的最高原则,把国家间关系看作是权力关系,在处理国际关系或制定对外政策时,突出实力地位和国家利益,拒绝被感情、道德伦理观念、理想甚至意识形态所左右。

传统现实主义强调的国家实力或权力,主要指军事力量。这是因为,在弱肉强食的无政府国际体系内,国家意图和目的是看不到的,只有军事实力才是维护国家安全的最有效的手段。没有武力就无法确保国家生存安全,没有武力作为后盾,任何政治理想和政治憧憬、任何神圣的道德价

---

① 夏征农、陈至立主编:《辞海》(中),上海:上海辞书出版社2010年版,第3204页。

值、任何理念和原则,几乎都无法生存。因此现实主义既把权力看作利益,也把军事实力看作是获得利益的手段和影响国家对外政策的重要因素。摩根索强调,国家对外政策的目标"就是追求以实力为代表的国家利益"。

近年来,更多的研究把国家综合实力当作国家实力的标志。所谓综合实力包括政治、经济、军事等多方面的要素。如第二次世界大战以后,美国的经济、军事实力和在全球的政治影响力处于绝对的优势:1945年,美国的国民生产总值占世界的一半左右,黄金储备占世界的三分之二,对外贸易占世界的三分之一,美元是国际上的唯一硬通货,美国还是世界上唯一拥有原子弹的国家。这种独一无二的国力促成了美国的霸权地位,从此以后美国对外政策的目标一直是领导世界。

二战期间,苏联虽然经济上损失最为惨重,到1950年苏联的经济也只是美国经济的三分之一,但是苏联凭借其在二战中的贡献成为一个有影响的政治大国,也是唯一能够挑战美国的强国。美苏之间的争霸是冷战期间两国对外政策的主要内容。随着美国全球战线拉得过长,两国之间的差距逐步缩小。到了20世纪60年代,苏联以前所未有的速度和规模,在世界各地占领战略要地,扩大势力范围。随着实力的变化,美国调整了对外政策:1969年尼克松上台后提出了以从亚洲收缩为主要内容的"尼克松主义"。差不多同时,苏联入侵捷克斯洛伐克,为了给这种侵略政策辩护,勃列日涅夫提出了被称为"有限主权论"的"勃列日涅夫主义"。两个主义实际上是两个超级大国综合实力的反映。

尼克松主义

20世纪60年代中期,苏联在与美国的争霸中地位上升,美国在外深陷越南战争泥潭,国内社会动荡引发多种危机。1967年10月,尼克松在《外交》杂志上发表《越南战争之后的亚洲》一文,提出了对外政策的一些看法。1969年7月25日,他出访亚洲途经关岛,宣布被称为"尼克松主义"的对亚洲新政策。其要点是:越战结束后,美国仍将发挥重要作用,并恪守业已承担的条约义务。但除非受到核大国的威胁,美将鼓励其亚洲盟友自己承担国内安全和军事防务的责任,而美则避免卷入越南式的战争。集体安全是美支持其盟友对付国内或核大国威胁所谋求的一个目标。这一亚洲政策被称为"尼克松关岛主义"。随后这一政策延伸为全球政策及美国处理与其盟友全面关系的总方针,其中心点是,美国将不再承担保卫世界自由国家的全部责任。

尼克松主义的实质是美国政府在实力下降后对美国对外政策进行的全面调整,被看作是霸权地位衰落的产物和表现。

勃列日涅夫主义

在美国深陷越南战争的泥淖之际,苏联国力迅速崛起,工农业产值逐渐逼近美国,而军事力量的规模甚至超过了美国。1968年8月,苏联借口捷克斯洛伐克"布拉格之春"事件,出兵侵占捷克斯洛伐克。11月13日,苏联领导人勃列日涅夫在为出兵侵占捷克斯洛伐克的行为辩解时提出:当一个国家的反社会主义势力企图推翻社会主义制度、复辟资本主义,对整个社会主义共同体的安全构成威胁时,这就不仅仅是某个社会主义国家人民的问题,而是所有社会主义国家的共同问题,即每个社会主义国家的主权不能同社会主义世界的利益相对立,不能同社会主义世界的利益相冲突。社会主义大家庭的利益是至高无上的主权,而各社会主义国家的主权则是有限的。他处理社会主义国家之间关系的理论被称为"有限主权论"。

有限主权论是苏联在实力增长以后对外政策的一个转折点,是苏联走向霸权主义的标志,也是中国把苏联称为"社会帝国主义"的主要依据。

国际关系研究中之所以突出和强调军事实力,原因在于对综合国力的衡量需要很多技术性条件。对构成国家综合实力的诸要素进行科学量化的困难,阻碍了国际关系学的进一步科学化。近年来更多人把国家的国内生产总值(GDP)作为衡量国家实力的指标。这种观点认为,经济总量是一个国家综合实力的基础和综合实力中最为重要的要素,是一个国家在对外政策或军事上有多少资源可以使用的标志。如美国经济实力居世界第一位,美国的综合实力也是世界的第一位,因此就有了庞大的军事实力,每年美国的军费预算都遥遥领先于世界其他国家,是后面排名第二到第八名国家军费开支的总和。这种实力使美国在对外政策中更加倾向于使用军事威胁。因此,在没有找到更好的指标之前,多数学者使用经济学者创造的国内生产总值这个指标来衡量国家的实力。

由于国家人口数量不一样,国内生产总值与人均国内生产总值反映的国家实力的状况也不尽一致。有的学者认为人均国内生产总值才是衡量一个国家实力的标志。比如中国的国内生产总值已经跃居世界第二,但鉴于中国庞大的人口数量,中国人均国内生产总值仍然只有8000美元,在世界各国排名中居80多位。这些大大限制了中国对外政策的选择。中国一直强调自己是一个发展中国家,要致力于本国的经济发展。

冷战结束后国际形势的新格局表明,仅仅以国内生产总值或军费开支作为指标,靠有形的力量,不能解决新的国际环境下出现的问题,因此国内生产总值和军事力量都不足以衡量一个国家的力量。例如,美国凭借强大的经济和军事实力,于2003年对伊拉克发动了战争。虽然战场上很快取得了军事胜利,但并没有给美国带来直接的经济或政治利益,反而严重挫伤了美国的政治和经济利益,国家形象也遭到了损害。在此背景下,约瑟夫·奈提出了相对于硬实力的"软实力"概念。他认为,硬实力是基于国家军事和经济实力基础上的威慑和胁迫能力,软实力是一种吸引和说服的能力。软实力的基础主要包括政治制度的吸引力、文化价值的感召力、国民形象的亲和力和成功对外政策所释放出来的无形的吸引力或影响力。[1]

综合国力与军事实力、硬实力和软实力之间存在着密切的辩证关系。一个国家的国内生产总值越大,人均国内生产总值也会越高,这样的国家综合国力就更强,军事力量也相对更强大。没有一定综合国力或一定的国

---

[1] Joseph Nye, "Soft Power," *Foreign Policy*, No. 80, 1990, pp. 153-171.

内生产总值作为基础,就不能支撑起强大的军队。如果一个国家经济基础薄弱,即使把军队建设放在国家政治的首要位置,军事力量也不可能强大。

但是,如果一个国家凭借强大的综合实力或经济实力,过度运用军事力量,到处侵略扩张,必然会制约经济的发展,最终伤害自己的军事实力。历史上的霸权帝国几乎都是在自己综合国力强大的时候,穷兵黩武,到处扩张,战线太长,结果因战略透支,基础遭到破坏,要么衰弱,要么解体。处理好军事开支在国民生产总值中的比重,一直是国内政治中的一个重大问题,受到国内政治和国际环境的影响,反过来也影响国家的长远发展和国际社会对本国的看法。

硬实力和软实力之间的关系是一种相辅相成的辩证关系。只有一个国家经济基础好、综合国力强大、人民生活水平高、军事力量强大,这个国家或它的社会制度才具有吸引力,才有软实力。硬实力是软实力的基础,世界上不存在没有硬实力的软实力。因此,各项力量指标是具有一致性的。但过多使用硬实力,软实力就会受到伤害。特别是当一个国家在对外关系中不顾道义原则,过度使用硬实力,造成民不聊生、怨声载道时,软实力自然也会受到影响。美国在伊拉克战争之后的经验充分证明了这一点。

国家的地缘政治特性　　领土是国家的要素之一,是国家存在的基础。如果一个国家的领土受到侵蚀,就意味着它的生存和安全受到威胁。领土安全在国家安全中居于重要地位。同时,国家所处的地理位置和拥有的资源等地缘因素也是影响其对外政策的重要因素。历史上的各次大战都是由各国发展不平衡所导致的直接或间接结果。这种不平衡在很大程度上是地球表面上富饶资源和战略机遇分配不均的结果。

地缘政治不同于地理区域。地理区域由固定的、永恒的地理条件所决定,而地缘政治把地理要素纳入权力考虑,将权力、地理位置和国际政治联系起来,通过揭示国家权力的地理基础,力图说明政治现象与地理因素、人类政治行为与自然环境的关系。地缘政治有两个要素:一是地理条件,二是不断变动的权力中心。有关地缘政治的观点,包括海权论、陆权论和边缘地带论。

海权论是由美国地缘政治学者马汉(Alfred Thayer Mahan)提出的。马汉研究了从1660年帆船时代到1783年美国独立战争结束世界上发生的多次重大海战,揭示了海洋地理环境对国家海洋战略的重要性,提出海军是增进国力和繁荣的极其重要的条件。他认为,从政治和社会角度来说,海洋是世界资源的宝库,对于一个国家开展世界经济贸易不可或缺,海洋就像一条四通八达的"高速公路"和国际交通的大动脉,通过水路进行旅行与贸易比陆地运输安全、快捷。保证贸易路线的畅通,需要军舰护航。他通过研究试图说明:"谁控制了海洋,谁就能控制世界贸易;谁控制了世界贸易,谁就能控制世界的财富,进而控制世界本身。"①

马汉认为,影响一个国家海权的基本因素是多方面的。首先,地理位置决定了海军力量的发展。一个国家的地理位置不仅有利于其军事力量的布防,同时也可以在打击潜在敌人的战争中占据战略优势。如果一个国家本身就毗邻公海,同时控制着世界上的交通咽喉,那么它就已经占据了有利的战略位置。比如英国的地理位置就优于荷兰和法国。

其次是自然环境,"一个国家的海岸线是其国境线的一部分,海岸线越畅通,海外贸易就越发达。如果一个国家只有悠长的海岸线,而没有一个海港,那么这个国家很难有海上贸易,也就更无从谈起海运和海军了"②。影响国家海洋战略的其他要素还包括是否有深水港和航道出口、适宜的气候条件、疆域范围、人口数量、民族特性。

到了20世纪,随着蒸汽机车等陆地运输、物流技术的发展,麦金德(Sir Halford Mackinder)提出,支配世界的不是海洋国家,而是陆地国家。他把全球的地理特征在时间和空间上联系起来,在分析地缘要素的作用时把世界政治体系中相连的欧、亚、非三大洲的大陆称为"世界岛",把新发现的南北美洲和大洋洲称为"世界岛"的"卫星",着重强调了被称为"心脏地带"(heartland)控制的重要性。他强调陆地地理环境对制定国家战略的重要性,提出"谁控制了东欧,谁就控制了心脏地带;谁控制了心脏地

---

① 〔美〕马汉:《海权论》,秦翠红译,北京:石油工业出版社2014年版,第3页。
② 同上书,第26页。

带,谁就控制了世界之岛;谁控制了世界之岛,谁就控制了整个世界"①。这种思想曾经成为一些国家的对外政策的指导思想。

耶鲁大学斯皮克曼(Nicholas John Spykman)在麦金德和马汉理论的基础上提出了边缘地带观点。他认为,不管是在战争时期还是和平时期,必须以全球的观点来进行政治和战略思考。他也强调地理是决定政策的主要因素之一,必须考虑国家领土在世界上的位置、领土的大小和资源以及其他国家的领土实际分布情况。与麦金德强调"世界岛"及其中心和马汉强调海洋不同的是,斯皮克曼认为,世界实力的中心包括北美的大西洋沿岸地区、欧洲的沿海地区、欧亚大陆的远东地区以及欧亚大陆南面的印度洋沿岸地区。除北美东部沿岸地区外,其余三块均在大陆沿岸的边远地区。因为这些地区拥有人口、资源以及占有重要的内陆出海通道,欧亚大陆成为控制世界的关键。

斯皮克曼认为,影响对外政策的因素是多元的,既有永久性的,也有暂时的;既有显著的,也有无形的。除了地理学因素以外,影响一个国家对外政策的要素还包括该国的人口密度以及经济结构、人口构成、政府形态、外交部长的个人喜好和复杂情绪以及人民所秉持的理念和价值观念等。②

地缘政治学家运用地缘政治特定的知识去厘清政策,就如同律师、经济学家或社会学家运用自身知识来规划其行动纲领一样。首先,地理因素是影响历史和政治发展的重要因素。如四大文明古国都是在能够提供灌溉、交通便利的大河流域发展起来的。中华民族历史上形成的"华夷体系"和处理与藩属国关系的思想和习惯在很大程度上受到了中国地缘条件的影响:东部是被认为是世界尽头的太平洋,西南有世界屋脊和喜马拉雅山与印度文明隔绝,西北是广袤的荒漠,阻断了中华文明与欧洲文明的大规模冲突和融合。这种地理位置形成了华夏中心的观念,这种观念影响了中国的思维方式。与此具有同样道理的是,美国东西濒临大西洋和太平

---

① 〔英〕麦金德:《陆权论》,欧阳瑾译,北京:石油工业出版社2014年版,第107—108页。
② 〔美〕斯皮克曼:《边缘地带论》,林爽喆译,北京:石油工业出版社2014年版,第107—108页。

洋、南北都是相对弱小邻国的特点决定了它在独立之初可以保持"孤立主义"政策,摆脱欧洲战乱的纷扰和邻国可能的威胁。这种地理环境使中、美都能够发展和保持一个强大国家的地位。

人类只能在自然界提供给它的客观条件下展开活动,只能在地理(包括由地理决定的气候)因素允许的范围内进行生产和生活。就这点来说,地理要素对人类历史的发展和对国家对外政策的影响是巨大的。地理提供的自然条件对于居住在不同地区的人群来说是决定性的。历史上的确有不少国家的对外战略和发展轨迹得益于他们优越的地理条件。如西班牙、荷兰航海业的发达,与其濒临大海的地缘条件是分不开的,将英国发展海军和建立大英帝国的国家战略与英国作为岛国的地理位置联系起来,这样的逻辑都具有地缘政治决定论的要素。

地理因素是限制一个国家对外政策的因素。如苏联虽然有漫长的海岸线,但常年处于冰冻期。这样的地理条件是苏联在20世纪50年代向中国提出建设联合潜艇舰队和长波电台的建议的原因之一,在遭到中方拒绝后又冒险将导弹部署到古巴,引发危机。为了打通印度洋的出海口,发动了对阿富汗的战争,开始了苏联走向衰败的进程。又比如作为岛国的日本,在资源上依赖进口,形成了日本对外政策中的一种根性,即在对外关系上缺乏自信,往往以被动应对外部的主动,并且还有以国内狭隘的思想方法来认识世界的倾向,形成了总是消极地与大国政策步调一致的外交姿态,在第二次世界大战后的大部分时间内迎合美国的对外政策,对外政策的改变一向依赖于外界的压力。

地理要素与国家总体对外政策产生的影响,使一个国家对外政策具有显著的特点,不仅历史上如此,当今许多国家外交传统都与其地理位置相关。如瑞士的中立地位与其处于阿尔卑斯山深处的地理位置密不可分;波兰对德国和俄罗斯的政策,很大程度上受到其处于东欧平原、屡次成为欧洲强国与俄罗斯战争受害者的经历有关。如果处于世界其他地区,不管是欧洲、非洲还是拉丁美洲,甚至在亚洲的其他地区,韩国凭借其经济和实力都是一个强国,至少也是一个中等强国。但身处东北亚地区的韩国被三个比它强大的国家包围,形成了具有鲜明民族特点的民族主义。

"邻国是不能选择的"。如果两个国家之间是远远相隔的,就不会或很难出现冲突和纠纷。两个领土上相邻近的国家总是容易发生纠纷,甚至发生战争。历史上一些国家对外扩张首先是从邻国开始的,具有更多邻国的国家有更多的机会卷入战争。邻国之间的领土纠纷,特别是围绕着具有重要战略或资源价值的地域的争夺,会成为国家之间长期矛盾和冲突的导火索和焦点。如法国和德国之间的阿尔萨斯和洛林地区的煤炭资源丰富,是工业革命的重要资源,围绕这个地区的争夺一直是两次世界大战期间法德争夺的焦点;阿拉伯国家和巴勒斯坦围绕水资源的争夺,以色列和叙利亚围绕具有重要战略地位的戈兰高地的争夺,一直是以色列和周边阿拉伯国家矛盾的焦点。

最后需要说明的是,人类社会的发展历史既受到地理要素的影响,也是改造地理环境的过程。人类活动其实就是利用自然、改造包括地理环境在内的自然的过程。在人类有史以来的五六千年间,森林被砍伐,沼泽被排干,沙漠在扩大,这些都是人类改造地理要素的结果。而且随着人类改造自然能力的上升,地理要素对包括对外政策在内的人类行为的制约在不断减弱。此外,实力和地理能否或如何影响对外政策,取决于决策者在决策过程中是否将它们考虑在内,取决于决策者对它们的认知。第二章认知心理学部分已经阐述了决策者主观要素对客观要素的认知过程可能出现的各种问题。

因此,地理要素虽然是影响国家对外政策的重要因素,但绝非决定因素。有谚语说"远亲不如近邻",地理上的接近既是引发相关国家易产生矛盾、龃龉、冲突的因素,也为它们提供了开展合作和交往的便利条件。更准确地说,国家实力和地理环境要素并不直接决定国家的命运,也不决定国家的对外政策。地理要素所提供的是一种可能性,而不是一种必然性,更不是决定性。不能像"神谕"一样宣扬实力或地缘等物质因素的作用,或完全根据国家实力或地理要素制定政策,或把国家对外政策看作权力或地理决定政治或政策的标本。

第二节 历史特性、民族主义与对外政策

人类社会的历史受到客观地理环境等物质特性的影响。与此同时,人类实践活动不断改造世界、改造环境,创造了丰富的物质文明。在这个过程中,人类自身也得到改造,认识能力不断得到提高,并创造了灿烂的精神文明。国家的实力,不管是综合国力还是军事实力,不管是硬实力还是软实力,都是人类社会实践活动的结果。在这个过程中,不同的国家和民族形成了自己独特的人文历史和社会文化特征。今天的社会实践是这个历史过程的延续。在这个过程中形成的民族传统和精神文明与本国的自然条件一样,共同影响人们的实践活动。

历史传统与对外政策 首先,从历史的角度看,今天的对外政策是过去对外政策的延续,或者说今天的对外政策是在过去对外政策所形成的特定环境下展开的。外交史是不同国家落实对外政策实践活动的记录。国际关系史是不同国家在各自对外政策指导下处理相互关系的历史。今天的对外政策不可避免地受到以前的对外政策的影响,从历史传统分析和理解对外政策是对外政策分析的一个视角。

历史要素影响政府对外政策最直接的方式主要有两种:一是国家的领土边界是历史传承下来的,新政府内外政策是从旧政府那里继承的领土上开始的。从旧政府那里继承的领土边界限定了现政府执政和管辖的范围,也明确了对外政策开始的边界。二是旧政府所承担的国际条约和义务,包括在边界问题上承担的条约义务,是确立新政府对外政策的出发点。新政府面临的第一个对外政策问题,就是如何处理旧政府遗留的对外关系遗产。

旧中国屈辱外交与新中国成立初期的三大政策

针对旧中国屈辱的外交遗产,中华人民共和国成立后,提出了"另起炉灶""打扫干净屋子再请客"和"一边倒"三大政策,其核心就是如何处理

与旧中国外交的联系问题。

"另起炉灶"有两个方面的内容：一是不继承旧的外交关系，也不承认外国在中国的原外交官的身份，凡愿与新中国建立外交关系的外国政府都必须经过谈判的程序，在新的基础上办理建交事宜。"对于国民党政府与外国政府所订立的各项条约和协定，中华人民共和国政府应加以审查，按其内容，分别予以承认，或废除，或修订，或修改，或重定。"二是决不能依靠旧外交部的一套人马办外交，根据所谓"三三制"的原则，也就是抽调新中国成立以前就从事外交和外事工作的原中央外事组的干部，全国各大军区、各大行政区调来的领导骨干，以及从文科大学选来的毕业生，建立一支新的外交队伍，这支队伍被称为"文装解放军"。

"打扫干净屋子再请客"，就是根据相关国家对新中国的政策，有计划、有步骤地清除帝国主义在中国的政治势力、经济利益和文化影响，在政治上确立独立的地位，建立起独立的民族经济，摆脱西方势力在中国的影响。

"一边倒"就是倒向以苏联为首的社会主义阵营。新中国政府经过谈判，于1950年与苏联签订了《中苏友好同盟互助条约》，以取代1945年国民政府与苏联签署的《中苏友好同盟条约》，并解决了苏联在中国东北的特权问题。

三大政策割断了旧中国的外交传统，改变了中国半殖民地的地位，使中国终于在政治上获得了独立，在经济上获得了自主，在安全上有了保障，建立起了独立自主的外交关系，掀开了中国外交史上新的一页。

其次，民族国家身份是在历史过程中形成的，共同的历史记忆是一个民族国家共同身份的重要纽带。民族国家是在实力基础上首先形成于欧洲，世界其他的民族国家则是在反对欧洲殖民统治、争取民族独立或者在与邻国关系中逐步形成的。仅以亚洲主要国家的民族形成历史为例：日本在对抗西方列强的入侵过程中形成了自己的民族身份；中国在反对西方殖民侵略，特别是近代日本对华侵略的过程中形成和强化了中华民族的民族观念；柬埔寨在摆脱越南的历史影响和西方殖民统治过程中，巴基斯坦在摆脱西方殖民统治获得独立和抵制印度威胁的过程中,阿富汗在获得独立和面对巴基斯坦的影响过程中,分别形成了自己的民族意识和身份认同。维护民族独立、反对外族威胁成为所有国家对外政策的一个思想基础。在民族身份形成过程中产生的民族主义成为一个民族的精神纽带和价值核心,是一个国家对外政策的精神支柱。

再次,历史是加强国家之间合作的纽带,也是导致国家之间冲突和偏见的根源。历史问题是理解一个国家对特定国家政策以及该国与相关国家之间相互关系的钥匙。从19世纪末到20世纪初,中朝两大民族相继沦为半殖民地和殖民地。两国革命者在争取民族独立和解放的斗争中互相帮助、互相支援,结下了深厚的友谊。经"两党两国老一辈领导人亲自缔造和精心培育的""中朝传统友谊","是双方共同的宝贵财富",是"国际关系史上的一段佳话",是支撑中朝关系发展的重要因素。[1]

相反,日本对包括中国在内的亚洲国家的侵略,至今都是制约日本与邻国关系的一大障碍。在南亚,印度和巴基斯坦的历次战争一次次地加深两个兄弟国家的敌对关系。在中东,以色列与阿拉伯国家之间的矛盾和冲突,随着历史的发展不断积累,成为以色列与阿拉伯世界之间解不开的死结。在欧洲,波兰与俄罗斯,俄罗斯与乌克兰、巴尔干地区的各民族国家之间的历史恩怨等,都是理解和分析这些国家敌对关系和对外政策的重要因素。

最后,历史是关于过去的记忆,也是影响国家内外政策的重要因素。所有历史都是当代史,是当代政治的工具。奥威尔的名言"谁能控制过去就控制未来;谁控制现在就控制过去"[2]充分说明了这一点。特别是在社会和政治转型时期,不少政治家通过操控、篡改和玩弄历史,服务于国家的国内政治和对外政策目的。每当这样的事情发生后,涉及两国关系的历史问题,特别是历史教科书中关于这些历史问题的叙述和描述,就会首当其冲,成为相关国家国内政治和国家间关系中重要的问题。

例如,在东亚国际关系格局转变的背景下,日本右翼势力通过对历史

---

[1] 《习近平同金正恩举行会谈》,《人民日报》2018年3月29日。
[2] 〔英〕乔治·奥威尔:《1984》,董乐山译,沈阳:辽宁教育出版社1998年版,第223页。

教科书的修订,否定日本的侵略历史,否定"慰安妇"和"南京大屠杀"等重大历史事件,一次次地遭到中国、韩国、朝鲜等日本侵略过的国家的强烈抗议。理解有关历史的政治是理解当代政治的重要途径;理解国家关系的历史,也是理解当今相关国家关系的要素。

不同的民族国家有着各具本民族文化特色的外交传统和历史记忆,这些记忆存在于一个国家的人民中间,也存在于这个国家的领导人的头脑中。领导人在遇到棘手的对外关系问题时,总会从历史经验中寻求经验和借鉴,从自己熟悉的历史中选用历史的类比,汲取经验教训,寻求政治灵感,这是历史影响对外政策最直接的方式。正如本书第二章所述,历史类比的作用既有积极的一面,也有消极的一面。

民族主义与对外政策 历史对一个国家对外政策深层次的影响,表现在历史上形成的民族主义与对外政策的关系上。"民族主义指忠诚于本民族、为维护和扩大本民族的利益而斗争的思想观念。"① 冷战结束后民族主义引发的矛盾和冲突成为国际政治中的重要热点问题,国家对民族问题的政策以及民族主义对国家对外政策的影响,都是近年来对外政策分析所关注的重要问题。各个国家的历史状况和民族构成不同,因此,作为一个历史概念的民族主义在不同的历史时期表现形式不完全相同,其影响国家对外政策的方式、渠道和程度也不相同。

民族主义源于欧洲,最早是推翻封建君主政体的一种社会力量;后来逐步演变为欧洲各国反侵略、反对外族统治的一种民族感情和意识形态。1648年的《威斯特伐利亚和约》缔结后,民族国家获得独立并成为国际关系的主要行为体,民族主义逐步深入到各独立国家的思想观念中,成为民族国家身份的象征。在这个时期,大多表现为民族与国家同一或国民与民族合体的形态,民族主义是这些国家的核心意识形态和精神支柱。

随着资本主义经济的全球化,欧洲列强在对外进行殖民扩张的过程中

---

① 王缉思:《国际政治的理性思考》,北京:北京大学出版社2006年版,第38页。

把世界其他地区纳入到殖民体系之中。在对这些国家进行掠夺和压迫的同时,西方殖民统治者也把民族主义等概念带到被殖民化的地区。每一个地区的民族在与其他民族,首先是西方民族的交往和冲突过程中认识到了相互之间的民族差异,开始形成了自己的民族意识。可以说是殖民统治将民族主义意识扩散到了全球,并唤醒了被压迫民族的民族意识。第一次世界大战后,列宁和威尔逊提出了民族自决的主张。第二次世界大战后,第三世界出现了"民族独立运动"和"民族自治运动"。这些运动无不打着民族主义的大旗,其主要目标和核心是追求本民族的独立和解放。

不同历史时期的民族主义表现不同。在两次世界大战之后兴起的民族解放运动,既是在民族主义的指导下展开的,又是民族主义的主要表现。在一个民族遭受其他民族压迫的过程中,民族主义是一个精神支柱和意识形态,鼓励一个民族摆脱殖民统治,争取民族独立。如在面临中华民族的危亡之际,梁启超在1902年发表《论民族竞争之大势》,明确提出"今日欲救中国,无他术焉,亦先建设一民族主义国家而已"①。在面临日本军国主义对中华民族的侵略时,国民党和共产党两个政治观念对立的政党,捐弃前嫌组成抗日民族统一战线,挫败了日本民族吞并中华民族的野心,维护了中华民族的独立。

在摆脱西方殖民统治后,很多国家执行了一种既不同于西方资本主义国家又不同于社会主义国家的政治制度。它们在对外关系中把民族主义作为意识形态。但是民族主义并非只存在于明确奉行民族主义意识形态的国家,而是存在于所有国家。作为一种思想,民族主义既体现在民族主义国家领导人的思想、精英阶层的著作、一般的民意中,近年来还越来越多地体现在相对比较宽松和容易表达的网络平台中。

民族主义在对外政策上具有一体两面的特点:一方面认为自己国家和民族利益至高无上,另一方面在涉及自己国家利益的问题上忽视他国利益,仇视甚至反对其他民族和国家的利益。其最显著的表现形式是针对另

---

① 梁启超:《论民族竞争之大势》,《新民丛报》1902年3月第五号,第35—36页。

一个民族或国家的极端行为,如针对另一个国家抗议游行示威,特别是在涉及整个民族感情和民族利益的问题上。最为常见的是历史问题和涉及国家领土主权完整的问题。如果获得独立的民族在处理国家关系的时候,仍然处处坚持自己的民族利益高于一切,或把自己的民族利益置于其他民族利益之前,民族主义就可能发展成为民族沙文主义。

冷战期间东西两种意识形态之间的对立主导了国际关系,民族主义对国家对外政策的影响让位于东西两种意识形态之间的斗争。冷战结束以后,苏联解体,联盟内的一些加盟共和国获得独立,建立了以自己民族为主体的新的国家。南斯拉夫解体后也分为多个不同的国家。民族独立似乎成为一个新的潮流,世界各地的民族矛盾凸显出来,对长期多民族杂居的国家和整个国际关系体系产生了巨大冲击,也成为影响世界各国对外政策的重要因素。

民族主义的影响首先体现在对传统国际关系格局的挑战。民族不同于国家,国家的建立无须有共同的语言,而民族必须有自己共同的语言。民族与国家既有融合也有不一致的地方。一个民族可以组成一个国家,多个民族也可以组成一个国家,一个民族可以隶属于一个国家,也可以分属于多个国家。除了欧洲,当今世界政治地图的主要特点是多民族杂居。世界上多数国家的民族构成都非常复杂。如果以人口的90%以上属于同一文化民族的标准确定民族国家的话,当今世界上近200个国家和地区里,只有10%属于这个类型,其中大部分在欧洲。[①] 国际政治中这种复杂的民族构成导致了多种多样的民族主义。它们对一个国家对外政策的影响也就千差万别。

最强大的民族主义是国家民族主义。这种民族主义与国家利益相吻合或相一致、通过国家形式表现出来。它在国际政治和国际关系中以民族国家为基本单位,以整个民族的利益为国家利益的核心内容,是国家对外政策的精神支柱。一般的国家民族主义表现形式是爱国主义,也被称作国

---

① 王缉思:《国际政治的理性思考》,北京:北京大学出版社2006年版,第36页。

家主义。这种民族主义往往是对外政策的核心和指导力量,其对国家对外政策的影响是通过自上而下的过程,由政府号召、动员人民的爱国热情。这种民族主义情绪在一定的条件下会转变为民族沙文主义或霸权主义。

在具有多民族共存或杂居的国家,不同民族聚集地区还存在着种族民族主义(ethnic nationalism)或地方民族主义(indigenous nationalism)。这两种形式的民族主义在对外政策上可能并不一定与国家民族主义矛盾,但在更多的情况下都强调本地区或本种族利益至上。两种民族主义的极端表现就是民族分裂主义和种族主义。种族主义认为,种族差异决定人类社会历史和文化发展,自己所属的团体,例如人种、民族或国家,优越于其他的团体。这属于一种极端偏激的思想,也是掌权者对外族隔离压迫的工具。这种自我为中心的种族主义已经成为当今国际社会一致谴责的狭隘意识形态。

不同形式的地方民族主义对对外政策的影响不同。地方民族主义在国际上也可能表现为热爱自己的国家,很多时候与国家民族主义一致。但在国家内部,一些以少数民族人口为主的地区则会表现为地区或本地民族主义,极端的表现为追求这些地区的自治或独立。如前南斯拉夫分裂后逐步解体为塞尔维亚、斯洛文尼亚、克罗地亚、波斯尼亚和黑塞哥维那、黑山和马其顿6个国家。最后塞尔维亚内部的科索沃争取独立,得到西方一些国家的支持。但刚刚独立的科索沃内部的阿尔巴尼亚人又产生了独立或并入阿尔巴尼亚的要求。这种地方民族主义,往往打着民族自决的旗号,或追求独立,或追求与其他国家的同属于一个民族的地区联合,是多民族国家分裂的思想根源,是后冷战时期地区动荡的主要原因。对一个有多民族的国家来说,这样的民族主义容易造成国家的内战,会是国家对外政策的祸根,严重制约国家的对外政策。

在对外政策分析中最受关注的是民众(popular)民族主义或民粹主义(popularism)。作为一种思想观念,它们有悠久的历史,但近年来兴起的民众民族主义或民粹主义是在全球化深入发展的过程中形成的,是全球化所带来的问题引发的一种反全球化或逆全球化的思潮。这种思潮利用舆论,特别是新媒体,迅速蔓延,获得广泛的社会基础。一般来说,这些思潮强调自己的民族或族群的利益,在国际上反全球化、反贸易自由化和区域一体化,主张贸易保护主义、限制对外投资、拒绝难民和限制移民。在国内反对现有体制、反对权威和精英、反对外来文化。近年来欧美一些国家出现的保守政党代表了这样的意识形态。但更为显著的表现是各地爆发的反对全球化的游行示威。根据这些特点可以把这种形式的民族主义分成不同类型的民族主义,如走极端的极端民族主义、极端仇外的仇外民族主义等。但它们的共同特点都是缺乏理性,具有显著的"乌合之众"的症状。

民众民族主义或民粹主义在不同的国家都是存在的。它们对自己所存在的国家对外政策和全球化的影响,在不同的国家有所不同。概括来说,这种类型的民族主义对国家对外政策来说永远是一把双刃剑。一方面,在维护国家利益方面,它们和国家领导人是一致的。一般来说,国家领导人和这些民族主义并不处于全面对立状态,在维护国家利益方面双方具有高度一致性。它们为国家领导人在对外政策上,特别是在对外谈判过程中提供重要的政治资本和谈判筹码。

另一方面,民众民族主义或民粹主义在很多情况下是政府政策的批评者,认为政府的政策不足以维护国家或民族的利益,在对外政策中不考虑策略,一味主张强硬,甚至不惜使用武力,该妥协的时候不能妥协。这种民族主义的表现形式,在很大程度上束缚了国家领导人在对外政策中的手脚,破坏国家对外政策的大局。

第三节 文化、意识形态与对外政策

文化因素在国际关系研究中具有很长的历史。早期的研究主要探讨以文化输出和文化压迫为标志的文化殖民主义和文化帝国主义。冷战结束后,国际关系学者对文化因素的研究主要包括以下几个方面:随着全球化的深入而出现的文化全球化和文化融合、以亨廷顿"文明冲突论"为代表的文化冲突和文化安全、国际贸易中的文化产品贸易和知识产权保护、作为国家软实力一部分的文化资源和文化软实力建设等。从文化角度分析对外政策,是把文化作为构成国家特性的一个维度和影响一个国家对外政策制定的一个重要变量,探讨文化因素在国家对外政策制定过程中的作用。

文化被看作是人类物质文明和精神文明的总和。广义的文化"指人类在社会实践过程中所获得的物质、精神的生产能力和创造的物质、精神财富的总和"。狭义的文化"指精神生产能力和精神产品,包括一切社会意识形式:自然科学、技术科学、社会意识形态"。①

文化是一个容易理解又难以界定和解释的概念。容易理解是因为每一种文化都有外在的表现形式,在家庭、社会、企业和政府部门等社会的各个方面普遍存在。我们生活在特定的文化背景下,经常会接触到其他文化或与其他文化背景的人打交道,了解文化的差异。难以解释是因为文化内隐结构非常宽泛、含糊,仅学理意义上的文化定义就超过百种。根据文化清晰可见的外在特点,文化可以被界定为"人类制造的那部分环境"。根据其无形且发挥作用的内隐结构,可以把文化看作是"人脑的软件",它是一套完整的认知体系、价值体系和规范体系。

根据第一章对外交和对外政策的区分,文化的外在表现和内隐结构分别与外交和对外政策之间存在着显著的关系。概括来说,文化的内隐结构影响国家对外政策制定,文化的外在表现形式影响国家落实对外政策的方式或手段,或者说一个国家的对外政策或对外行为也是本国文化的体现。

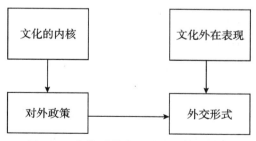

图 5-1 文化对外交和对外政策的影响

---

① 夏征农、陈至立主编:《辞海》(下),上海:上海辞书出版社 2010 年版,第 4117 页。

鉴于文化的概念难以界定，把国家的文化要素当作自变量分析对外政策可以从文化的共有特点上着手。这是因为，虽然没有一个被普遍接受的关于文化的定义，但文化的特点是明确的，而且不同的学者在文化的这些特点上存在着共识。这些特点概括起来包括以下几个方面：

第一，一个民族的文化形成过程是缓慢的，其核心内涵或基本的价值观念是数千年文化积淀的结果。在从文化角度研究或分析一个国家的对外政策时往往与对这个国家的历史和传统的研究分不开。一个国家的对外政策和外交实践既是对传统文化的继承，也是一个文化再创造的过程。

第二，一个民族文化的基本内涵或一个民族的基本价值观念，以及与文化因素紧密相连的生活和行为方式、思维方式等一旦形成，便具有跨时代的稳定性和跨越社会阶层和领域的普遍性。文化超越承载和显现这种文化的任何人和政治团体而普遍存在。人物代代相传，朝代频频更替，政权不断改变，但不管任何朝代、任何党派执政，也不管是任何人，在行为中都会受自己文化的影响或在行动上体现这种文化。也就是说，文化在一个国家的对外政策和外交实践中都会有所体现。

第三，文化的内涵是丰富的，载体是多元的，任何一种文化都有其优秀的一面，也有其颓废的一面。世界上没有一种文化完美无缺，也不存在一种文化优越于另一种文化。人们可以从任何一种文化中找到为自己的行为辩护的依据，不管这种行为是善良的还是邪恶的，不管是基督教文化还是伊斯兰文化，抑或是中华文化。一个民族国家的不同对外政策，甚至是截然相反的政策，都可以从本民族的文化中找到根源。也就是说，具有多元性和两面性的文化可以解释任何对外政策和对外行为。

第四，文化的多元性决定了文化的影响是普遍和多元的，但文化的影响并不具有强制性，而是主要通过规范的方式施加影响。一种文化对这个文化环境下的不同的人可能产生不同的影响，对同一个人的影响在不同时间内也不是不变的。同历史一样，文化既不规定连续性，也不妨碍变化，文化包含与某一特定问题有关的许多可能性，它们加在一起为社会行为体所选择的活动模式提供多种先例。

文化是影响国家对外政策制定的重要变量。其影响主要通过以下几个途径体现出来。第一，文化影响国家对外政策的内容和目标。文化利益是国家利益的一部分，文化安全是国家安全的重要内容。文化与对外政策的关系集中体现在作为文化核心内容的价值观念和意识形态与对外政策的联系上。作为文化核心的价值观念和意识形态的定向功能决定国家对外政策的价值追求，文化的认同功能为对外政策中确定与别国的关系提供了文化基础。①

意识形态与对外政策

"意识形态是具有符号意义的信仰观念的表达方式。它以表现、解释和评价现实世界的方法来形成、动员、指导、组织和证明特定的行为模式和方式，并否定其他特定的行为模式和方式。"②意识形态具有鲜明的群体性、系统性和历史性。任何国家的对外政策都受其执政者主流的意识形态指导和影响。

意识形态与对外政策具有同质性。意识形态影响决策者对世界的看法，提供对外政策制定的氛围，指导对国家利益的判断，使对外政策合法化。意识形态是实现国家利益的重要手段，也是国家利益的重要组成部分。相同的意识形态可能成为国家间友好关系的黏合剂，意识形态的不同往往导致国家之间的冲突和对立。冷战期间的东西方对抗，既是地缘政治的对抗，也是意识形态的竞争，具有对立意识形态的两个集团内部的团结和相互之间的对立都与意识形态有着密切的关系。

但是，意识形态又与对外政策有异质性。对外关系的现实品质规定了它不能完全按照意识形态办事。过于强调意识形态可能阻碍国家对其他方面利益的追求。意识形态或价值观念是西方对外政策的重要因素，但也

---

① 邢悦：《文化功能在对外政策中的表现》，《太平洋学报》2002年第3期。
② 〔美〕戴维·米勒、韦农·波格丹诺主编：《布莱克威尔政治学百科全书》，邓正来译，北京：中国政法大学出版社2002年版，第368页。

曾付出诸如越南战争一样的代价。以美国为首的西方国家把苏联解体、东欧剧变看作是西方意识形态的"不战而胜",并把扩展西方民主制度当作对外政策的目标,推行所谓"扩展战略",也付出了巨大的代价。在中国对外关系历史上,也曾出现过强调意识形态或意识形态挂帅而付出一定代价的时期。改革开放后,中国吸取这个经验教训,在发展对外关系的时候强调要超越意识形态和社会制度,发展全方位的对外关系。

2017年担任美国国务卿的蒂勒森对国务院职员发表谈话,阐述了意识形态和价值观念与美国对外政策的关系。他说,美国的"基本价值是美国所有对外政策的指导",但这些价值"只是价值而已","不是政策";"政策可以变化",但"价值观念从不变化"。在一些情况下,"如果把美国的安全政策建立在别人实行我们的价值观念"之上,就会给美国追求国家安全利益和经济利益制造障碍。他强调,美国在任何时候、任何地方都会坚持其基本的价值观念,美国外交人员必须理解政策与价值观念之间的关系。有时候美国把对一些国家的政策建立在这些国家的价值观念上,但安全和经济利益始终是第一位的,在任何情况下都要如此。① 这是对意识形态与国家利益关系比较中肯的论述。

第二,文化为一国的对外政策提供思想源,影响国家对外政策的目标和方式。例如,美国政府把美国文化中的人权、自由等思想当作是人类的普遍价值,在对外政策中标榜"民主""自由""平等"等观念,把推行美国价值观念、社会模式作为美国对外政策的一个重要内容。中国对外政策越来越多地从中国传统文化中寻找精神资源,常常引用"和为贵""君子和而不同,小人同而不和"以及"己所不欲,勿施于人"等传统,在对外政策中强调互相尊重,求同存异。

第三,文化影响决策者并通过决策者影响一个国家的对外政策。国家领导人之所以成为一个国家的杰出人物,是因为他们的言论或行为符合国

---

① "Remarks to U.S. Department of State Employees," https://www.state.gov/secretary/remarks/2017/05/270620.htm.

家的民族精神,体现出了反映本民族特征的文化模式。他们国家历史上长期沉淀下来的文化传统、道德价值观念、宗教信仰和意识形态都会潜移默化地影响在特定的文化氛围中长大的、能够成为这个国家利益代表的国家领导人的基本价值观念、信仰、基本的思维和行为方式以及处世态度。

领导人成长的文化环境塑造了他们的世界观,为他们观察外部世界、分析国际形势提供了一个观察问题的"透镜",成了领导人的"心理环境"的一部分,影响着他们对世界的看法以及认知和信息处理的方式,为确定对外政策提供了观察世界及自身的视角。国家领导人在制定或执行政策过程中,必然会有意无意地把存在于他们意识深层的文化价值观体现出来,使本国的对外政策不同于他国的对外政策。因此,他们不仅会为自己国家的对外政策打上自己的烙印,也会打上自己民族文化的烙印。

第四,文化影响对外政策制定的机制和过程。国家政治制度是国家文化的重要载体,一个国家的政治文化影响其基本政治体制和政治制度。对外政策的决策机制是国家总的政治制度的一部分,不同国家的政治制度影响和制约国家对外政策的制定。

例如,美国三权分立的政治制度具有深层次的文化根源。三权分立的政治制度使美国对外政策的制定过程充满着制衡和官僚政治斗争的过程。研究对外政策决策的官僚政治模式不仅源自美国,而且最适用于研究美国对外政策的制定过程。相对而言,日本的对外政策决策机构具有很多日本家庭组织的特点:重资历、级别明显、强调和谐,下属具有采取主动的很大余地,同时又保护上级自尊,决策过程和政策变化都相对缓慢,比较容易预测等。法国的对外政策决策机构和决策过程则体现了法国文化的特点:权力相对集中、突出个性、协调性差、对外政策的制定过程也具有个性化的特点。[1] 白鲁恂(Lucian W. Pye)在印度对外政策的决策过程中指出,"政治中的庇护(patronage)关系要优先于政策考虑。不管是尼赫鲁还是英迪拉·甘地都不是为了解决实际问题而制定政策,前者坚持其理想的

---

[1] Martin M. Sampsons, "Cultural Influences on Foreign Policy," in Charles F. Hermann, et al., eds., *New Directions in the Study of Foreign Policy*, Boston: Allen & Unwin, 1987, pp. 384-408.

计划,很少考虑先进行一些可以操作的实验;后者则不考虑政策的创新,而把她的精力集中在通过庇护性的决定建立和保持一种支持。"他在把日本文化与印度文化对决策过程的影响进行比较后指出,日本文化中的依附关系产生一种合作和谐的命运共同体,从而能够形成目标一致的合力;而印度文化中建立在依附关系上的安全感使人不需要考虑效率,建立一种可靠的关系本身就是目的。①

第五,文化影响一个国家对外政策执行或实施的方式和手段,使一个国家的外交拥有独特的文化和民族特色。外交是落实对外政策的工具和过程,是在人类文明发展和交流过程中形成的一种行为和艺术,具有显著的人文属性。外交既表现出外交主体的历史和文化特性,也能反映出一个外交行为体对具有不同历史、文化背景的其他行为体的态度。因此,外交除了具有人们通常所熟知的国家或社会集团属性外,特定的文化规范、习惯以及为人处世的方式也影响一个国家与其他国家打交道的形式。例如外交礼宾和礼仪就具有典型的民族文化特点,在实践中也体现出独特的对其他文化的尊重形式。

文化影响决策者在制定政策时考虑问题的先后顺序,也影响国家对外政策的落实方式和手段。如在中国人的人际交往中,重面子、讲关系的文化特点,在外交实践上也有显著的体现。在无政府状态的国际社会中处理国家间关系的时候,中国常常强调主要矛盾和次要矛盾、分清敌与友,强调站在哪一边的问题,如早期的"一边倒",站在以苏联为首的社会主义阵营一边,后来则强调站在发展中国家一边,"永远属于第三世界"。在对待其他国家的关系方面往往以它们与自己主要敌人的关系问题来确定,在外交史上的表现包括"以美划线""以苏划线"以及建立"反霸统一战线"等。至于在对外关系实践中顾面子、重感情,则更是一个非常显著的中国特色。当代中国外交的许多理念,如"一带一路""和谐世界"等,都来自中国传统文化。

---

① Lucian W. Pye, "Political Psychology in Asia," in Margaret G. Hermann, ed., *Political Psychology*, San Francisco, CA: Jossey-Bass Publishers, 1986, pp. 470–476.

一个国家的民族文化对该国对外政策的制定和对外政策实施都具有影响。但是,文化的两面性和影响方式的非强制性决定了文化的影响并非一直存在,或至少并非总是受到学界的一贯重视。在冷战时期,经济的、政治的或者意识形态的冲突等范式能够解释国家间的关系或对外政策的时候,文化因素几乎很少被提及。如今在旧的范式不足以解释国际关系或对外政策的新趋势和新现象的时候,文化就开始被重视了。因此,文化的影响被认为是解释对外政策的"最后一个选择"。

文化是对外政策分析的重要因素之一,但绝非决定因素,甚至不是主要因素。对"文化决定论"持批评观点的人指出,强调文化作用的人把除了厄尔尼诺现象以外的世界上所有的东西都归因于文化因素。例如文化曾被认为是导致1941年日本偷袭珍珠港军事灾难的根源,然而到了20世纪80年代日本经济高速发展时,不少日本人摆脱了对西方模式的幻想,相信他们成功的根源一定存在于自己的文化之中。但这样的逻辑解释不了目前日本经济的持续萧条。同样,任何国家的对外政策都是根据国内外形势变化而调整的,同一个国家的对外政策可能因时、因势而不同,具有一定稳定性的自变量文化很难与处于不断变化过程中的因变量对外政策之间建立起稳定的因果关系,因此文化更不能预测国家对外政策的未来。

应当明确文化只是影响对外政策的一个因素,远非对外政策的决定因素。正如早期所谓的"文化帝国主义"正是建立在帝国主义强大的政治、经济和军事实力基础之上的,而文化的侵略则往往与政治、经济和军事上的侵略相辅相成。从文化视角来研究和分析对外政策,为对外政策的研究增加了一个视角,丰富对外交政策的研究而不能替代从其他因素分析对外政策的视角。它只能和其他因素互为补充和互为借鉴,才能发挥作用。

第四节 国家政治特性与对外政策

从国家物质特性的角度分析对外政策,关注的是国家共同特性与对外政策的关系。从国家政治特性角度分析对外政策,强调的是国内政治差异对国家对外政策的影响。国家的政治特性或政权体制决定国内政治因素如何影响对外政策,与国家对外政策存在着直接的联系。社会制度不同的国家在对外政策上显示不同的特点,社会制度相同的国家会以不同的方式联合起来,如冷战期间资本主义国家组成北大西洋公约组织,社会主义国家组成华沙条约组织。国家政治特性是决定国家内外政策的重要因素,也是分析对外政策的主要视角。差不多同时产生但观点完全不同的"民主和平论"和"帝国主义论",是两种试图将特定国家的对外政策建立在其国内政治制度基础上的两种理论。

"民主和平论"有较长的历史渊源。早在18世纪末期,在批判绝对权力政治和主张天赋人权、自由平等、人民主权等思想基础上,西方一些启蒙思想家提出了自由国家联合起来建立"永久和平"的设想。这种思想的代表人物康德在《永久和平》一书中把道德法规和人权思想用到国际关系上,认为宪制共和国内部的监督和平衡会促使这些国家在对外行为上比其他国家更容易接受一个和平的、有约束力的国际法。① 因此共和制国家可以防止统治者对外发动战争。康德以抽象的道德法则作为政治思想的基础,提出理性的国家观、共和主义、和平主义,对后来的国际关系理论中的理想主义学派产生了重要的影响。

第一次世界大战结束前夕,美国总统威尔逊对未来世界秩序提出了十四点建议,包括公开外交、海上航行绝对自由、取消经济壁垒、建立平等贸易、裁减军备、公正处理殖民地问题、各民族自决、建立国际联合机构维护世界持久和平等。威尔逊认为这十四点是促进世界和平"唯一可行"的计划,并把这十四点作为他参加巴黎和会谈判的基础。威尔逊的主张继承了康德思想,其主要内容包括:在国际政治中遵循道德原则,用道义原则控制国际关系,用理性压倒公众舆论中的无知和狂热,通过建立多边国际组织来寻求共同安全,维护和保障世界和平。但是,《凡尔赛和约》没有得到美国国会的批准,威尔逊的理想主义不管是在美国国内还是在国外

---

① 〔德〕伊曼努尔·康德:《永久和平》,何兆武译,上海:上海世纪出版集团2005年版。

都遭到挫折。

冷战后期,美国总统里根重新捡起"民主和平"的论调,并把它当作与苏联对抗的工具,推动了"民主和平论"的回潮。这个时期的"民主和平论"观点更明确,与国家对外政策的联系更密切,主要观点可以概括为以下方面:在民主国家,对外发动战争的决策过程是透明的,公众可以公开辩论战争的代价;决策者必须向人民做出交代,如果战争的代价过高,他们在选举中就会失败;在国内政治中尊重个人自由的国家在对外政策中是"克制的",拥有"和平的意图",在相互关系上具有相互用和平方式解决纠纷的共同愿望;这种愿望最终导致利益共同体的产生。因此民主国家是爱好和平的,只有民主国家主导的国际秩序才是和平繁荣的秩序。[1]

苏联解体和东欧转轨为"民主和平论"提供了新的机会,也催生了"历史终结论"。这种理论认为,在过去几年里,全世界都认识到自由民主制度作为一种政治制度的合法性。这种制度不仅战胜了世袭的君主制和法西斯主义,还战胜了敌对的共产主义意识形态。冷战后入主白宫的克林顿宣称,民主国家并不互相进行战争是"颠扑不破的真理","民主国家尽管有内在的问题,但它为保护人权提供了最好的保证"。[2] 克林顿上台后依据"民主和平论"提出了"扩展战略",即扩展由实行市场经济的民主国家组成的国际社会。

概括来说,"民主和平论"以因果方式把国内民主结构与对外和平联系起来,把民主国家间没有战争归因于民主机制的限制、公共舆论的监督、国内机构的平衡、对政府政策的制约作用等,强调民主国家之间有互相尊重、合作与妥协的共同特点和"精神气质"的作用,试图说明民主国家之间不会以战争或以战争相威胁为手段来解决彼此之间的纠纷。

但是,"民主和平论"一开始就遭到了批评和挑战。这种批评既有理论层面的辩论,也有实证的反驳。理论上,把国家对外政策建立在国内政治结构上的观点,是关注其他层次的国际关系理论所不能赞同的。结构现

---

[1] 倪世雄等:《当代西方国际关系理论》,上海:复旦大学出版社2002年版,第450页。
[2] 同上书,第453页。

实主义认为,不是一个国家的内部政治结构,而是国际体系层面的力量结构决定国家的对外政策;政治心理学认为,"战争始于人脑",战争是决策者选择的结果,而不是国内体制的结果。传统马克思主义虽然也把国家对外政策建立在国内政治基础上,但提出了截然相反的观点(见后面的"帝国主义论")。建构主义则从施动者与体系结构的互动角度理解国家对外政策。

实证的反驳主要是依据历史研究对"民主和平论"进行经验事实的批判。有统计数据表明,从1816年至1980年的一百多年间,战争与民主之间没有明显的关系。恰恰与"民主和平论"看法相反,民主国家间经常发生以战争相威胁的情形。

历史经验也证明,民主机制并不能阻止国家对外发动战争,许多战争都是民主国家以"民主和平论"为旗号对非民主国家发动的。如1898年,热衷于对外开战的美国民众,推动美国政府发动对西班牙的战争。20世纪30年代初期的德国也是一个民主国家。希特勒正是通过民主的途径,在民主机制内建立起了纳粹政权,最终发动第二次世界大战。这些例子说明,民主机制并不能阻止一个好战的政权上台,也就不能阻止政府对外发动战争。

每一种理论的产生都有时代的背景。几乎与威尔逊提出"十四点计划"同时,列宁于1917年发表了《帝国主义是资本主义的最高阶段》,也把战争的根源与国内政治制度联系起来。列宁在国际关系和对外政策上所主张的公开外交和民族自决等原则,与威尔逊在这些方面的主张并没有什么不同。但是,与威尔逊把国家对外政策与国内政治制度和社会文化联系起来不同的是,列宁在继承了马克思主义传统的基础上,从经济基础层面揭示了国家政治体制与对外政策的联系。他将生产资料私有制与帝国主义战争联系起来,根据世界资本主义发展状态和革命任务的阶段性变化,指出世界进入了"帝国主义时代",战争不可避免。或进一步说,帝国主义就意味着战争。①

列宁的"帝国主义论"认为,资本主义对私有财产的保护和资本对利润的追求,在自由竞争的资本主义市场无序发展并导致了垄断,到19世纪的后30年形成了垄断资本主义,即帝国主义。帝国主义经济垄断的实质决定了帝国主义是寄生的或腐朽的资本主义,因而也是资本主义的最高阶段。在这个阶段,银行资本和工业资本的融合形成了金融寡头,商品和资本输出催生了瓜分世界的国际垄断同盟,导致世界市场和领土被瓜分完毕。经济和政治发展不平衡的规律,导致重新划分殖民地和瓜分世界的需求。但重新瓜分世界市场不可能以和平的方式完成,而必然导致帝国主义侵略战争。因此,只要还存在生产资料私有制的经济基础,帝国主义战争就是不可避免的。

列宁不仅揭示了帝国主义经济发展的规律和社会弊端,还为克服这些弊端指明了出路。他认为,战争加速了社会的发展,必然导致革命,帝国主义是无产阶级社会革命的前夜。无产阶级可以在帝国主义链条中最薄弱的环节领导革命,摧毁和消灭私有制,建立公有制的共产主义制度。共产主义一旦消灭了私有制,也就消灭了一切战争的根源。列宁把世界形势与革命联系起来,提出从资本主义过渡到共产主义是这个历史时代的使命,帝国主义时代的主题就是战争与革命。

与威尔逊主义刚一提出就遭到挫折不同,列宁的"帝国主义论"在提出以后不久就得到了实践的检验。第一次世界大战后,列宁领导的布尔什维克革命,推翻二月革命后建立的政权,废除了私有制,建立了苏维埃政权或社会主义制度。第二次世界大战结束后,又产生了十多个社会主义国家。这些国家在对外政策上都坚信列宁的信念,即外交是内政的延续,把国家对外政策建立在国内政治基础上。

结构现实主义对"民主和平论"的批评,也适用于"帝国主义论"。在实践上,社会主义不仅与非社会主义国家之间发生过战争,而且数量有限

---

① 列宁:《帝国主义是资本主义的最高阶段》,北京:人民出版社2001年版。

的社会主义国家之间也发生过战争。如苏联1968年入侵捷克斯洛伐克，1979年还赤裸裸地入侵阿富汗；越南于1978年入侵了柬埔寨；中国和苏联于1969年发生了边界冲突。

根据国际关系的历史和中国对外政策实践经验，中国对战争根源的认识经历了一个过程。在中华人民共和国成立以后的相当长的时期内，中国都认为我们所处的时代是帝国主义战争和无产阶级革命的时代，强调"帝国主义的战争威胁依然存在，第三次世界大战的可能性依然存在"。根据"战争与革命"的时代观，坚信世界大战不可避免，对于战争的态度是准备好"早打""大打"，甚至准备好"打核战争"。在对外政策上支持一切被压迫民族的解放运动，推动和支持世界革命。

1968年苏联武装入侵捷克，对列宁提出的帝国主义就意味着战争、社会主义国家是不会对外发动侵略战争的信念提出了挑战。中国出版了多部著作，试图从理论上解释"苏联是怎样蜕变为社会帝国主义国家的"，明确指出苏联的行动表明是"口头上的社会主义、实际上的帝国主义，即机会主义变成了帝国主义"。[①] 进入20世纪70年代，中国政府认为美苏两霸是战争的策源地，反对霸权主义、维护世界和平成为中国对外政策的目标。

改革开放以后，中国领导人对战争根源的认识有了新的发展，认为爆发战争的可能性仍然存在，但和平力量在上升，推迟战争是可能的。基于对形势的分析，中国放弃了战争与革命的时代主题观，提出了和平与发展是时代的主题。在对二战后众多局部战争和武装冲突的根源进行分析后，中国不再把战争与社会制度或国家的阶级属性联系起来，也不再把霸权主义作为对某一个国家的定性，提出"辨别一个国家是不是搞霸权主义，不

---

① 龚良佐：《苏联是怎样蜕变为社会帝国主义国家的》，上海：上海人民出版社1976年版；沈阳水泵厂五车间理论组、辽宁大学经济系研究组编：《苏联是怎样蜕变为社会帝国主义国家的？》，沈阳：辽宁人民出版社1976年版；北京大学经济系研究所、北京新华印刷厂工人国际形势研究小组编著：《社会帝国主义国家苏联》，北京：商务印书馆1975年版；哈尔滨师范学院图书馆参考部：《霸权主义的苏联社会帝国主义》，哈尔滨：黑龙江人民出版社1976年版。

是看它面积、人口和兵力有多少,而是看它执行什么样的对外政策"。① 也就是说,中国开始根据一个国家对外政策来判断这个国家总体政策的性质,而不是从国家性质判断对外政策,实际上放弃了国家性质决定对外政策的观念。

无论是"帝国主义论"还是"民主和平论",都把国家对外政策与国家的政治性质联系起来解释国家对外政策和行为。两种理论的出发点都是为了避免战争或消灭战争,在一些具体的对外政策和外交上的主张有很多共同点。但是,两者在消灭战争途径上的差异导致两种理论从一开始就处于对立的状态。这两种思想所代表的价值观念之间的对立,也表现为它们所代表的两种政治制度之间的竞争。两种思想和政治制度的对立和竞争,从它们产生至今都是影响国际关系和现代世界历史的主题。

第一次世界大战结束后,这两种制度之间的互不信任和相互竞争,给纳粹德国的崛起创造了条件。两种制度都纵容纳粹德国,期待把法西斯的祸水引向另一方。西方执行了绥靖德国的政策,苏联则与德国签署了秘密条约。希特勒利用了这两种制度间的猜疑和互不信任,企图控制整个欧洲。在面临纳粹德国征服欧洲的情况下,东西两种制度被迫放下意识形态的分野,联手击败德国。第二次世界大战刚一结束,两种制度之间的竞争就以冷战的方式开始,成为长期影响国际关系的主旋律之一。

冷战结束后,把国家政治特性与国家对外政策联系起来的思想重新找到了机会。不仅"民主和平论"重新抬头,甚至还出现了"失败国家论"。这种理论的倡导者认为,"失败国家"没有存在的权利,因为它们只会对其他国家构成威胁。如果一个国家已经成为"失败国家",国际社会可以对其进行干预。从克林顿的"扩展战略"到安倍晋三提出的"价值观外交",都强调共同价值观念和意识形态在国家对外关系中的作用,都是把国家政治制度与国家对外政策联系起来的外交实践。

民主化是历史发展的趋势。人们习惯地认为,如果一个国家的对外政

---

① 《维护世界和平必须反对霸权主义》,《人民日报》1983年1月5日。

策决策过程完全民主化,依赖和相信人民,让人民真正地参与到政府决策中,制定出真正体现人民意志的决策,那么经过这样的过程制定的对外政策一定是和平的。但是,人们看到全球化的发展遇到了逆全球化的潮流。各种民族主义、民粹主义意识形态在全世界范围回潮。形势的发展表明,完全彻底的国内民主化,可能预示着更加具有进攻性的对外政策,而不是更加和平的对外政策。全球化和逆全球化趋势引发人们的反思,民主制度在给人以希望的同时,也引发了不少的隐忧。

第五节 国家角色与对外政策

国家特性对国家对外政策的影响不是直接的,而是间接的。历史、文化等特性塑造国家对外政策的决策者,并通过决策者影响对外政策的结果;国家的物质特性只有被政策制定者考虑在内才能对政策的结果产生影响。霍尔斯蒂(Kal Holsti)借用社会心理学中社会角色的概念,提出了一种将国家特性的多种要素结合起来,分析国家对外政策的国家角色概念,通过研究决策者对自己国家在国际社会的定位和应当发挥什么作用的看法来研究一个国家的对外政策,在对外政策分析中日益受到重视。

人的行为受到一定历史时期的社会规范的制约。中国封建社会中所谓的"父子有亲,君臣有义,夫妇有别,长幼有序,朋友有信"的"五伦"道德规范,曾经是确立封建时代个人在社会中行为的典型规范。当今一些基本的社会行为规范仍然是影响人的社会行为方式的重要因素。比如,父母有教养孩子的义务、孩子有赡养父母的义务、教师要为人师表、法官要维护正义、医生要救死扶伤、军人要保家卫国、公仆要为人民服务等。所谓角色就是针对个人在社会关系中的关系确立个人行为的一种要求,是"别人对处于特定地位的人的态度和行为的期待,以及这些人对自己的一种期待"。[1]

---

[1] James Rosenau, *Turbulence in World Politics*, Princeton, N. J.: Princeton University Press. 1990, p. 220.

政府的对外政策行为,包括一个国家对其他国家的态度、决定、反应和做出承诺的规律,可以被看作是该国家在国际社会的角色行为或国家角色表演。从观察者的角度看,国家对外政策行为的规律和特点反映了国家在国际社会所扮演的角色。国家角色概念是国家领导人关于国家在国际体系内或对国际体系所应采取的适当态度和功能的一种认识,包括态度、决定、反应、功能以及对其他国家的承诺等。① 从认知心理学的角度看,国家角色概念是国家领导人对本国自我角色的一种意象;从建构主义的视角看,国家角色概念是领导人对本国的身份认同。一个国家根据自己的国家角色概念或者国家的身份制定政策和采取行动。因此,国家角色概念或国家的身份认同不仅可以用以描述对外政策,也可以用于分析对外政策。

国家角色具有很强的表述功能。国际体系不仅可以被看作是相互关系的格局,而且还可以被看作是在特定时间范围内不同国家角色概念支配下的不同角色分布,或不同时期国家领导人的国家角色概念的互动关系。国家角色的变化通过国家对外行为的变化反映出来,国家行为变化体现了国家角色的变化。在国际关系研究中,当人们用一些特定的词,如"不结盟""集团领导者""平衡者"以及"卫星国"等来描述一个国家对外政策习惯或行为规律时,说明这些国家在不同的国际背景和环境下的对外政策和军事行为总是与被称为这种类型的国家的行为是一致的。国家角色和国家对外政策行为之间具有高度一致性,可以作为衡量一国对外行为的坐标,是理解一定时期国际关系中国家间关系的重要手段,比结构现实主义或权力政治更能体现国际体系或国际社会的复杂性。

角色通过社会互动演化形成。一个人在社会中的角色扮演或角色行为由三个方面的互动决定或塑造:个人的自我角色概念、自己的职业或职位以及社会对自己行为的规定或别人对自己的角色的期待。自我角色概念受到自己的人格特点、人生目标和态度、个人利益和需求、个人信仰和价

---

① K. J. Holsti, "National Role Conceptions in the Study of Foreign Policy," *International Studies Quarterly*, Vol. 14, No. 3, September 1970, p. 245.

值观念等影响。人们根据这些特点决定自己是谁或想做什么样的一种人。个人在自己的单位或组织机构内部所担任的特定职务或从事的职业都有清楚和明确的责、权、利规定。每个担任特定职位的人在一定程度上都是在代表这个角色行事或履行这个职位的职责。一个社会的法律和一定职位上的权利义务对这个职位的人的行为方式都有某种形式的要求和规定，自己所处的社会文化也具有规范性的影响。

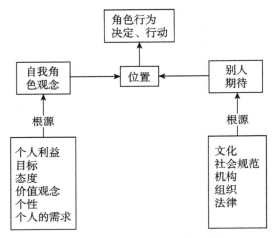

图 5-2 个人社会角色和行为①

在国际政治中，主权独立意味着对外政策的决定和行为主要取决于决策者自己的角色定位或角色概念。国家领导人的角色概念或对本国在国际社会应该扮演什么样角色的认识，是由本国的国家特性、国内的需要以及外部环境中关键事件和趋势所塑造的。国家特性和国内需要包括国家的地理位置、资源能力、社会经济需求、国家总体的价值观念和核心意识形态、传统的国家角色、政治制度和国内政治需求、决策机制和领导人的决策风格等。

一个国家在国际社会的角色也受到国家地位和国际体系的权力结构、

---

① K. J. Holsti, "National Role Conceptions in the Study of Foreign Policy," *International Studies Quarterly*, Vol. 14, No. 3, Sept. 1970, p. 241.

基本价值规范、世界舆论、国际惯例和国际法的基本原则、多边或双边协议和条约等方面的制约。尽管国家在国际社会或特定的国际组织中会担任一定的职务（如联大主席），并根据这些职务承担着特定的权利和义务，一定时期的国际规范、价值观念和国际条约义务规定了一个国家必须或应该采取什么样的行动或不应该做什么。但是，国际结构和规范的约束并不像国内法律一样具有强制性，国家的位置不是由国家的职位决定的，而由这个国家在国际体系中的等级、分量或地位所决定。

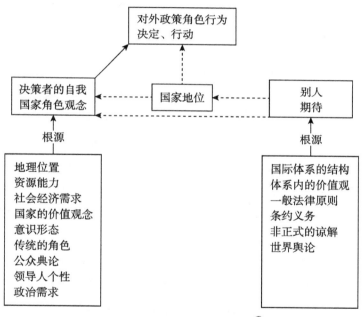

图 5-3　国家社会角色与行为①

正如同一个人在社会不同环境中会扮演好多种角色一样，国家在国际社会的不同环境下也同时具有不同的角色，国家领导人的国家角色概念也有所不同。霍尔斯蒂以世界上 71 个国家为样本，搜集了这些国家领导人从 1965 年 1 月到 1967 年 12 月的 972 项材料，归纳出这些国家领导人的

---

① K. J. Holsti, "National Role Conceptions in the Study of Foreign Policy," *International Studies Quarterly*, Vol. 14, No. 3, Sept. 1970, p. 245.

17种不同类型的国家角色概念,平均每一个国家领导人拥有4.6个国家角色概念。海曼斯(Jacques E. C. Hymans)则从两个维度将国家身份观念划分为四个。一个是国家间关系的维度,即国家间是敌对关系身份还是竞争与合作关系身份。另一个是国家的地位维度,即自己国家与别的国家比是平等的还是不如其他国家。据此,他把国家角色身份观念分为四个。这四种国家身份概念包括正大光明的民族主义者和对立的民族主义者;正大光明的下属和对立的下属。他通过对法国和阿根廷、澳大利亚和印度的案例研究后认为,具有对立的民族主义者和对立下属身份认同的国家会追求发展核武器。[1]

国家角色不仅可以用于描述对外政策,也可以分析国家对外政策。国家角色的变化反映的是一个国家对外政策变化总的规律和趋势,对国家角色及其变化的研究要比研究一个具体的对外政策重要得多。从对外政策分析的角度看,国家角色概念是影响国家对外政策的一个变量,也是国家特性多方面要素影响国家对外政策的中间变量。国家对外政策行为是领导人对自己国家在国际社会中应该扮演的角色观念的扮演;单一的对外政策或行为可以被视作实施国家角色概念的具体步骤,典型的对外政策决策至少是与这种概念相一致的。领导人国家角色概念能够帮助解释和预测国家对外政策的总体趋势和特点。

最初的国家角色概念是国家领导人对本国在国际社会中角色的认知和看法。随着建构主义的兴起,国家角色概念也被称为国家身份和认同。因为国家身份和认同多指集体的身份和认同,对外政策分析中的国家角色概念也开始具有集体角色概念的含义。这就产生了一个国家内部可能存在不同的国家角色概念或不同的身份认同的问题,进而也产生了国家角色概念或国家认同的一致性和冲突的问题。国家角色概念的一致性和冲突具有对内和对外的两种表现形式。

在国际关系的研究中,国家的角色概念或国家身份认同是由国家对外

---

[1] Jacques E. C. Hymans, *The Psychology of Nuclear Proliferation, Identity, Emotions and Foreign Policy*, Cambridge University Press, 2006.

政策决策者代表的,一般情况下选民会接受领导人对自己的国家角色概念或身份认同,或者领导人的国家角色概念和认同与大多数人的国家角色概念和认同具有高度的一致性。这是国家角色概念一致性的国内表现形式,也是国家角色概念提出初期的认识。国家角色的外部一致性指领导人的国家角色概念或对本国的认同,或者领导人所代表的本国集体国家角色概念与认同,与国际社会对本国的角色期待或规定是一致的。前者表现的是国家内部的团结和共识,后者表现的是国家与外部世界的和谐共处。

对外政策分析所关注的是国家角色概念的不一致或冲突可能对国家对外政策产生的影响。国家角色的冲突包括国内冲突和对外冲突两种表现形式。国内国家角色概念或国家身份认知的不一致或冲突有多种情况。比如领导人自身对国家角色认知的含糊,领导人之间甚至政府的不同部门的国家角色概念和国家认同存在不一致或冲突,也可能是领导人与国民之间的国家角色概念或国家身份认同之间的不一致。国内角色概念不一致和冲突在内部可能导致国内的分裂或官僚政治的出现,对外则会表现为国家对外政策缺乏连贯性和一致性。

国家角色概念与乌克兰和白俄罗斯弃核政策的差异

1991年苏联解体后,有三个独联体国家拥有核武器:俄罗斯、乌克兰和白俄罗斯。俄罗斯把自己看作是苏联的继任者,继承了苏联大多数核武器。同时获得独立的白俄罗斯很快就放弃了核武器,但乌克兰在独立后曾试图保持一个核大国的地位。

白俄罗斯的政策决定与白俄罗斯领导人的国家角色概念是一致的。白俄罗斯领导人将自身地位定位于与芬兰、瑞典、比利时、瑞士、匈牙利等欧洲小国相类似的国家,于1992年5月明确宣布放弃核武器,并于次年加入《核不扩散条约》。乌克兰虽然在独立后也宣布弃核,但迟迟未加入《核不扩散条约》,甚至一度雄心勃勃,希望通过追随法国和俄罗斯以拥有核武器,但是在国际社会的压力下改变了自己的国家角色概念或身份认同定位,最终也放弃了核武器。

查菲茨(Glenn Chafetz)等对霍尔斯蒂提出的诸多国家角色概念进行分析后,归纳出白俄罗斯和乌克兰国家领导人拥有的13种国家角色类型,其中地区领导者、全球体系领导者、地区保护者和反帝国主义者这四种角色挑战环境,倾向于发展核武器。而调停-参与者、榜样、保护国、地区次系统的合作者、全球系统的合作者、桥梁、内在发展者这七种角色倾向于放弃核武器。而放弃核武器或遵守《核不扩散条约》被认为是这些角色的一种功能。

他们对1991年12月到1993年7月白俄罗斯国家领导人在安全和外交问题上的讲话进行分析,发现白俄罗斯领导人具有显著的调停-参与者、榜样的角色。而对这个时期乌克兰领导人的相关讲话内容的分析,可以清楚地表明乌克兰领导人具有地区领导者、全球体系领导者、地区保护者和反帝国主义者的角色概念。这种角色概念和他们不愿放弃或拥有核武器的政策是一致的。

但是,乌克兰拥有核武器的角色定位与国际社会对乌克兰的角色期待发生了严重的冲突。国际社会并不认可乌克兰的这一角色定位。特别是美国、俄罗斯以及众多欧洲国家公开反对乌克兰拥有核武器的大国角色定位。乌克兰领导人的自我角色定位与外部世界对它的角色期待和规定出现了严重的冲突。这种冲突对乌克兰产生了巨大的压力。

面对国际上要求乌克兰放弃核武器的压力,乌克兰国内出现国家角色概念的冲突和争论。这一争论的过程也是一个乌克兰国家角色调整的过程。最终,这种角色概念发生变化,促使乌克兰的角色概念与外部对它的角色期待相一致。最终乌克兰决定放弃核武器,承认俄罗斯是苏联核武器唯一的合法继承人。[1]

---

[1] Glenn Chafetz, et al., "Role Theory and Foreign Policy: Belarussian and Ukrainian Compliance with the Nuclear Nonproliferation Regime," *Political Psychology*, Vol. 17, No. 4, 1996, pp. 727-757.

国内的角色概念冲突还表现为一个国家可能同时拥有多种国家角色概念。国家是多功能的结合体,在不同层次的体系内的多种双边和多边场合下采取行动,因而就可能同时拥有多种国家角色概念,这些角色概念之间可能出现不一致或冲突的情况。例如在霍尔斯蒂的分析框架中,新加坡既是一个地区合作者又是一个孤立者,巴基斯坦既是一个桥梁又是一个孤立者。这些不同的角色观念可能是针对不同领域或在不同问题上角色概念的差异。这种类型的国内角色概念冲突需要把角色概念与具体的对外政策联系起来进行分析。

角色概念的对外不一致或冲突,是国家领导个人或集体的国家角色概念或国家认同,与他者或者外部世界对本国国家角色期待或角色规定之间的不一致或矛盾。这种冲突的结果就是作为国家角色扮演或国家角色行为的国家对外政策与国际社会对本国的政策期待之间的不一致。如果国家的政策是和平的政策,这种不一致可能只是会出现简单的不适。例如中国一直坚持自己是一个发展中国家,但是许多国家认为中国早已经不是一个发展中国家。这种差异的后果之一是,国内对中国在国际上应该发挥的作用和承担的义务,与国际社会认为对中国应该承担的义务之间存在不同的认识。如果一个国家执行冲突性的对外政策,这种决策冲突就可能呈现为与外部世界的直接冲突。

引发国家角色概念与外部对国家角色期待之间矛盾的原因,既可能是国家角色概念变化产生的,也可能是外部结构或规范变化引起的。国家角色不是静止的,而是处于不断地调整和变化中的。这种变化的国内原因可能是国家实力和国内政治社会的变化、领导人对自己国家角色概念的变化。具体来说,实力衰落后仍然坚持扩展性对外政策义务,或者国家实力增加后继续坚持原有角色行为,都会引发国内角色概念和外部角色期待之间的冲突。此外,国内社会的其他变化,如政权更迭以及革命、改革引发的社会变化、领导人的变化等,也可能引发国家角色概念的变化。

对外角色冲突也可能是由国际力量结构和基本规范的变化引起的。国际社会环境和权力结构的变化会引发国家角色身份的重新组合。在外部环境变化的情况下,国家的角色概念或对外政策行为方式没有变化,也可能产生国家角色概念或身份认同与国际社会的期待和规定的不一致。这种冲突可能导致国家对外政策与现有国际体系的冲突,甚至导致体系的动荡。对于这种不协调或矛盾和冲突,国家需要与他者沟通以改变他者预期,或改变国家角色以反映自身地位并改变自身预期,暂时依据他者预期改变行为。

第二次世界大战期间世界主要国家的角色比较少且单一,或者是同盟国,或者是轴心国,或者是中立国。第二次世界大战结束以后,国际格局开始复杂化,国际社会中的国家角色开始增加并出现了多元化的趋势。分析新中国成立后主要领导人在国际关系和对外政策上的讲话,可以发现,在紧张对峙的冷战初期、东西方对峙缓和的冷战后期以及后冷战时期,中国领导人的主要国家角色概念有所不同,作为角色扮演的对外政策总体特征和对国际体系的态度也不相同,因此外部世界对中国的回应方式也就显出不同的特点。

国家角色概念还具有预测对外政策的功能。按照不同的方式和坐标将国家角色分为不同的类型,并将不同类型的角色与特定的对外政策联系起来,提供了观察国家对外政策发展趋势的框架。如果知道一个国家领导人的国家角色概念,几乎就可能预测出这些国家对外政策的基本规律和发展趋势。例如多项关于国家发展核武器的研究表明,特定类型的国家角色概念最容易导致这些国家发展核武器。

对外政策是国家决策过程的结果和输出,也是国际体系变化的原因和输入。国家角色概念把国际政治和国内政治层面上的因素联系起来,将影响对外政策的诸多国内要素与外部要素结合起来,提供了结合国际关系其他理论或对外政策分析的其他层次来分析对外政策的途径。例如,国家角色概念与建构主义的身份认同有异曲同工之处,在建构主义兴起的背景下推动了对外政策分析的深入,产生了不少的成果。国家间角色外部冲突为研究国际冲突、战争和危机提供了新的视角。国家角色概念的国内冲突与政府政治研究的结合,与领导人认知方式结合起来,与国内社会变化的结合等,打通了对外政策宏观研究与微观研究,推动了对外政策分析的进展。

国家角色概念是影响国家对外政策的一个因素,也是对外政策分析的一个自变量。运用国家角色概念的研究视角是宏观的和粗线条的,不能解释一个国家对外政策的细节,也不能解释特殊的对外政策。国家角色通过国家的对外政策行为表现出来,也可以说是国家对外政策的变化影响了国家角色的变化。在方法论上,从国家角色概念的角度分析对外政策的研究思路与政治心理学和建构主义研究对外政策一样,都存在循环论证的状况。

关键概念

国家特性　国家角色　国家认同　硬实力　软实力　民主和平论　帝国主义论　地缘政治论　民族主义　民粹主义

思考题

1. 国家特性具体包括哪些内容?
2. 国家实力的要素及其之间的关系是什么?
3. 地缘政治要素如何影响对外政策?
4. 民族主义的内涵、表现形式与对外政策有什么样的联系?
5. 国家政治特性与对外政策的关系是什么?
6. 如何理解国家角色相关概念的内在联系,国家角色冲突的表现的形式和特点等?

推荐阅读文献

列宁:《帝国主义是资本主义的最高阶段》,北京:人民出版社2001年版。

〔美〕约瑟夫·奈:《软实力》,马娟娟译,北京:中信出版社2013年版。

邢悦:《文化如何影响对外政策?以美国为个案的研究》,北京:北京大学出版社2011年版。

〔美〕江忆恩:《文化现实主义:中国历史上的战略文化与大战略》,朱中博、郭树勇译,北京:人民出版社 2015 年版。

〔美〕马汉:《海权论》,秦翠红译,北京:石油工业出版社 2014 年版。

〔英〕麦金德:《陆权论》,欧阳瑾译,北京:石油工业出版社 2014 年版。

〔美〕斯皮克曼:《边缘地带论》,林爽喆译,北京:石油工业出版社 2014 年版。

Stephen Walker, ed., *Role Theory and Foreign Policy Analysis*, Durham: Duke University Press 1987.

第六章
对外政策分析的融合与趋势

作为一个分支学科,对外政策研究的最初目的,是建立可以比较的宏观对外政策理论,后来转变为探讨不同的对外政策分析模式或框架,并用这些框架分析影响对外政策的决定因素与政策结果之间的关系。经过50多年的发展,对外政策分析学术群体不断扩大,有了自己的学术阵地和专业刊物,取得了不少成果。

对外政策分析的进一步发展需要:(1)不断与时俱进,拓宽视野,借鉴其他相关学科的成果,特别是宏观国际关系理论和历史学的最新成果和研究方法;(2)紧扣对外政策实践,增加理论模式的政策价值;(3)把更多的国家,特别是发展中国家的对外政策纳入到研究和分析视野中,摆脱当前对外政策分析理论模式的北美"偏见",建立一个适用范围更为广泛的对外政策分析理论。在这个过程中,国力进一步崛起、在国际舞台上日益活跃的中国对外政策自然成为对外政策分析理论建设关注的焦点,这也给中国对外政策研究提供了一个很好的机会,为建立更具普遍意义的对外政策分析理论贡献中国智慧和中国经验。

第一节 对外政策分析模式的选择和应用

对外政策分析的核心是对外政策的决策研究。决策研究需要相关决策过程非常具体和详细的信息与材料。由于重要的对外政策决策往往涉及国家安全等方面的敏感问题,是在高度保密的状况下做出的,相关一手材料很难获得。即使是决策者,也不一定了解其全部过程。美国前总统肯尼迪就曾坦言:"对观察者来说,最终决策的本质仍然是不可知的……在决策过程中总是存在着一些看不见和紧张的争执——即使对那些亲身参与决策过程的人来说也是神秘莫测的。"①如果对决策参与者都是如此,那么对于没有参与决策过程的学者来说,就更难获得足够、令人信服的信息和材料来对决策过程进行分析和研究。相关档案材料解密以后所产生的新问题是,几十年以前的政策案例现在是否还有理论意义和政策上的参考价值。

因为难以获得决策过程中的详细材料,不可能对决策具体细节进行研究,对外政策分析把国家对外政策或对外行为作为客观的研究对象和因变量,把影响国家对外政策行为的要素作为自变量,寻找作为自变量的影响因素和作为因变量的政策结果之间的内在逻辑关系,解释国家对外政策和对外行为产生的原因。换句话说,在难以找到两者之间的因果联系(causal-relation)的情况下,找出影响对外政策决策的因素与决策结果之间的相互联系(co-relation),仍然具有重要的学术和应用价值,因此是多数对外政策分析研究的主要目的。

作为因变量的对外政策可能是一个国家对另一个国家和地区的政策,也可能是一个国家在某一功能领域内的政策;它既可能是一种语言上的政策宣示,也可能是具体的对外行动。语言方面的政策宣示既包括明确表达的政策观点,也包括应该明确表达或别人期待应该表达观点和意见的时候却不表达任何观点的沉默。对外政策行动的内容既可能是和平,也可能是战争;不同功能领域的政策涉及的可能是政治、安全、军事等传统对外关系领域的政策,也可能是金融、气候变化、反恐、文化安全等非传统领域的政策。随着人们认识水平的提高,人们对同样的对外政策或对外行为会产生不同的认识和看法,或随着相关材料的日益丰富,人们也可能看到旧政策

---

① John F. Kennedy, "Preface," in Theodore Sorensen, *Decision-Making in the White House: The Olive Branch and the Arrows*, New York: Columbia University Press, 1963.

的新方面。从不同的角度和侧面看待对外政策或政策行为,可能产生不同的认识。

确定对外政策分析的对象,并对这项政策有一种总体的感觉和认识是一件相当容易的事。但是,找出导致这种政策产生或变化的原因,揭示政策产生的内在动力和机制,把笼统的理解转变成实实在在、可验证的结论则完全是另外一回事。不同学科的学者对历史上和当今国际政治中具有重要影响的对外政策进行了多方面的研究。但是,随着新材料的出现以及人们认识能力的提高,他们发现了更多影响对外政策结果的要素。

因为影响对外政策结果的要素是多元的、产生影响的过程是复杂的,在对外政策分析过程中一个常见的情况是,当研究者只依赖一种文献材料的时候,很容易得出结论,但如果查阅两种不同的文献材料,就会遇到甄别和选择材料的问题;如果有三种以上的文献材料,对研究者来说就是一种挑战。信息时代将这种挑战提到前所未有的高度。本书所列举的每一个案例,都可以有多种描述方式,也可以有多种不同的解释。鉴于影响对外政策的要素是众多的,在对一个特定的对外政策行为进行分析的时候不可能面面俱到,从所有角度进行分析,而只能从众多的影响要素中找出与对外政策结果或对外政策行为之间联系最为密切的要素,选择一种分析模式或选取一种理论视角探讨两者之间的关系。

对于从事对外政策研究的学者来说,分析层次和概念模式的选择是对外政策分析中的一个重要议题。一般的研究者会根据自己的兴趣、知识结构或理论归属选择某一视角进行分析。不同的学者提出了不同的思路或办法来解决这一问题。如罗西瑙在倡议建立比较对外政策分析理论框架的时候,提出在不同类型的国家(根据国家规模大小、政体以及发展状况划分),影响对外政策决策的要素所发挥的作用是不一样的(见绪论),因此对政策结果的影响程度也不一样。根据这种思路,体系层次的要素对小国对外政策的影响要超过它们对大国对外政策的影响,研究小国对外政策需要更加重视体系层次要素的作用。相对而言,国内政治要素对大国的对外政策更为重要。但是,也有学者认为,核武器的出现和两极体系使这种状况发生了逆转,即国际体系对大国的影响超过对小国的影响。这是一种根据国家特性判断哪一层次的要素是影响国家对外政策最重要要素的思路。

另外一种思路则认为,在对外政策决策的不同阶段,不同层次要素发挥作用的程度是不一样的。如杰维斯指出:"很难说哪一个分析层次最为重要。没有一个层次能够包含可以解释所有问题的最重要的变量,这些层次在不同的问题领域中的重要程度也有所不同。进而,哪一个分析层次最为重要还可能由我们所需要答案的丰富和详细程度而定。环境可能影响国家政策的基本取向,但是不能确定国家具体的回应行动……国内政治可能会使一个给定事件成为政策变化的机会;政府机构的讨价还价会决定它们向国家的领导人会提出什么样的政策建议;决策者个人的性格气质可能会决定他做出某一种选择;政府机构的利益和日常运作可能会决定政策的执行情况。"①为了应对众多与对外政策研究有关的不同的现象,研究者需要根据具体情况,把其中一些影响要素当作是重要的,而把另外一些当作是不重要的。

也有一些学者提出了选择不同分析模式研究对外政策的不同思路。主要的思路包括以下几种。

第一,根据对外政策决策所涉及问题的性质选择决策分析模式的思路(见表6-1)。如果决策议题是日常问题,那么按照既定的组织程序决定就可以了。大多数对外事务是这样处理的,但这些不是对外政策决策研究和关注的重点。对于非日常事务,又可以分成两类情况。一类是对于危机状况或涉及重大国家利益的事情,最高领导层可能参与决策,对于这种决策则需要运用个性或小集团决策模式。另一类是对于非日常且非危机事务,政府需要组成一个临时的跨机构组织来处理。跨机构组织内的成员代表不同机构或组织的利益,可能有不同的观点,因而在决策过程中可能产生讨价还价、互相扯皮的情况。近年来一些研究显示,随着全球化的发展和

---

① 〔美〕罗伯特·杰维斯:《国际政治中的知觉和错误知觉》,秦亚青译,北京:世界知识出版社2003年版,第6页。

国家间联系的增加、外交议题的增多、参与决策的部门和机构的增加,以及随之而来部门之间协调性需求的增加,这种现象逐渐增多,官僚政治现象在不少国家对外政策的决策过程中都以不同的形式存在。

表 6-1　根据决策问题的性质确定对外决策模式的方法

问题性质	中介变量	决策模式
日常问题		组织过程(按照既有标准工作程序)决策
非日常问题	危机状况或涉及重大利益	小集团决策
	非危机状况	跨机构(官僚政治)决策

第二,根据最高决策者个性选择决策分析模式的思路(见表6-2)。这种思路对领导人具有高度权威或相对封闭的国家来说更为适用。如果最高决策者对外交事务感兴趣,那么他就会参与决策过程。这一思路会考察最高决策者对环境的敏感度和认知的复杂程度。如果决策者对环境敏感,那么决策者就会根据决策环境或信息来制定决策,环境是主要的决定因素。如果最高决策者对环境不敏感,就会根据自己的个性、信仰等主观的想法来决策,这时对决策者个性的研究就是主要的。

表 6-2　根据领导人的个性确定决策模式的方法①

决策者	中介变量		决策模式
领导人	感兴趣 (参与决策)	对环境敏感	环境主导,从下到上信息处理方式
		对环境不敏感	个性主导,从上到下信息处理方式
	不感兴趣 (不参与决策)	团结的小组	小集团思维
		不团结的小组	官僚政治

如果最高决策者对外交事务不感兴趣,不参与对外政策决策过程,而是把决策权交给自己的内阁或主要的顾问和助手,那就取决于小组的性

---

① Magaret Hermann, et al.,"Who Leads Matters: The Effects of Powerful Individuals," in *Leaders Groups and Coalitions*, Special Issue of *International Studies Review* 2001, p. 73.

质。如果这个小组是团结的小组,小集团思维模式就最适当不过,而如果决策小组成员有不同的政策主张,那么就可以采用官僚政治的决策模式。前者如老布什政府对华政策的决策过程,后者如里根政府早期对华政策的制定过程。对于这一模式,领导人的个性特点如何影响顾问班子成员的选择,以及决策机制的模式是学者们关注的问题。如果最高决策者缺乏对外政策的经验或被其他事务纠缠,政府机构的运作就可能成为重要的变量。

第三,根据决策单位选择决策分析模式的思路(见表6-3)。黑根和赫尔曼等在这个领域有不少的研究。他们认为,尽管影响对外政策决策的因素包括国际的和国内的众多因素,但"这些因素需要经过政府的政治机制来识别、决定和实施对外政策"。他们称这种不同的机制为"决策单位"(decision units),并把它们划分为"领导支配决策""单一决策小组""多元团体联合决策"等单位。根据参与决策的单位,再结合每一决策单位的中介变量可以选择不同的对外决策分析的模式。表6-3中的第一类决策单位的内容与表6-2的内容一致,对于表6-3的第二类决策单位的情况,如果决策小组是高度团结的内聚的小组,就很有可能出现小集团思维的症状;如果决策小组决策程序需要少数服从多数,相同政策主张的人联合起来结成一个同盟,就可以使政策得到通过;如果程序上需要一致通过,不同政策主张的成员就会为了自己的政策主张展开激烈的斗争。在第三类决策单位的情况中,第一种情形是官僚政治,第二种情形是在有议事规则和程序的情况下,简单多数就可以使政策得以制定,否则就需要建立大范围的联盟。

人的认知能力是有限的,任何研究都不可能面面俱到。但是,不管影响对外政策结果的要素多么复杂,也不管有多少变量,原则上都可以把它们划分为不同的层次。经过几代学者的努力,对外政策分析已经形成了分析不同层次要素影响对外政策结果的概念模式。关注不同层次要素的影响可以借鉴和选择不同的概念模式,对政策结果提供不同的理解或解释。

表 6-3　根据决策单位选择外交决策理论和模式的方法①

决策单位	中介变量	适用的决策理论
领导支配决策	对环境不敏感	个性主导,从上到下信息处理方式
	对环境敏感	环境主导,从下到上信息处理方式
单一决策小组	内聚的小组	小组一致(小集团思维)
	少数服从多数决策	决策过程要建立联盟
	须达成一致	官僚政治可能形成僵局
多元团体联合决策	须一致通过	(官僚政治)讨价还价/谈判
	有议事规则	简单多数的联盟获胜
	无议事规则	建立大范围的联盟

借用杰维斯在《国际政治中的知觉和错误知觉》中的一个例子,可以说明关注不同层次要素的研究者如何选择相应的模式对同一个决策进行分析。杰维斯援引沃尔夫提出的外部环境决定对外政策结果的一个隐喻,说明了决策者个人作用的重要性。沃尔夫提出,外部环境的强制性越大,人们的行为就越趋于一致。他说:"设想有许多人,他们的气质特征大不相同,但都置身于一个失火的房间里。非常合理的设想是:这些人都会被迫奔向出口逃命,很少会有例外……根本没有必要分析导致这一行为的个人决策过程"。②

杰维斯认为,现实生活中的环境并非如此简单和显而易见,而是非常复杂。在复杂且不清晰的现实环境中,决策过程会产生巨大的分歧。比如在第二次世界大战前夕,"对于丘吉尔来说,希特勒在德国掌权之后,房子就起了大火;但对于张伯伦来说,只是在 1939 年 3 月之后,房子才起了火;对另外一些人来说,从来就没有起过火。"③因此,仅仅根据外部环境并不

---

① Charles F. Hermann, Margaret Hermann and Joe Hagan, "How Decision Units Shape Foreign Policy Behavior," in Hermann, et al., eds., *New Directions in the Study of Foreign Policy*, ibid., pp. 309-338; "Leaders Groups and Coalition: Understanding the People and Process in Foreign Policy Making", Special Issue of *International Studies Review* 2001.

② 〔美〕罗伯特·杰维斯:《国际政治中的知觉和错误知觉》,秦亚青译,北京:世界知识出版社 2003 年版,第 9 页。

③ 同上。

能预测行为,"比如说,有人没有离开着火的房间,原因可能是他反常的目标(他希望死);也可能是他反常的知觉(他闻不到烟味或感觉不到灸热)"。因此,"如果不考察决策者对客观世界的看法和对其他人的认知,就无法了解重大决定和政策是怎么形成的"。①

如果顺着杰维斯的逻辑,房子着火的隐喻还可以继续扩展下去,说明不同分析视角对同一行为都具有一定的解释效力。国家是一个群体,对外政策并不是由一个人做出的决定;在每一项对外政策议题上,都存在着多种选择。比如房子着火了,在房子里的人需要逃向出口。但是这个房子有多个出口,而房子内的所有人是一个整体,必须从一个出口共同逃出,这就如同一个国家在一个问题上只能有一种对外政策选择一样。每个人都希望从靠近自己的出口逃生,因为只有选择靠近自己的出口,自己才可能先逃生,而离这个出口远的人可能就会被烧死。也就是说,个人在房子内的位置决定了他希望从哪一个出口逃生的立场。在众多出口可选择的情况下,决定从哪个出口逃生的过程就是一个互相撕拽的过程,接近某一出口的人还可以建立一个联盟,形成合力,最后的结果可能是哪一方面的力量大,就从哪个出口逃生。因此,即使国家的所有政治家都面对相似的严重威胁,都认为需要做出反应,但身处不同部门的个人做出反应的具体方式也有所不同,不同的反应(对外政策)总是代表一部分人的利益,而不是代表所有人的利益。

从小集团思维的模式看,如果着火的房子内是一个高度内聚的团队,这个团队成员之间高度团结、相互信任,形成一种"共识"的假象:或者认为自己的团队是强大的,足以应付房子着火这个状况,不需要大惊小怪;或者简单地认为团队成员可以跳窗逃生,尽管着火的房间在一栋高层建筑内部。团队内部有不少成员认为这些选择都是不行的,但是因为不愿意在团队的其他成员面前表现出自己对团队缺乏信心,或者避免被其他成员认为是不敢跳窗的胆小鬼,因此没有一个成员对团队的"共识"假象提出疑问,

---

① 〔美〕罗伯特·杰维斯:《国际政治中的知觉和错误知觉》,秦亚青译,北京:世界知识出版社2003年版,第29—30页。

没有任何成员提醒火灾的严重性,也没有人指出这是一栋高层建筑,跳下去将非死即残。如果出现上述状况,就是一种典型的小集团思维状况。

按照同样的逻辑,从国内政治的角度理解对外政策,国家领导人代表国家或者以国家的名义制定政策,但执政者或国家领导人与他们所代表的人民的利益并非总是一致的。他们代表国家或以国家领导人名义做出政策选择,并不一定符合大多数民众的利益,或不一定得到大多数民众的支持。但政治家会操纵国内政治,打着国家的旗号,制定符合自己利益的政策。如公众都看到房子着火了,但是领导人认为问题不大,自己能够应付得了,或者不愿意被外部看到房子着火了,让外人知道自己没有能力处理好内部的事务,因此采取措施将着火这件事掩盖起来。这是专制国家领导人或一些地方领导人经常做的事情,即封锁坏消息和相关新闻,结果酿成更大的灾难。还有一种情况是,房子没有着火,但房内的人对领导人不满意,试图将领导人推翻,更换新的领导人。当领导人的执政地位面临国内危机的时候,他自己可能把房子点着,转移国内公众的注意力,迫使国内的"造反"活动停息下来,这也就是对外政策分析中"转移战争"的逻辑。

从国家特性的角度也可以提供不同的解释。如果房子着火了,不管是房间内的人,还是房间外的人,选择都是不一样的。首先要看是什么样的房子着火了。如果是一个过期且本就要拆除的仓库,里面没有什么东西,内部不会有太大的损失,外部也不会采取任何行动。但是如果是一个医院或幼儿园,抑或是一个军备仓库,那么房子内的人就会受到不同的损失,外面的人也会采取不同的应对策略。当有很多因素都在发挥作用的时候,往往很难说哪一个因素是最重要的。

对外政策是多种要素和原因共同作用的结果,选择相应的概念模式可以指导研究者有目的、有针对性地选择相关材料,按照一定的步骤对这些材料进行组织,对政策结果提供某种层次的理解和解释(见图6-1)。但是,选择不同的层次、根据不同模式对政策结果进行分析可能类似"盲人摸象"一样,只能解释政策的某一个方面,但对政策的全面解释则需要结合不同的模式,把影响对外政策的不同要素都纳入其中。认识到这一点就是承认所有研究都具有局限性的事实,只是提供一些有说服力的解释,增加人们对特定条件下研究对象的内在机制的理解。

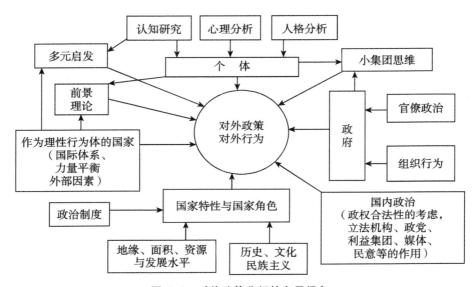

图 6-1　对外政策分析的多元视角

此外,还需要注意,层次分析所提供的从不同方面进行的对外政策分析模式都是静态的,而作为政治手段的对外政策,从受到外部刺激,到政策制定者的认知和判断过程,再到政策的形成和执行过程,是一个充满活力的动态过程。每一个模式对于动态的对外政策决策过程来说,只能解释其中的一个阶段或一个部分。比如,对于决策者来说,如何感知对外政策问题,如何界定或表征决策环境,如何形成不同的选项,如何达成共识,小组是如何学习的,最后需要落实以及落实的结果是如何反馈并影响下一轮对外政策的制定过程的……这些都是对外政策决策不同阶段面临的问题,需要借用不同的模式和视角进行分析。每个环节都可以影响对外政策的结果,不同层次变量的重要性会随着决策阶段的不同而发生变化,同样的变量在决策过程的不同阶段也会产生不同的结果,能够解释一个特定问题范围内或特定历史时期政策的模式或理论,在解释另一个问题领域内或另一个历史时期的同样领域范围的政策就不一定令人满意。

第六章 对外政策分析的融合与趋势

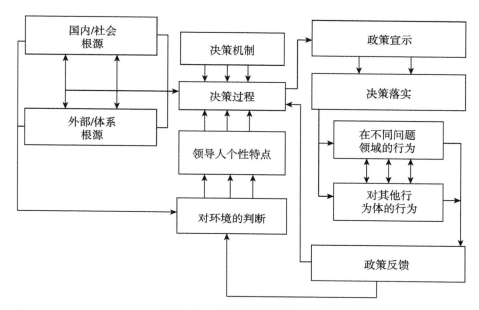

图 6-2 对外政策决策的流程

社会生活中的各种现象都是相互联系的。什么都可以是自变量,什么都好像是因变量。在一种情况下的因变量在另一种情况下可能就是自变量。社会科学的学科领域是根据不同的研究对象而划分的。对外政策分析的研究目标始终把国家对外政策或对外行为作为因变量,而且不是一般的对外政策或对外行为,而是那些重要的、有政策或学术价值的对外政策或对外政策行为。

在选择自变量的时候需要注意,一个层次的自变量的重要程度与其他层次的变量变化有关,如果一个层次的自变量处于极端状态,其他层次的自变量的重要性就会降低。需要说明,即便是认识到某一重要变量并从这一变量层面解释和分析政策,或把众多变量联合起来也不能百分之百地解释对外政策的全部结果,研究者需要做的是确定哪些自变量看起来与要解释的现象关系似乎最密切。在进行新的研究前需要对已有的研究进行梳理,也就是学术研究的文献回顾。这些研究不管有多少,也不管采取什么研究方法,在自变量的选择上大体上不会超出层次分析的大框架。在梳理已有研究的基础上,提出新的解释,无非也是找到新的层次或者找到新的要素,探讨这些新要素与对外政策结果之间的关系,让人们看到以往研究所没有看到的要素,增加对已有不同解释的对外政策行为的理解。虽然本书分析的是作为集体行为的国家的对外政策,但相关分析方法完全可以用来分析其他任何人类集体行为。

对外政策分析性研究设计

实证导向的研究旨在通过分析加深对特定对外政策的理解。

1. 选择特定的对外政策行为或事件,简要论证研究该对外政策行为或事件的理论价值和现实政策含义,明确提出问题,最好是一个为什么的问题。

2. 梳理学界对该政策已有的研究。对已有研究观点的梳理可以借鉴层次分析的方法,归纳不同学者用不同自变量对该政策已有的解释,并对既有研究予以评述,指出其不足或局限,引入新的自变量,提出新的理论视角。

3. 按照新的理论视角或模式,交代研究的基本思路和逻辑框架。

4. 按照新的理论视角和思路,以符合逻辑的方式选取和组织材料,安排研究布局和章节。

5. 在新理论视角或研究模式的指导下完成新的解释后,提出新的自变量与所研究的政策结果之间的关系,对这个理论视角的解释做一评价,并对这个层次因素影响对外政策规律进行一些规范或预测性前瞻。

理论导向的研究:旨在提出新的分析模式,或批判或改进已有分析模式。

1. 简述关于对外政策研究中的缺陷或空白,或梳理相关理论文献,对既有理论模式的完整性、合理性或使用条件加以质疑。

2. 简要论述提出新模式或补充和改进既有模式的理论价值。

3. 选取案例,并对案例选择的合理性进行论证和说明,若是比较案例,则需要说明案例的可比性。

4. 若是提出新的理论模式,按照自己的思路设计和组织案例,若是批评和修正既有模式,按照既有理论模式对案例进行过程追踪或比较研究。

5. 根据案例研究的结果,提出新的分析模式和思路,或对已有模式进行评估,指出其不足及其原因,或通过对其适用条件予以限定,在此基础上改进已有的对外政策分析理论模式。

第二节 对外政策分析的借鉴与趋势

对外政策分析的发展不仅需要本学科自身的进步,也需要借鉴与对外政策分析相关的其他学科的新成果和新方法,特别是需要处理好与宏观国际关系理论和历史学研究的关系,借鉴这些学科所取得的进展。为了增加对外政策分析研究的适用价值,还需要处理好与对外政策实践的关系,增加对外政策分析理论建设的政策效用;为了扩大对外政策分析理论的普遍性,也需要扩大视野,摆脱目前对外政策分析理论的美国特色和"偏见",把更多国家和地区的对外政策实践纳入到研究视野中,建立一种超越北美、具有世界意义的对外政策分析理论。

对外政策分析与国际关系理论之间的关系 国际关系理论把国际体系作为研究对象和解释的因变量,是体系层次的理论。不同理论的共同目的在于描述、解释和预测国际关系的规律和特点,如国际局势的紧张或缓和,战争的增加或减少,贸易保护主义的上升或减弱,人道主义干涉的变化,而不是描述或解释国际关系中不同行为体的偶然的个案或具体国家的具体对外政策。结构现实主义的代表人物沃尔兹曾强调自己的理论不是对外政策理论,冷战结束以后兴起的建构主义代表人物温特也明确地说,他和沃尔兹一样,感兴趣的是国际关系而不是对外政策[①]。国际关系理论

---

① 〔美〕亚历山大·温特:《国际政治的社会理论》,秦亚青译,上海:上海人民出版社2000年版,第13页。

具有概念清晰、变量单一、解释简约等特点。

对外政策分析是一种中程理论,研究对象和因变量是国家对外政策。对外政策分析在方法论上重视具体的单个案例,研究对象一般是某一特定时间范围内和特定背景下,国际体系的一个行为体对另一个行为体在某一个具体领域具体在什么时候做了什么、又是怎么做的。与体系层次的国际关系理论相比,对外政策分析强调个人的作用,强调实证性,提供影响对外政策因素的详细清单而缺乏简约性。与现实主义把无政府状态当作国际关系或国际政治的一种常态或对外政策的常量有所不同,对外政策分析突出强调情势性要素的作用,把无政府状态当作一种变量,并根据实际情况具体地解释对外政策。

对外政策分析与宏观国际关系理论存在着密切的联系。有些学者并不在意两者的区别,而是直接把国际关系理论运用于对外政策的研究和分析。如从结构现实主义的角度分析对外政策,总是会强调国际体系中的结构、实力和利益要素,新古典现实主义者虽然把国内政治要素纳入分析框架之中,但仍然把体系层次的要素当作影响国家对外政策的决定要素。自由主义学者习惯于从国内政治的角度分析,建构主义者强调国家身份、规范,特别是从施动者与结构之间关系的角度进行分析,政治心理学则强调个人层次的要素。

对外政策分析强调理论的可操作化,因而也被称为可操作化的国际关系理论。从传统国际关系理论的归属上看,对外政策分析属于自由主义或多元主义理论范畴。因为与现实主义相比,自由主义本质上是国内政治理论,把国际政治看作是国内政治的延续,把国家对外政策当作国内政策的延续,其核心概念是个人权利、私有财产和代议制政府等。这与对外政策分析的层次分析方法从个人、政府、社会等层次要素分析国家的对外政策行为是完全一致的。

国际关系理论和对外政策分析之间的联系是一种必然性与偶然性的关系,即偶然中有必然。国际关系的变化是由不同国际行为体的对外政策互动的结果,单个具体的对外政策肯定是国际关系规律的个案,国际关系的规律是由众多个案组成的,不同对外政策个案集中起来所表现出来的规律应该和宏观理论所解释的规律是一致的。两者的不一致必定意味着理论的错误,或理论的前提条件需要修改或限定。此外,对外政策分析虽然并不致力于建立宏观理论,但提出和完善对外政策分析的模式,并试图把这种模式运用于其他对外政策实践的研究本身就是对对外政策规律的承认。

冷战结束以来,国际关系理论研究和对外政策分析结合的趋势不断增强。沃尔兹开始关注对外政策的研究,进攻性现实主义的代表米尔斯海默提出,进攻性现实主义是一个关于国际关系结果的理论,是对外政策理论。① 但是,主要国际关系理论与对外政策研究在研究路径和核心关注方面既有区别也有联系。新现实主义和对外政策分析都强调决策是所有因素产生结果的中介或渠道,但和现实主义相比,对外政策分析更注重对社会心理过程的研究。建构主义和对外政策分析都强调文化、身份和观念的作用,但是对外政策分析更强调相互竞争、制度化和被操控的观念的作用。对外政策分析和自由主义都强调国内制度的重要性,强调国内精英、媒体文化等的影响,但对外政策分析更强调这种国内影响的差异性,更具体和详细。

表6-4 主流国际关系理论与对外政策分析研究对象异同比较②

国际关系理论	对外政策分析	
	相同	不同
新现实主义	决策是所有因素影响结果的渠道	并不突出强调国际层面因素的重要性,更重视社会心理过程
建构主义	强调文化、身份和观念的作用	更强调互相竞争的、制度化的和被操控的观念的作用,对施动者的理论有很好的发展
自由主义	制度很重要,精英和草根的脱节可能制约政策的结果	对外政策的国内限制并不是自动的、在不同的国家是一样的,制度是多样的,挑战理性假设

---

① John J. Mearsheimer, *The Tragedy of Great Power Politics*, New York: W. W. Norton & Company, 2001, p. 422, note 60.
② Juliet Kaarbo, "A Foreign Policy Analysis Perspective on the Domestic Politics in IR Theory," in *International Studies Review*, No. 17, 2015, p. 206.

理论产生于实践的需要。理想主义、现实主义以及新现实主义和制度主义等主流国际关系理论都是不同时期国际关系和国际政治需求的产物。随着冷战的缓和并最终结束,新现实主义和新自由主义之间开始相互靠拢,并出现了融合和趋同的趋势。但是,它们在解释新的国际政治现象时仍然力不从心。现实的需要推动了不同理论视角对传统和主流国际关系理论的批判和反思,产生了反思理论,包括规范理论、批判理论、性别理论、后现代理论等。反思理论在基本理论框架、本体论、认识论和方法论等方面对主流国际关系理论提出了挑战,也直接影响了在这些方面与主流国际关系理论一致的对外政策分析研究方法和思路。

主流的国际关系理论和把国家间关系以及国家对外政策当作是与自然现象一样不以人的意志为转移的客观存在,采用研究自然现象的科学方法对国际关系和对外政策进行研究。科学研究的出发点是把研究者与研究对象区分开来。一般认为,研究者要置身于被研究的对象之外,通过观察、描述、分析、评估等步骤,揭示作为人类行为的国际关系的规律,解释和检验变量之间有规律的因果关系。这种规律被认为是客观、唯一和现实存在的,因而也是可以被重复证实或证伪的。行为主义和科学主义是推动政治科学发展的重要动力,也是国际关系和对外政策研究的主要方法。

对外政策分析是国际政治研究的一部分,其基本假设、本体论、方法论以及具体的研究方法,都受到国际关系理论研究的影响。本书所介绍的对外政策分析方法都是把对外政策当作一种人类社会行为的客观结果,把对外政策行为看作是这种行为的客观表现,因此可以遵循自然科学研究的方法,探讨对外政策的客观规律,方法上主要采取实证主义的研究方法,主要任务是借助一定的模式进行分析,通过实证分析或者说描述、分析具体国家的对外政策事件,探讨和解释对外政策规律的内在逻辑关系。

反思主义认为包括国际关系和对外政策在内的社会现象与自然现象有所不同,自然世界是独立于人的意识之外的客观的世界,在自然科学中,研究人员可以在设定的情况下进行试验,找出可以重复的规律。对外政策是代表国家的人或单独或集体制定政策的结果,国际关系或国际政治并非先于人的存在的外部力量,而是与客观存在的自然世界不同的世界。在社会科学的研究过程中,研究者无法脱离自己所研究的事物之外,事实上是一个局内人,而且很多事实本身就是研究者自身所建构的,因而无法像自然科学家那样脱离于研究对象之外来抽象规律,建立因果模型,只能是"置身事内"去理解或解读研究对象。每一种理论对客观事实有不同的定义,并根据这个定义进行解释。不同理论的解释是不一样的,所以不存在一个客观公正的解释。

反思主义否定国际关系和对外政策是客观存在的现象,也就否定了用科学实证方法对国际关系和对外政策进行实证研究的可能性。在此基础上,产生了后实证主义的研究思路。反思主义认为,属于社会科学范畴的国际关系或对外政策的研究无法区别研究的客观事实和主观价值,无法分离研究主体和研究客体;国际关系和对外政策所研究的问题不是为什么的问题,也不是要寻求它们作为社会现象内在的因果关系,而只能回答这些现象如何可能发生,或者说这种内在的逻辑关系是如何被研究者所建构的,不能从理性主义的方法观察和研究国际关系和对外政策。

从反思主义者的视角看,对外政策分析不可能是一种解释性(explanatory)的实证研究,而是一种诠释(interpretation)或理解(understanding)。前者强调的是对社会现象内部客观存在规律的发现和解释;后者认为这种所谓的解释或者得到的结果最多也只是主体间性(inter-subjectivity)。前者认为对外政策的内在规律是可以解释并被证实或证伪的;后者认为对外政策是不能够证实或证伪的,只能进行理解。每个人(研究者)的立场不同,导致他们提出的问题不同,回答问题时采用的研究方法不同,所产生的知识性的研究发现、结论也就不同,每个人的解读可能是不一样的。对外政策分析是一个研究者对特定对外政策理解的过程。如果按照这样的观点,那么对外政策就不是可以分析的对象,而是一个不同的人试图去理解的对象。本书也就不应该是"对外政策分析",而是"理解对外政策"。

冷战后兴起的、可以与新现实主义和新自由主义相抗衡的建构主义,在本体论上对传统的理性主义提出了挑战。它不认为身份和利益是在互动之前就已经给定的因素,而认为行为体的意义只有在主体间社会语境中才有可能,没有身份的行为就没有利益可言;不认为国际体系的结构是物质结构,自助是无政府状态下国家的唯一行为准则,而认为无政府状态是观念结构,是文化,是国家塑造的;物质性权力和话语权力都是有意义的权力因素。

但是,建构主义在认识论和方法论上与传统理性主义具有共同点,它们都承认作为社会现象的国际关系和对外政策具有客观性和可认知性,并致力于建立科学的理论体系,设定可以证伪的科学假设,并根据经验加以验证。[①] 温特从批评主义角度出发,认为解释和理解没有多大的区别,他认为解释和建构的方法都可以归属到解释,研究可以用科学的实证方法进行。[②]

对外政策分析与历史学研究的关系　从学科归属上说,对外政策分析以及国际关系学都属于政治学,是社会科学的分支。历史学属于人文科学的一部分。受主客观因素的影响,在新中国历史上,对外政策和国际关系的研究早期属于历史学的范畴,比如中国国际关系学会 1980 年成立时的名称是"中国国际关系史学会",其主要成员是从事历史研究和教学的学者,其代表性成就是该学会首任理事长王绳祖主持编撰的 10 卷本的《国际关系史》[③]。

冷战结束后,中国的国际关系研究逐渐受到美国和西方国际关系研究的影响,注重对国际关系规律的总结和解释,翻译了大量的国际关系理论著作。在成立 20 年后,"中国国际关系史学会"于 2000 年改为"中国国际关系学会",标志着国际关系研究朝社会科学方向的转化,成为政治学的一部分。

历史"是关于在时空运动中的人类现象的研究"。历史学家最重要的

[①] 秦亚青:"译者前言",〔美〕亚历山大·温特:《国际政治的社会理论》,秦亚青译,上海:上海人民出版社 2000 年版,第 33—34 页。

[②] Alexander Wendt, "On Constitution and Causation in International Relations," *Review of International Relations*, Vol. 24, No. 5, 1998, pp. 101-117.

[③] 王绳祖主编:《国际关系史》,北京:世界知识出版社 1996 年版(第 1—10 卷)、2004 年版(第 11 卷)、2006 年版(第 12 卷)。

目标之一是用他们的智力捕捉人类世界中的"变迁、异常和创造"。[①] 历史学家关注和回答的问题往往是某一人类活动的历史发展过程,是对过去的研究。过去是确定无疑的,但过去既看不到也不能感受到,需要历史学家依据已经积累的庞大知识库,或发现新的档案文献和其他证据,选择素材、组织史料、阐述意义、重新建构历史。历史学家在从事这方面的研究时不仅重视历史规律和普遍性的发展,更重视历史的偶然性和特殊性,认为历史的发展是独特的,很难简单地概括。历史学家不仅强调历史研究的独特性,而且把捍卫这种独特性作为自己的事业,反对简单地从一个历史事件推广到另一个历史事件,认为这不仅肯定会出错,而且是非常危险的。

政治学的目的在于揭示政治或政治行为的共同特点,抛开现象揭示最本质的规律,提出关于政治行为最基本的或常识性的东西。作为一个分支学科的对外政策分析就是为了实证描述、揭示和解释对外政策的内在机制和规律。

以政治学和历史学都研究的战争作为案例,可以看出两者的区别。历史学家把某一场或某一类战争作为研究对象,尽最大可能找到关于研究对象的所有材料,详尽地掌握所研究的战争的发展脉络和过程。如早期的伯罗奔尼撒战争、第一次世界大战或第二次世界大战、当代的越南战争和伊拉克战争等,研究者可以成为在某场战争领域的专家,在这个领域知识渊博甚至无所不知。但对一场战争历史研究深入的历史学家不一定、也不需要成为不同时期另一场战争的专家,或者成为一个笼统的战争史专家。他们研究的成果的表现形式可能是第一次世界大战史、第二次世界大战史、朝鲜战争或越南战争、冷战史等。

同样是研究战争的政治学家或国际关系学者把历史上的每一次战争,不管是第一次世界大战,还是第二次世界大战抑或是其他任何战争,都当作是众多战争的一个案例,试图探讨解释战争的一般规律,如战争的起源、战争升级、战争的损失和伤亡等,并试图建立关于战争的数据库等,发现战

---

① 〔英〕阿诺德·汤因比:《历史研究》,刘北成、郭小凌译,上海:上海人民出版社 2005 年版,第 423、425 页。

争的规律,并建立一种能够解释战争内在逻辑的理论。他们关注和回答这些问题:战争的根源是什么、国家为什么采取军事行动、国家为什么结盟或转换同盟、如何理解国际冲突与合作,等等。

由于历史学和政治学研究的目的不同,研究方法和路径也有所不同。历史学家强调历史的不可重复性和偶然性。他们在研究对外政策的时候,反对任何先入为主的思维定式或观念上的"偏见",主张通过找出历史事实,让"事实说话"。政治学家则倾向于历史发展的必然性,并试图解释这种必然的规律。作为政治学一个分支的对外政策研究,在揭示和解释对外政策行为的时候,曾经试图提出一定的模式并把这种或这类模式当作工具,按照一定方式研究或分析同样类型的对外政策。

历史学家汤因比说:"思想只要一启动,就会把现实打得粉碎,但马上又会把现实加以重新组合。"①历史科学发展本身说明,事实本身不会说话,对历史事件的界定、史料的选择、解读和分析,每一个环节无不借助史学家基于经验和知识而形成的思维定式并受到这种思维定式的影响。任何一次范式革命和思维方式的改变都会导致对历史的重新认识和解读。比如马克思主义传入中国以后,带来了从阶级分析的视角解释人类社会的进化过程,推动了中国史学界从阶级斗争的角度分析中国历史的过程,催生了一批马克思主义史学家。社会建构主义范式的产生,推动了历史学对观念作用的研究,推动了对历史事件的重新解读。真正有价值和有意义的历史研究不仅是那些被掌握的历史事实,而是那些改变了人们思维方式和旧有观点的历史事实,以及由这些历史事实所引发的观念和认识的革命。

有前辈学人提出:"政治科学乃历史之果实,历史即政治科学之根基。"②对外政策分析绝不排斥历史学的研究成果和方法,这是对外政策分析学科的特点所决定的。对外政策分析的主要模式是在历史上主要的对外政策研究的基础上提炼出来的,没有对这些政策的历史过程的详细追踪和研究,就不可能有可信的分析模式的产生。对外政策分析理论发展的目

---

① 〔英〕汤因比:《历史研究》,刘北成、郭小凌译,上海:上海人民出版社2005年版,第423页。
② 引自刘达人:《外交科学概论》,北京:中华书局1937年版,第31页。

的是提出分析对外政策的新模式,并运用这种模式对已经有所研究的政策重新分析,并在这个过程中完善这种模式,增加对特定对外政策的理解。

换句话说,对外政策分析的任何一个分析框架或概念模式都不是凭空而来的,而建立在对历史上已经发生过的对外政策深入扎实分析的基础上。没有对具体对外政策背景的全面了解,没有对政策事实过程的掌握,就不可能提出任何有价值和意义的对外政策分析模式。没有对相关国际关系的背景知识和对分析对象国的充分了解,没有相关决策过程的详细资料,只是把从其他国家对外政策实践基础上得出的理论模式生硬地搬过来,简单地套用,无异于削足适履。这样的对外政策分析就会犯常识性错误,更谈不上有说服力的分析和研究,绝不会有任何学术价值。

不同学科之间存在着显著的不同,有各自的研究对象和研究边界,有各自的研究规范和特点。但是,对外政策分析的特点要求从其他学科不断借鉴。好的史学研究除了对档案和史料的掌握,也需要借鉴和利用其他学科所取得的新进展和新突破。同样,那些在对外政策领域的经典研究无不具有详细的史料档案作为支撑。比如,不管是对冷战起源的研究,还是对冷战期间重大对外政策的研究,都有充分的历史资料作为基础。这种类型的研究,既是对外政策分析的经典,在历史学科也产生了重要的影响。一个好的对外政策分析研究,必须借鉴历史学的方法,像一切好的历史学研究一样掌握并充分利用历史档案材料。

对外政策分析与对外政策实践的关系　　理论与实践的关系一直是国际关系学界所关心的问题。中外学者在这方面都有不少的论述,存在着一个基本共识,即国际关系研究者和实践者具有不同的任务和分工:研究者的目的在于揭示和解释国际关系和对外政策的规律,并对这些规律进行概念化和理论化,理论的简约化要求解释变量简单和清晰。实践者面临的决策环境非常复杂,为了在急迫的时间压力下解决日常工作中不断出现的问题,要应对各种不同的要素。他们需要的不是抽象、简约的理论,而是从经验中得出的法则。两者不同的社会分工形成了不同的文化环境,相互之间存在着巨大的鸿沟。如何缩小这两者之间的鸿沟,或者至少也应该在这两个群体之间架起一座"桥梁",是一个对双方都有利的事情,也是对外政策分析所关注的问题。①

有关研究者和实践者之间关系的问题涉及三个不同的群体,存在着由此产生的两种不同的鸿沟。三个群体之一是国际关系的实践者或国家对外政策的制定者;二是从事相关政策研究的学者,他们的主要任务是进行与现实政策密切相关的研究,并为决策者提供智慧和思想,因而他们的工作机构被称为智库;三是在大学从事国际关系或对外政策基础理论教学和研究的学者。由此产生两类鸿沟,一种是国际关系实践者或政策制定者与在智库从事与政策相关问题研究的学者之间的鸿沟,另一种是国际关系实践者或对外政策制定者与在高等学校从事国际关系教学和研究的学者之间的鸿沟。

两种类型的鸿沟不完全一样。实践者与智库学者之间的鸿沟相对于后者来说要小得多。至少在以美国为代表的西方国家,实践者和智库学者之间的"旋转门"是一个非常普遍的现象。有不少工作于智库的学者有曾经在政府部门工作的经验,也随时准备着有机会再次"旋转"到政府内部工作;也有不少在政府部门工作过的人把到智库工作当作结束在政府工作后的目标和选择。这种关系是国际关系学界所津津乐道的。不少撰写关于实践者与学者鸿沟的学者多数来自这个群体,这本身说明他们对参与政策制定的一种追求,或对两者沟通或相互"旋转"不够的一种忧虑。

对大多数在大学从事基础理论研究的学者来说,他们研究的目的在于揭示和解释国际关系的基本规律,成就在于知识的积累和对真理的追求。他们关注、研究甚至批评国家对外政策,但并无意去影响政策。摩根索、沃尔兹、温特以及米尔斯海默等国际关系理论大家,在国际关系领域影响颇巨,但很少直接参与政策的制定。原因在于他们试图用一个变量,或权力结构,或政权性质,或观念,来揭示国际关系的规律或解释对外政策现象。他们的理论太简单、太抽象和简约,不能直接为政策制定者所用。因为他

---

① Alexander George, "The Two Cultures of Academia and Policymaking: Bridging the Gap," *Political Psychology*, Vol. 15, No.1, 1994, pp. 143-172.

们关注不同变量与国际关系或对外政策的关系,因此就有了各种不同的理论。政策制定者在考虑如何解决所面临的具体问题时,需要考虑很多因素,如相对能力、国内政治、规范和信念,而且决策过程也受决策者的心理要素和特质等个人要素的影响。抽象的理论并不能帮助实践者制定更好的政策。

从事基础理论研究的学者所在乎和追求的是自己的研究是否具有理论说服力,是否能够得到自己同行的认同,他们并不在意他们的研究对政策是否有用,也很少撰写实践性很强、与政策有关的文章。即使因为在学术研究方面取得了优秀的研究成果获得机会进入政府部门参与决策,他们也不会去考虑自己在学术界赖以生存的知识如何运用于对外政策的制定。曾经担任卡特政府国家安全事务助理的布热津斯基说:"在连续与时间赛跑的过程中,我的知识储备耗竭到什么程度。我几乎从没有时间思考、推敲,甚至反思。制定政策文件的前提是从广泛的历史角度看问题和具有方向感。但闭门造车的官方教条以及要求做出让步的压力往往使这两点逐渐受到损害。"[1]曾经担任斯坦福大学教授的赖斯在担任美国政府的国家安全事务助理后曾对国际关系理论和对外政策实践之间的关系做过精辟的论述。她说,作为国际关系教授,她知道现实主义、自由主义和国际关系其他理论之间的争论帮助这个学科的助理教授晋升为副教授,让副教授晋升为教授,最终使这个学科延续和繁荣下去,但是作为政策制定者,她很少考虑这些理论。

实践者与这一类研究者之间的鸿沟是社会分工的必然要求,其存在并非坏事。有一些学者提出缩小实践者与这些学者之间的鸿沟的建议,如学术机构在人才招聘和职称晋级过程中应该重视相关人员对与政策有关的研究;创造机会推动年轻学者对参与政府实践的兴趣;学术期刊应该发表更多与对外政策实践有关的文章。有些学者甚至建议学习政治学,特别是国际关系的博士研究生必须在政府部门工作一段时间后才能毕业等。这

---

[1] Zbigniew Brzezinski, *Power and Principle*: *Memoirs of the National Security Advisor 1977-1981*, N. Y.: Farrar, Straus and Giroux, 1983, p. 514.

些建议类似于让数学系的教师放弃对数学的研究,都去研究物理学、化学甚至经济学,并不具有可行性。

如果从学术研究对政策的参考价值来说,建立在基础研究之上的战略层面研究,与实践联系比较密切,对政策的制定可以提供宏观的和理念性的帮助。这些学者在学术研究领域已经取得了公认的成就,进而被招入政府部门成为国际关系的实践者或对外政策制定者。如基辛格对核战略研究产生了重要的影响,在军备竞赛的冷战高峰期间被尼克松招入白宫,而他对近代欧洲国际关系历史的熟稔,使他能够把自己的知识和理论运用于实践,对冷战后期的美国地缘战略产生很大的影响。

类似的学者还有不少,如布热津斯基、亨廷顿、约瑟夫·奈、阿利森、欧内斯特·梅(Ernest May)等。他们首先是相关领域优秀的学者,也正因为在相关领域的杰出成就而被招入政府部门工作。在政府部门的工作经验使他们的研究更具实践导向。他们的经历实际上就是在实践者和学者之间搭建的桥梁。这些学者之所以能够进入政府部门,不是因为他们一开始就试图影响政府的决策,而是因为他们学术研究做得好。这类学者进入政府部门以后并不是把自己的抽象知识搬到政策实践中,而是根据自己的知识和学理素养参与政府政策的制定,提高政府认识和分析问题的能力,帮助政策制定者提高理论水平,对国家对外政策产生积极的影响。

在大学从事国际关系教学和研究的学者中还有一些人并没有在政府部门工作的经历,没有直接参与政策制定过程,但对政策领域的影响既得到了学界的高度评价,也得到了政界的认同,如乔治和杰维斯等。曾经在智库工作的乔治一生致力于对外政策分析中程理论建设,探讨对外政策理论与对外政策实践之间的关系。他总结一生的经验提出,要在实践者和学者之间架起桥梁,需要跳出结构现实主义、理性选择理论和博弈论等演绎性理论的研究路径,为政策制定者提供一些能够帮他们在制定政策时判断形势的三类知识:第一类是关于对外政策和外交实践的概念模式,如威慑、强制外交、危机管理和解决、调停和争端解决、安全合作以及谈判等。第二类是在什么情况下使用这些概念模式可以取得成功的通用知识。第三类是有关这些战略实施对象国家的具体知识,如这些国家的价值观、思维定式、行为特点、国内政治和文化内涵等。

乔治提出的第一类和第二类知识是对外政策分析研究的目标,也就是通过系统的历史案例比较研究,找出影响国家对外行为的要素,揭示出它们影响对外政策的机制和条件,在此基础上抽象出有条件的概念模式和特定模式发挥作用的条件,指导对外政策实践。因为,有条件的概括和归纳与笼统的归纳相比,前者能更好地帮助决策者。比如军备竞赛是国际政治研究的重要课题,但是笼统地提出军备竞赛在多大程度上可能引发战争并没有意义,对制定政策也没有什么帮助。因为历史经验表明,军备竞赛既不是战争爆发的必要条件也不是战争爆发的充分条件。相对而言,在历史案例比较研究的基础上提出在什么条件下军备竞赛可能导致战争的爆发,在什么条件下的军备竞赛则不会导致战争,对政策制定者更有帮助。

第三类知识实际上属于比较政治或区域与国别研究。要想在制定政策时有的放矢,就需要了解政策对象国的历史、文化、习惯、价值观念、意识形态等内容,而且往往了解得越多、越深入,制定的政策就越符合实际和切实可行。由于时间和精力等多方面的限制,决策者很少有可能成为某个国家和地区问题的真正专家,他们需要借助大学或者研究机构中那些长期研究和跟踪某个国家或地区问题的专家学者的知识。例如,为了成功推进中国的"一带一路"倡议,就需要对沿线国家的语言文化、风土人情等有充分的了解。但是这方面的知识需要学者长年积累,不可能在需要时临时抱佛脚。这是国际关系研究中可以服务于实践的知识。

对外政策制定者和国际关系研究者之间的关系不是一个抽象的问题,而应该具体看待。国际关系学科的发展过程中,产生了不同的分支学科。不同学科的研究对象和学者所追求的目标不完全一样。对于致力于政策研究并力图为政策制定者献计献策的学者来说,他们与实践者之间的互动是频繁的,并不存在所谓的鸿沟,而是如何加强他们之间的联系的问题。地区研究为政策制定者在制定对特定地区和国家的对外政策时提供了必需的资料。对外政策分析所建立的模型则可以在理论研究和实践者之间架起一座桥梁。但无论哪一种领域的学术研究,求真、求实,建立在扎实基础上的研究是服务于国家对外政策实践的前提,只有通过扎实的理论研究并揭示了某一领域的真实规律,才有可能影响政策,使政策更加符合实际。如果一味让学术研究跟着政策走,非但不能影响政策,结果反而会背道而驰。

对外政策分析的地域特点和发展趋势 当前对外政策分析的主要模式是以美国对外政策实践为依据发展起来的,也多用于对美国对外政策的研究。当今国际上从事对外政策分析的学术群体的主要成员是北美学者,他们在从事对外政策研究的时候,很少关注其他国家,特别是发展中国家的对外政策,也不考虑他们所研究的对外政策分析的理论模式在其他国家和地区是否适用。这些被认为是对外政策分析所具有的一种"根深蒂固的偏见",大多数分析模式在用于研究与美国政府和文化不同的国家的对外政策决策时存在着明显的"盲点"。[①] 随着这个学科的发展,有学者针对这个学科的"明显的美国味道"和"美国偏见",提出要把非北美或发展中国家的对外政策研究纳入对外政策分析理论建设中,建设一个更加具有普遍性的对外政策分析理论。

在美国对外政策实践基础上形成的对外政策分析模式在运用于分析不同国家和地区、不同的文化背景下的对外政策时有无差别?其存在是否受到一种先决条件的限制?虽然这两个问题近期才受到广泛关注,但绝非一个新问题。杰维斯在对国际政治中的知觉和错误知觉进行研究时,避开了国家和文化差异可能对决策者知觉产生的影响。他的解释是,如果相似文化背景中的个人相互之间都会发生错误知觉,不同文化背景中的人必然会出现类似的错误,且其程度只能更加严重。[②] 贾尼斯在对小集团思维的研究中提出,因为美国政府缺乏连续性,"小集团思维"现象在美国存在的可能性或许是欧洲国家的两倍。他还提出小集团思维绝非仅仅存在于欧

---

① Margaret Hermann, "How Decision Units Shape Foreign Policy: A Theoretical Framework," *International Studies Review*, Vol. 3, No. 2, 2001, p. 49.

② 〔美〕罗伯特·杰维斯:《国际政治中的知觉和错误知觉》,秦亚青译,北京:世界知识出版社2003年版,第21页。

美国家,而是普遍存在于世界各国的。他还为此列举了可以用小集团思维研究的亚非国家对外政策的多个典型案例。但是,相对于北美地区,其他地区的对外政策研究存在着很大的差异,或存在着显著的不足,具体包括以下三个方面。①

首先,对外政策分析在北美以外的地区学术身份还不清楚。在北美已经出版了不少对外政策分析的专著和教材,有自己的专门学术机构和专业性的学术期刊,这些教材很少会有介绍宏观国际关系理论的内容,但是在大多数北美以外的国家和地区,特别是在欧洲、中国、印度、中东、非洲和南美洲等地区和国家,对外政策研究与其国际关系理论、地区研究、外交和国际关系史研究混为一谈,被当作笼统的国际问题研究。多数对外政策研究者把国际关系理论当作对外政策理论,或者很少弄清两者之间的界限。例如,即使与美国文化最为接近的英国,在他们主编的对外政策分析教材中也把国际关系理论研究与对外政策研究当作一回事,认为"除了对外政策分析以外,还有很多其他的理论也是有关的",其中就有不少是关于宏观国际关系理论的内容。②

其次,北美和北美以外对外政策分析在研究方法上存在着显著的差异。第一章谈到对外政策分析学科的特点之一是研究方法上的多元化,既包括定量的研究,也包括定性的研究。但是在北美以外的国家和地区的对外政策分析在研究方法上要单调得多,主要采用的是定性研究,具体来说是以描述性研究为主。欧洲较多地采用社会历史方式,运用过程追踪的方法来研究对外政策。中国人熟悉的马克思唯物主义的观点既坚持合力的理论,也重视主要矛盾,但基本上是按照"经济是基础,政治是经济的集中表现"的逻辑,在分析对外政策的时候突出强调社会经济政治要素的作用,较少关注主观因素的作用。

---

① Klaus Brummer and Valerie Hudson, eds., *Foreign Policy Analysis Beyond North America*, Boulder and London: Lynne Rienner Publisher, 2015, pp. 169-186.
② Steven Smith, Amelia Hadfield and Tim Dunne, *Foreign Policy: Theories, Actors, Cases*, Oxford University Press, 2008, p. 4.

造成这种状况的原因,不是因为学者有意不采用更多的或其他的研究方法,而是因为这些国家和地区的学者没有经过相关方法论的训练,对定量和形式化的建模(formal modeling)等方法不熟悉。要改变这种状况,需要北美以外的学者加强在对外政策方法论等方面的训练,将对外政策的研究从描述转向理论导向的分析性研究,学会"两条腿走路",掌握定量和定性两种研究方法。

最后,在北美以外的国家和地区,对外政策分析还没有形成独立的学科体系和学者群体。经过五十多年的积累,在美国和加拿大主要大学的政治学和国际关系专业的教学体系中都有对外政策分析的课程,并出版了不少教材,相互借鉴和促进,培养专业性很强的博士研究生,形成了一个致力于理解和分析对外政策的知识共同体,这个共同体的研究成果都是用英文完成的,这在很大程度上也限制了非英语国家的学者参与到这个学术群体中来。

在北美以外的国家和地区,对外政策研究大多没有形成或遵循清晰的对外政策分析的基本路径,在大多数发展中国家的政治学和国际关系的教学中,还没有开设对外政策分析这样的课程,也没有形成像美国这样的专门致力于对外政策分析理论建设的学术群体、学术机构和学术阵地,从事国际关系研究的大多数学者对对外政策分析这个学科还不了解。

要使对外政策分析成为一个被广泛了解和接受的学科,不仅需要北美学者在研究对外政策的时候拓宽视野,把欧洲和发展中国家的对外政策纳入研究范围,还需要北美地区以外的学者既要研究以美国为代表的发达国家的对外政策,更要重视研究自己国家的对外政策。在国家间关系日益密切的全球化时代,对外政策研究对所有国家都变得越来越重要。对于一些国力有限的发展中国家来说,研究对外政策,加深对世界上最具影响力的美国对外政策的理解,同时更好地理解自己国家的对外政策,绝非仅具有学术价值,也越来越具有现实的意义。

建立一个超越地域限制的对外政策理论有两个途径:一是摆脱北美对外政策研究的影响,研究北美以外国家和地区的对外政策,建立一个新的、不同于美国对外政策分析的理论。这是摆脱美国学界在对外政策分析领域"霸权"地位的理想方法。二是将基于美国对外政策实践基础上形成的对外政策分析模式运用于美国以外的对外政策实践研究,吸收其他地区对外政策的实践经验,在对这些模式进行修正或补充的基础上,明确和限定特定模式的适用条件,增加对外政策分析理论的实证基础,增强它们的解释力,以便建立更具理论性的对外政策分析理论。

建立一个更加广泛的对外政策分析理论绝非北美学者或发达国家学者的任务,美国对外政策分析学者和北美以外的对外政策分析学者需要相向而行,在运用不同的对外政策分析模式进行对外政策的研究时,互相借鉴,进行一些跨国家和跨地区的研究。在这方面已经取得了不少的成就,比如拉丁美洲运用相互依存理论进行的对外政策研究;中国对中国文化,特别是对中国战略文化与中国对外政策的研究;日本对官僚政治文化特点与对外政策关系的研究;欧洲和非洲对地区性组织在对外政策分析中重要作用的研究;非洲中东部和北部对部落和教派关系在不同国家的特殊情况以及它们对各自国家对外政影响的研究等,都取得了可喜的成就。

其中,对当今国际关系和国际政治研究的热点问题——中东地区的对外政策的研究具有标志性意义。鉴于中东地区地缘政治的重要性,有很多关于大国对中东政策的研究,但是,对中东国家对外政策的研究则很少受到重视。随着对外政策分析视野的拓宽,一些学者开始关注国别对外政策所具有的显著的民族文化特点,如叙利亚的执政党和行政部门之间的关系、沙特阿拉伯以家族关系为基础的寡头政治等,都对这些国家的对外政策产生了重大的影响。这些研究揭示了这些国家和地区对外政策的地域和文化特点,拓展了对外政策分析理论的实践基础,极大地丰富和扩展了对外政策分析的视角,为建立超越北美的对外政策分析理论提供了很好的借鉴意义。

需要指出的是,对外政策分析的一个特点和优势是对于研究方法可操作性的重视。鉴于方法论的落后是导致北美以外的国家和地区对外政策分析研究水平落后的主要原因,建立更广泛的对外政策分析理论模式,需要相关国家和地区的学术界加强对方法论的教学和训练,培养更多的研究生,扩大对外政策分析的研究队伍,才能实现这个目标和任务。

第三节 对外政策分析与中国对外政策研究

国际上对中国对外政策的研究脱胎于汉学,是一个年轻的学科。中国学者对中国对外政策的研究是改革开放以后的事情。回顾中国对外政策的研究历程,可以看出这个领域的研究经历了一个从描述到分析,从单一到多元,从把中国当作个案以突出中国对外政策特殊性,到把中国纳入国际比较研究的转变的过程。随着中国融入国际社会的程度日益深入,中外学界对中国对外政策的研究齐头并进,产生了不少的研究成果,体现了中国对外政策的特色(相关文献见表6-5)。

有学者根据不同历史时期中国对外政策研究的主题和方法,提出了对中国对外政策研究的代际特点。[①] 从中华人民共和国成立到20世纪60年代末,研究中国对外政策的西方学者被称为第一代学者。他们大体上可以划分为三个流派:传统学派(或历史学派)、意识形态学派(或毛泽东思想学派)和现实主义学派(或理性行为主义学派)。

传统学派主要是一些历史学家。他们认为中国的对外行为是传统的以中国为中心的思想观念和对西方的看法所决定的。如费正清(John King Fairbank)主编的《中国的世界秩序:传统中国的对外关系》和马克·曼考尔(Mark Mancall)的"The Persistence of Tradition in Chinese Foreign Policy"一文都强调从历史的角度来考察和理解新中国对外政策,认为不了解中国历史和传统就不可能理解当代中国的对外关系和对外政策。

如果说传统学派强调中国对外政策的连续性的话,意识形态学派则强调中国对外政策的变化。抗美援朝后,一些学者开始或从马列主义的角度来分析中国对外政策的根源,将毛泽东思想看作是中国对外政策的主要行

---

① Bin Yu, "The Study of Chinese Foreign Policy: Problems and Prospect," *World Politics*, 46, January 1994, pp. 236-241.

为准则，认为1949年以后中国的对外政策既与中国的传统不同，又有别于传统的马克思主义。他们把研究重点放在形成于中国革命年代的一些思想对中国外交的重要影响。如毛泽东的"人民战争的思想""矛盾论"以及"统一战线思想"等。这一派的代表包括施瓦茨（Benjanmin I. Schwartz）的 *Communism and China：Ideology in Flux*、梅斯纳（Maurice Meisner）的 *Mao's China：A History of the People's Republic* 和阿姆斯特朗（John D. Armstrong）的 *Revolutionary Diplomacy* 等。

与传统学派和意识形态学派强调中国对外政策的特殊性有所不同，现实主义学派则认为中国的对外政策与其他国家的对外政策存在共性。这一学派不赞成中国总是以自己特有的历史眼光或根据中国化的马克思主义眼光来看待世界或决定对外政策的观点，而是认为中国对外政策同样受到国际体系的影响和制约，目的也是为了维护国家的安全。如惠廷在 *China Across the Yalu：The Decision to Enter the Korean War* 中提出，中国参加朝鲜战争是为了维护国家的安全。后来他进一步推广了研究中国对外政策的现实主义方法，并于1975年出版了 *The Chinese Calculus of Deterrence* 一书，通过对中国多次对外使用武力等实例的研究提出，中国对外使用武力主要是反应性和防御性的，完全是为了威慑的目的，这一行为特征在中国数次对外军事行动中的表现都是一致的。这一学派的视角与冷战时期在西方学术界占主导地位的现实主义学说是紧密相连的。

这些研究有一个共同的特点：将中国当作一个单一的行为主体，要么受传统的影响，要么受意识形态的影响，要么受国际战略格局的制约而采取理性的方式制定对外政策。这些研究的大多数都是粗线条的，没有将国内因素对中国对外政策的影响考虑在内。到了20世纪六七十年代，中国对外政策的研究出现了新的特点，一批学者被称为研究中国对外政策的第二代学者。其中有两个代表性的流派：一个是"宗派主义"学派，另一个是"三角关系"学派。前者关注中国对外政策的国内政治根源，后者是理性行为学派在新时期的表现。

对外政策研究与对外政策实践的联系非常密切，并随着实践的发展而发展。20世纪60年代爆发的"文化大革命"是中国国内政治的大事。作为内政延续的中国对外政策也深受影响,自然也成为研究中国对外政策的学者关注的现象。一些研究者试图利用红卫兵、大字报以及造反派所披露的材料来捕捉中国对外决策层关于中国对外政策的"战略辩论",寻求这一时期中国对外政策的国内根源,产生了一些研究成果,他们被称为"宗派主义"学派。但是,因为他们找到的材料并不足以支撑他们所试图证明的派别斗争的确存在且对中国对外政策产生了影响。随着"文化大革命"高潮的过去,这个学派也就失去了影响,没有再产生什么新的成果。

中国对外关系在20世纪60年代后期发生的另一个变化,是中苏关系的恶化和中美关系的缓和。这个变化不仅是中国对外关系的大事,也对国际关系格局产生了重要影响,中美苏三角互动的格局开始形成。一些学者从现实主义的视角研究国际体系中力量对比的变化对中国对外政策的影响,以及中美苏三角关系的特点及其对中国对外政策的影响。这一被称为"三角关系"学派的研究,是惠廷所开辟的现实主义研究方法的延续,此后一直是研究中国对外政策的一个主流方法,产生了不少的成果,只是在不同的时期表现不同。

1978年的改革开放催生了中国社会的变化,也改变了中国与世界的关系。中国开始融入国际社会,成为国际舞台上日益活跃的成员。中国对外关系朝着新的和不同的方向发展,呈现出更加多元化和更复杂的特点。一位外国学者在冷战结束不久提出:"中国的对外政策今天是如此纷繁复杂,斑驳多样,灵活而难以驾驭,对其进行任何清晰的概括或预测都是不可能的。"[1]这种观察呼吁对中国对外政策研究需要视野的开阔和方法的创新。对中国对外政策的关注点不同,研究议题和研究对象就会发生很大的变化。这促使大多数研究者将对中国对外政策的研究集中在一个特定的方面。

其中,三个领域的政策逐渐成为学界研究的重点,或者说在三个领域

---

[1] Samuel Kim, ed., *China and the World: Chinese Foreign Relations in the Post-Cold War Era*, 3rd edn., Boulder: Westview Press, 1994, p. 1.

取得的成就尤为显著：一是中国与其他世界大国的关系或对大国的政策仍然是研究的重点，中国与苏联/俄罗斯、日本、欧洲国家、第三世界其他国家的关系以及中国对这些国家和地区的政策仍然是中国对外政策研究的重要内容。二是中国与其他地区或国家的关系或对其他地区或国家的政策，如中国对阿拉伯国家、非洲、东南亚、朝鲜和韩国的政策等，并产生了新的研究成果。三是中国在一些功能领域或一些具体问题上的政策，如对中国解决领土纠纷、外交谈判、对外经济关系、对外军事政策和军品销售和采购、参与联合国等国际组织、人权等领域的政策都受到重视。

随着中国对外政策研究对象或因变量变得更加复杂，对研究方法和中国对外政策研究的自变量也提出了更高的要求。改革开放以来的中国自身的发展变化以及中国与外部世界关系的变化，为从更多视角研究中国对外政策提供了可能。首先，中国学者开始研究中国对外政策，国内外学者之间开始有了互动。其次，改革开放让越来越多的人走出国门，视野日渐开阔，观念不断更新，在对外政策上的国内利益攸关方和参与对外政策的行为体在增加，他们在对外政策上开始表达自己的观点，成为影响中国对外政策的国内因素。最后，更多的外国人开始到中国访问、调研，他们对中国国内政治和社会的理解在加深，相关资料的获得更加容易，他们可以从国内政治角度研究中国对外政策。

在这样的背景下，有一些学者呼吁将中国对外政策研究与比较对外政策分析的理论结合起来，加强中国对外政策研究的理论化。其中金淳基（Samuel Kim）主编的 *China and the World* 是一个值得关注的代表性成果。这本书的作者都是对中国对外政策不同方面进行长期研究的学者，他们的研究反映了国际上对中国对外政策研究的总体状况。该书在1984年出版了第一版后，随后在1988年、1994年和1998年先后三次再版，四个版本的不同内容反映出国际上对中国对外政策研究的发展轨迹和方向：研究对象从中国对大国政策或与大国间关系，开始转向对不同议题的研究；分析视角更细化，从关注国内政治因素发展到对中国对外政策决策机制和过程的研究。

另一个代表性研究成果是罗斌逊（Thomas Robinson）和沈大伟（David Shambaugh）主编的 *Chinese Foreign Policy: Theory and Practice*。这本书在对中国对外政策研究方面涉及的内容更全面，分析更深入。在结构上，该书首先分析了中国对外政策的根源；其次归纳了中国与主要国家和地区的关系；最后阐释了中国在不同领域的政策，包括中国参与国际合作、在以联合国为代表的国际组织中的行为、谈判行为和经济行为的特点等。在分析中国对外政策根源的时候，该书将影响中国对外政策的因素分为国际体系和国内因素两部分，又将国内因素分成属于社会层次的历史传统、属于个人层次的意识形态和决策者的认知，以及属于政府层次的精英政治三个类型，来探讨中国对外关系的根源。最后该书还专门探讨了将国际关系理论与中国对外政策研究相结合的问题。

除了这些由不同学者组成的团队对中国对外政策进行全方位的研究外，还有更多的著作从不同的层次和视角对中国对外政策进行更深入和系统的分析，在分析框架上越来越多地和比较对外政策分析理论相结合。其中在四个层次上的研究尤其值得关注。这些层次的研究具有连续性，并先后涌现出多种成果，已经很难再把它们划分为某一代的研究。它们分别代表了中国对外政策的研究趋势，结合起来则表现了对中国对外政策研究的总体状况。

第一个层次的研究是从个人层次对中国对外政策的研究，特别是对中国精英阶层对相关国家或在相关议题上认知的研究。这些研究与对外政策分析中认知心理学的兴起有着密切的关系。其突出的代表是罗斯曼（Gilbert Rozman）的 *The Chinese Debate About Soviet Socialism, 1978-1985*、惠廷的 *China Eyes Japan* 以及沈大伟的 *Beautiful Imperialist: China Perceives America, 1972-1990*。他们根据政治心理学的基本假设，认为如果不了解一个行为者对自我形象认知和对外部世界的认识，就不能理解和判断其行为。他们运用政治心理学的概念和框架，通过采访、问卷调查、对媒体报道和学术著作等所谓的"内部材料"的内容分析，来探讨中国精英群体对相关国家的知觉（perception）或认识（cognition）。沈大伟通过对中国精英对美国政治、经济、外交和文化认知的研究,揭示了中国精英对美国爱恨交加的情结;罗斯曼通过中国学界对苏联农民、工人、知识分子和政府的认知,探讨中国自身的变化;惠廷指出,日本一些政客对历史的否认导致了中国精英对日本的误解和不信任,致使本来可以通过友好实现互利的两国关系龃龉不断。

有关中国精英对外部世界认知的研究已经成为近年来中国对外政策研究的一个潮流,不断有新的成果出现,但这类研究大部分关注的是中国精英阶层对某一个国家或在某一问题上的认知或知觉是什么,通常是简单地介绍一下形成这种认知的原因,很少有研究系统地分析这些认知对中国对相关国家政策的具体影响。这种特点与政治心理学的多数研究结论是一致的:认为决策者根据自己的心理环境而不是操作环境或现实环境制定政策,中国对另一个国家有什么样的认知就会有什么样的政策,因此把知觉、认知或意向等当作因变量,而不是把它们当作影响对外政策的自变量。

第二个层次是对中国对外政策决策机制和过程的研究。改革开放前,中外关系的状况和中国社会的特点让学者很难获得相关信息。因此,早期对中国对外政策的研究多把中国当作单一的理性行为体,把决策过程当作"黑匣子"。这也是20世纪60年代一些学者对中国对外政策决策中所谓的"宗派"争论感兴趣的原因。改革开放后的环境变化使对这一议题的研究逐渐成为可能。美国学者鲍大可(Doak A. Barnett)在采访大量中国政府官员和学者的基础上,于20世纪80年代中期出版了 *The Making of Foreign Policy in China: Structure and Process*,介绍了参与中国对外政策决策的主要机构,包括党和政府机构,军队和情报机构,新闻、高校和研究机构的相互关系,勾勒了中国对外政策决策机制的全图,引起了学界的广泛关注。

冷战结束以后,这一类研究又取得了新的进展。比较有代表性的研究包括赵全胜的 *Interpreting Chinese Foreign Policy: The Micro-Macro Linkage Approach* 和鲁宁的 *The Dynamics of Chinese Foreign Policy Decision Making*。前者主要依据对外政策分析理论,采取宏观和微观相联系的方法,从国际、社会和个人三个层次上分析中国对外政策的变化与特点。后者则依据作者在中国外交机构工作的经验，不仅详细描述了中国对外政策的机制，还利用一些具体的案例揭示了这个机制运作的特点，特别是在第一代和第二代领导人时期中国对外政策决策的代际特点。前者的优势是对外政策分析理论的熟悉和运用，后者则以实证案例见长。

随着国际地位的提高，中国外交更加活跃，对中国对外政策机制和决策过程的研究越来越受学界的广泛关注。进入 21 世纪以来又产生了不少成果。兰普顿（David Lampton）主编的 *The Making of Chinese Foreign and Security Policy in the Era of Reform* 是其中的代表作之一。这类研究已经不再关注具体的决策细节，而是采用对外政策分析的思路，探讨国内不同部门和不同层次的决策因素在中国对外政策决策过程中的作用。总的来说，对决策机制和过程的研究一直是对中国对外政策研究的热点，近年来也出版了不少著作和研究报告，但从创新和影响上来看并没有大的突破。

第三个层次是对中国文化与中国对外政策关系的研究。从某种程度上说，研究中国传统文化对中国对外政策的思路与早期以费正清为代表的第一代学者有一定的连续性。新一轮对中国文化的研究与冷战以后国际关系建构主义理论的崛起有着密切的关系，也与中国文化重新受到重视有着密切的联系。正如第五章所述，文化的内涵是丰富的，不同时期的文化具有不同的特点，不同的学者选择不同时期的不同文化内涵作为研究对象，来探讨中国文化对中国对外政策的影响，得出的结论和观点也会不同。如石之瑜的 *The Spirit of China's Foreign Policy：A Psychocultural View* 和 *China's Just World：The Morality of Chinese Foreign Policy* 这两本著作，把儒教、道教和佛教当作中国文化的主要内容，认为尽管环境不断变化，但传统的信仰体系的特殊性赋予中国对外关系以中国特色。

对战略文化的研究是这个领域的一个亮点，其中江忆恩（Alastair I. Johnston）的 *Cultural Realism：Strategic Culture and Grand Strategy in Chinese*

History 是这类研究的代表作之一。① 他把一般文化和战略文化区分开来,通过对包括《武经七书》在内的中国古代军事典籍和朝臣奏折等文献的分析,以及对明朝对蒙古的战略实证考察,提出中国战略文化与关于中国传统文化的观点有所不同。关于中国传统文化的主流观点认为,以孔孟儒家文化为中心的中国文化是防御性、反战主义的和平文化。江忆恩提出的中国战略文化所遵循的是权力政治原则,引发了学者们的广泛关注和争论,促使更多的学者研究文化对中国对外政策的影响。

尽管中国文化中主流的儒家文化倡导和平,但中国在历史上也发动或参与了一些战争,说明中国的战略文化并非完全是防御性的。王元纲利用中国古代文献材料,通过北宋、南宋和元朝与北方民族关系的实证考察提出,中国古代政权在对外战略中并非遵循某一种特定的思想,也不局限于政治或道德原则的约束,而是更崇尚军事实力原则。决策者根据力量对比对环境做出反应,国家实力弱的时候就采取防御性战略,国家军事实力增强以后便转而采取进攻性战略。② 当国家实力弱的时候就采取防御性战略,当国家军事实力增强后便执行进攻性战略,扩展地盘、摧毁敌人。因此,权力政治环境才是决定中国对外政策的重要因素。这些研究都证明,暴力不是文化的产物,而是需求和机会的产物。

第四个层次是中国社会层面的因素,包括民意、媒体、智库与中国对外政策关系的研究。虽然这些因素在实践中相互关联,但本质上很难严格区分。从关注的自变量和切入点看,有两种研究尤其突出。一是对民族主义意识形态对中国对外政策影响的研究;二是对反对外国的游行示威与中国对相关国家政策关系的研究。赵穗生和葛小伟(Peter H. Gries)对民族主义的研究是前者的代表。其中,赵穗生更多关注中国民族主义形成的根源和影响,葛小伟则利用具体的案例说明中国民族主义情绪对中国对外政策

---

① 中译本为〔加〕江忆恩:《文化现实主义:中国历史上的战略文化与大战略》,朱中博等译,北京:人民出版社 2015 年版。
② Yuan-kang Wang, *Harmony and War: Confucian Culture and Chinese Power Politics*, New York: Columbia University Press, 2011.

的具体影响。

全球化把对外政策变成国内政治议题,公众广泛参与到对外关系过程中,成为影响对外政策的因素,引发了学界对这个问题的重视。从本质上说,这些因素和民族主义属于同一个层次,但研究切入点和因变量稍微有所不同。其中,吴瑞利(James Reiley)的 *Strong Society, Smart State: The Rise of Public Opinion in China's Japan Policy* 和白洁曦(Jessica C. Weiss)的 *Powerful Patriots: Nationalist Protest in China's Foreign Relations* 关注的自变量都是冷战结束后中国国内出现的反对外国的游行示威。吴瑞利从国家和社会关系的角度出发,研究中国社会变迁背景下民意对中国对日政策的影响。他把反对日本的游行示威(包括网络上的签名行动)看作是民意的表现形式,认为以反日游行示威所代表的民意影响了中国对日政策的表达方式、谈判策略和最终的政策选择。白洁曦的研究借用对外政策分析中双层博弈和观众成本理论,分析中国政府对待反对外国游行示威的不同策略及其对中国对相关国家政策所产生的不同影响。吴瑞利集中研究中国对日政策,白洁曦研究的主要内容也是中国对日政策,但后者也把反美示威对中国对美政策的影响包括在内。

国内因素好比一个大的容器,包含了很多其他要素。而且,在当前的形势下任何一项国内政策都会外溢到对外关系领域,成为影响中国对外政策的重要因素。例如有人提出,考虑到中国的计划生育政策,很难想象未来的中国政府会向外发动战争而不会遭到中国国内的反对,因为没有一对父母会愿意将自己唯一的孩子送向战场。也有人探讨计划生育政策所造成的男女人口比例失调对中国对外安全政策可能产生的影响。此外,与此相关的社会的老龄化和社会的网络化等如何影响对外政策,都是中国对外政策研究所关注的内容,并将成为中国对外政策研究的新趋势。

中国对外政策研究的历史和现状体现了两个特点。

第一,对中国对外政策的研究已经不再满足于知其然,而是要解释其所以然。中国对外政策的研究对象或者说分析的因变量越来越细化,这是研究深入的表现和必然结果。对中国对外政策研究的方法不再是对特定

第六章　对外政策分析的融合与趋势

政策的历史的描述或归纳,也不再把中国当作一个单一的理性行为体,而是越来越多地从多角度对影响中国对外政策的多种因素进行层次分析。从潜意识地用对外政策分析的理论模式研究中国对外政策,到有意识地将中国对外政策研究与对外政策分析理论相结合,理论化程度在提高。

第二,中国对外政策研究与对外政策分析理论的结合显现出积极的价值。从不同层次对中国对外政策进行研究,虽然能够加深对影响中国对外政策要素的认识,但每一种研究只强调众多影响因素中的一个,而且为了突出这一因素的影响会弱化其他层次因素的影响。从不同的视角进行分析的观点之间难免互相矛盾和冲突,难免产生"盲人摸象"的效果。例如在影响对外政策的众多因素中,国际和国内因素,国内因素的不同层次分别在何种情况下、在多大程度上、如何影响中国对外政策的结果?对中国对外政策研究中所遇到的这些问题既是中国对外政策研究所面临的困惑,也是对外政策分析理论所面临的问题。

不同学者对中国在领土边界问题上的政策研究似乎可以说明这些问题。傅泰林(Taylor Fravel)在 *Strong Borders, Secure Nation: Cooperation and Conflict in China's Territorial Disputes* 中论证说,中国在解决边界问题上是做出妥协还是使用武力,在很大程度上受到中国国内政治的影响;海尔(Eric Hyer)则提出中国解决边界问题的政策完全受制于国际关系中力量对比变化对中国国家安全的威胁,是由国际关系格局所决定的。[①] 还有研究证明,与中国具有陆地边界争议的邻国在边界问题争议上的态度,才是影响中国在该问题上是妥协还是诉诸非和平方式的决定因素。[②] 这些相互矛盾的观点加深了人们对中国解决边界问题政策的理解。如果要全面理解中国解决领土边界问题的政策,还需要把各种观点和视角整合起来,这也是对外政策分析理论的特点和内在要求。可以说,随着对中国对外政策研究的深入,中国对外政策研究要回答的问题越来越具有普遍的理论意义。

---

① Eric A. Hyer, *The Pragmatic Dragon: China's Grand Strategy and Boundary Settlements*, Vancouver: University of British Columbia Press, 2015.
② 聂宏毅:《鼎定国疆:新中国成立60年中国边界问题研究》,北京:法律出版社2011年版。

表 6-5 不同时期中国对外政策研究的视角和代表性作品

时间	研究视角		代表人物和代表作
20世纪50—60年代	理性行为	传统学派	John K. Fairbank, ed., *The Chinese World Order*, Harvard University Press, 1968; Mark Mancall, "The Persistence of Tradition in Chinese Foreign Policy," *Annals of the American Academy of Political and Social Science* (AAAPSS), 349 (September 1963); Penelop C. Fitzgerald, *The Chinese View of Their Place in the World*, Oxford University Press, 1964.
		毛泽东思想派	Benjanmin I. Schwartz, *Communism and China: Ideology in Flux*, Harvard University Press, 1968; Maurice Meisner, *Mao's China: A History of the People's Republic*, Free Press, 1977; John. D. Armstrong, *Revolutionary Diplomacy*, University of California Press, 1977; Peter Van Ness, *Revolution and Chinese Foreign Policy*, University of California Press, 1970.
		国家安全派	Allen Whitting, *China Across the Yalu: The Decision to Enter the Korean War*, Macmillan, 1960; *The Chinese Calculus of Deterrence*, University of Michigan Press, 1975.
20世纪60年代—20世纪80年代初	宗派主义		Uri Ra'anan, "Peking's Foreign Policy 'Debate' 1965–1966"; Donald Zagoria, "The Strategic Debate in Peking," in Tang Tsou ed., *China in Crisis*, Vol. II, University of Chicago Press; Michael Yahuda, "Kremlinology and the Chinese Strategic Debate, 1965–1962," *China Quarterly*, No. 49 (January 1972).
	三角关系		Herbert J. Allison, ed., *The Sino-Soviet Conflict: A Global Perspective*, University of Washington Press, 1982; Gerald Segal, *The Great Power Triangle*, Macmillan Press, 1982; Douglas T. Stuart and William T. Tow, eds., *China, the Soviet Union, and the West: Strategic and Political Dimension*, Westview Press, 1982; Richard Soloman, ed., *The China Factor*, Prentice-Hall, 1981; Kenneth G. Lieberthal, *Sino-Soviet Conflict in the 1970s: Its Evolution and Implications for the Strategic Triangle*, Rand Co-operation, 1978.

续表

时间	研究视角	代表人物和代表作
改革开放以来	综合性研究	Samuel S. Kim, ed., *China and the World*, Boulder: Westview Press, 1984, 1989, 1994, 1998; Thomas Robinson and David Shambaugh, eds., *Chinese Foreign Policy: Theory and Practice*, Oxford University Press, 1994; Alastair I. Johnston and Robert S. Ross, eds., *New Directions in the Study of China's Foreign Policy*, Stanford University Press, 2006.
	决策机制与过程	Doak A. Barnett, *The Making of Foreign Policy in China: Structure and Process*, Westview Press, 1985; Quansheng Zhao, *Interpreting Chinese Foreign Policy: The Micro-Macro Linkage Approach*, Oxford University Press, 1996; Lu Ning, *The Dynamics of Chinese Foreign Policy Decision Making*, Westview Press, 1997; David M. Lampton, ed., *The Making of Chinese Foreign and Security Policy in the Era of Reform*, 1978-2000, Stanford University Press, 2001; Andrew Nathan and Andrew Scobell, *China's Search for Security*, Columbia University Press, 2012; Phillip Saunders and Andrew Scobell, eds., *PLA Influence on China's National Security Decision-making*, Stanford University Press, 2015.
	认知研究	Gilbert Rozman, *The Chinese Debate About Soviet Socialism, 1978-1985*, Princeton University Press, 1987; Allen S. Whitting, *China Eyes Japan*, University of California Press, 1989; David Shambough, *Beautiful Imperialist*, Princeton University Press, 1991; Yong Deng and Feiling Wang, eds., *In the Eyes of the Dragon, China Views the World*, Rowman & Littfield Publishers Inc, 1999.
	中国文化	Chih-yu Shih, *The Spirit of China's Foreign Policy: A Psychocultural View*, St. Martin's Press, 1990; *China's Just World: The Morality of Chinese Foreign Policy*, Lynne Rienner Publisher, 1993; Alastair I. Johnston, *Cultural Realism: Strategic Culture and Grand Strategy in Chinese History*, Princeton University Press, 1995; Yuan-Kang Wang, *Harmony and War: Confucian Culture and Chinese Power Politics*, Columbia University Press, 2011.

续表

时间	研究视角	代表人物和代表作
	国内安全	Taylor Fravel, *Strong Borders, Secure Nation: Cooperation and Conflict in China's Territorial Disputes*, Princeton University Press, 2008.
	民族主义	Zhao Suisheng, *A Nation-State By Construction: Dynamics of Modern Chinese Nationalism*, Stanford University Press, 2004; Peter H. Gries, *China's New Nationalism: Pride, Politics, and Diplomacy*, University of California Press 2004; James Reiley, *Strong Society, Smart State: The Rise of Public Opinion in China's Japan Policy*, Columbia University Press, 2011; Jessica C. Weiss, *Powerful Patriots: Nationalist Protest in China's Foreign Relations*, Oxford University Press, 2014.

第四节　建设中国特色的对外政策分析理论

中国对外政策的研究与对外政策分析理论的结合显示出了积极的意义。有中国学者提出，"对中国外交研究应该比照他国外交，为'比较对外政策'这一分支学科做出贡献"①。国外学者也提出，"中国对外政策研究应从吸纳国际关系学中的概念、实证指标及方法中得益。中国对外政策研究应更多融入国际关系学这个大学科，原因不仅是它能从中获益，而是对国际关系学的发展同样重要。中国对外政策研究多年来的落后主要体现在它不愿意或不能够为国际关系学'创建'理论，即不能把'中国案例'纳入到学科辩论中"②。

中国对外政策研究的趋势与国际上对外政策分析学界建立一个适用

---

① 王缉思：《国际政治的理性思考》，北京：北京大学出版社2006年版，第28—29页。
② 〔加〕江忆恩：《中国对外政策研究：理论趋势及方法辨析》，《世界经济与政治》2006年第8期；Alastair Iain Johnston and Robert Ross, eds., *New Directions in the Study of China's Foreign Policy*, Stanford CA: Stanford University Press, 2006, p. 391。

性更广泛的对外政策分析理论的努力不谋而合。的确,中国国家实力在上升,外交也更加活跃,中国外交成为国际关系领域研究热点。如果要建立一个具有普遍意义的对外政策分析理论,中国对外政策和外交实践理所当然地应该成为这项事业必不可少的一部分。换句话说,如果对外政策理论建设不把中国对外政策实践考虑在内,就不可能产生具有世界意义的对外政策理论。换句话说,如果一种理论不能解释中国的对外政策,这种理论就称不上是具有普遍意义的对外政策理论。这并不代表中国可以狂妄自大,而是意味着从事中国对外政策研究的学者有一个重要的使命和机会,为建立对外政策分析理论贡献出中国的经验和智慧。

这不是一个新的任务。周恩来总理在中华人民共和国成立之初就指出:"我们一定要建立中国自己的外交学,系统的、科学的外交学。"①这里所说的外交学应该是宏观意义上的外交学,既包括制定对外政策的科学,也包括落实对外政策的科学(外交)。但是,冷战期间的国际环境,特别是"文化大革命"期间中国与世界大国的关系,严重影响和限制了中国的国际交往,中国外交学理论建设也无从谈起。改革开放后,中国开始了参与国际社会的过程,中国学者也开始了对国际关系和对外政策的研究。在这个学科迈出第一步的时候,中国国际问题研究学界就提出,要建设有中国特色的国际关系和外交理论,至今这仍然是一个重要任务。

有中国特色的外交学或国际关系理论,应该是中国学者研究外交和国际关系的知识和成果的积累,反映的是中国学者对国际关系和外交规律的认知,是中国学者对不同国家之间关系的总体特点和不同国家落实对外政策的总体规律的理解,应该具有普遍的意义。这是由国际关系和外交规范的普遍性所决定的。但是,因为国家的历史文化、政治制度、在国际格局中的地位等要素的差异,每一个国家在国际关系中追求的目标不同,制定政策的机制和过程也不相同。这些差异是不同国家对外政策的差异,也是形成各国外交特色的关键和原因。具有中国特色的对外政策理论应该是有

---

① 周恩来:《周恩来外交文选》,北京:中央文献出版社1990年版,第1页。

中国特色国际关系理论中最能体现中国特色的内容,这种特色也体现在对中国对外关系实践中。

改革开放以来,中国国际关系学研究取得了很多成就,但在建设中国特色的国际关系理论方面仍然任务艰巨。要建设中国特色的理论,其关键的第一步是弄清楚关于理论的不同概念,明确我们要建立哪一种类型的理论。理论是一个抽象的概念,有多种不同的解释。其中两个概念最为基本:第一,在学术界,"一项政治学理论应是试图解释社会现实的一个或一组命题"。"在中国的政治词汇里,'理论'指的是意识形态或指导行动的思想原则。"①前一种理论是"知识导向的理论",是"一种理解世界的观点","是知识创造和再创造的成果",后者则属于"行动导向"的理论,是"行动指南。"②

上述两种理论之间有密切的内在逻辑联系,只有那些科学系统地解释了社会发展规律的理论才能成为行动指南。如《辞海》在解释"理论"这一概念时说,"科学的理论是在社会实践基础上产生并经过社会实践的检验和证明的理论,是客观事物的本质、规律性的正确反映……科学理论的重要意义在于它能指导人们的行动。"③中国之所以坚持马克思主义的指导,是因为"马克思主义的哲学认为十分重要的问题不在于懂得了客观世界的规律性,因而能够解释世界,而在于拿了这种对于客观规律性的认识去能动地改造世界"④。按照同样的逻辑,能够指导中国国际关系和对外政策实践的理论一定是能够揭示、解释和预测外交和对外关系实践发展规律的理论。

在中国当前的社会政治环境下,作为行动指南的理论属于意识形态范畴的理论。中国并不缺乏这样的理论:如从"中间地带"理论到"三个世界划分"理论,再到邓小平"有中国特色的社会主义"理论,"三个代表"重要

---

① 王缉思:《国际政治的理性思考》,北京:北京大学出版社2006年版,第19页。
② Qin Yaqing, "Why Is There No Chinese International Theory," *International Relations of the Asia-Pacific*, No. 7, 2007, p. 314.
③ 《辞海》,上海:上海辞书出版社1980年版,第1213页。
④ 《毛泽东选集》第1卷,北京:人民出版社1991年版,第292页。

思想和"科学发展观",以及当下的"新型大国关系"和"命运共同体"等,都是具有政策和理论双重功能和属性。从对外政策与外交的关系来看,这些理论以对外政策的方式提出来,中国外交则是落实这些对外政策或贯彻这些理论的工具和过程。从理论与实践的关系来看,它们既指导中国外交实践,也指导中国的外交学和国际关系学者的研究,同时又是对外政策研究的对象和客体。

研究者的身份和地位决定了他们的任务不是建立或提出政策性的理论或行动指南,而是要建立揭示和解释对外政策制定和执行规律的理论,是知识导向的理论。作为知识创造者的对外政策研究者,其研究对象既包括以政策方式提出的理论,也包括国家制定和执行对外政策或理论的实践,通过客观系统的比较研究,揭示和解释制定和执行对外政策的规律,这是知识的生产和再生产的过程,也是创建知识导向理论的固有路径。也只有准确地揭示现实规律并能解释这种规律的理论,才能对政策具有指导意义。

但是,作为研究者,如果把自己与代表国家制定对外政策的决策者混为一谈,把自己置于对外政策决策者或执行者的位置,把自己当作研究对象的一部分,就混淆了研究的主体和客体。只注重对属于政策性理论的落实,不分析落实政策的实践,不把自己当作解释世界和认知导向的理论的创造者,而是当作"行动指南"理论的落实者,就创造不出任何形式的理论。换句话说,研究者不能既把自己当作政策的落实者,坚持或落实一种政策,又要研究这个政策,既把自己当作理论的贯彻者,同时又提出或创造另一种理论。

要建立或创造出知识导向型的有中国特色的理论,需要研究者把对外政策研究的主体和客体区别开来,把政府制定的对外政策,包括以理论方式提出的政策作为研究对象,把对外政策的决策者和落实者当作客观的研究对象。受研究者主观认识和客观环境的限制,这并非一个简单的工作,但应该成为建设中国特色的国际关系和外交学,特别是对外政策理论应该努力的方向,甚至是第一要务。

前文提出的创建对外政策理论有两个思路,建立中国特色的对外政策理论也可以采取类似的步骤。具体来说,一是借鉴一些西方发达国家在对外政策研究方面的经验,建立有中国特色的对外政策理论。西方对外政策分析模式是把对外政策的制定者和制定过程当作客观研究对象,进行系统的研究后才形成的。比如对决策者层次的研究,借鉴政治心理学的方法,把代表国家制定政策的领导人作为客观的研究对象,揭示决策者的人格特点和认知方式对对外政策规律的影响,提出了从个人层次分析对外政策的理论模式。对决策机制和过程的研究也是把决策过程当作客观研究对象,穷尽决策过程中的所有细节,找到关于决策过程的所有材料,揭示决策过程与决策结果的联系,提出了从政府层次分析对外政策的模式。从国内政治和社会层次分析对外政策的理论模式也都是遵循同样步骤而建立起来的。

如果要建立中国特色的国际关系或对外政策理论,那么这个理论的基础必定是源于中国对外关系的实践。只有在研究中国对外政策实践的基础上形成理论或概念模式,才是具有中国特色的理论。然后,在比较中看清楚哪些内容是中国的特色,哪些具有普遍性,或是否存在普遍适用的国际关系或对外政策理论。这是中国国际关系或对外政策理论建设的途径之一,也是中国国际关系或对外政策研究为建立普遍性理论做出贡献的首要途径。就中国对外政策研究而言,不了解和掌握中国对外关系或对外政策的特有现象,并把这些现象当作客体进行实证的研究和分析,总结其规律,而对一些现象讳莫如深,满足于雾里看花,甚至进行一些隔靴搔痒、注释性的解读,这就混淆了研究主体和客体的关系,更不能抽象出有自己特色的国际关系或对外政策理论。

二是借鉴建立在西方实践基础上的对外政策分析理论模式,研究中国对外政策的实践,从而找出中国对外政策的特点,在此基础上形成中国特色的理论方法。对包括中国在内的广大发展中国家对外政策的研究表明,以美国和其他发达国家对外政策实践为基础提出来的理论模式并不完全适用于它们的对外政策实践,但也不是完全没有价值。不同国家的对外政策有共同的特点,特别是在全球化深入发展的今天更是如此。这些对外政策分析模式提供了从不同角度分析对外政策的思路或"导图",向研究者提供找出特定现象与对外政策结果之间关系的工具,帮助对外政策研究者自觉实现解释性推理的最大化。此外,对外政策分析的多种视角之间的结合还可以帮助研究者从多层次、多角度加深对中国对外关系的理解。

西方对外政策分析理论模式在接受不同国家和地区,特别是非西方国家对外政策实践的检验过程中,得到不断修正、充实、丰富、发展和完善,是对外政策分析发展的方向。将对外政策分析不同的模式与中国对外政策实践相结合,在结合之后找出哪些模式在与中国实践结合中是适用的,哪些是不适用的,为什么不适用,怎么样才能适用。同时也把中国案例纳入学科辩论,帮助完善已有的对外政策分析模式,为比较对外政策补充或贡献中国经验和中国元素。从事中国对外政策研究的学者有这样的义务,使中国对外政策的研究不孤立于"世界之外"。

最后需要说明,由于历史文化和政治环境的差异,在将西方对外政策分析模式运用于中国对外政策研究时不能生搬硬套,更不能削足适履。应该认识到,其中可能存在水土不服,但也不可能产生"橘生淮北而为枳"的后果。在做过适当的调整后,两者之间的结合不仅是必要的,而且是有益的。如果结合得好,结果肯定是双赢的。

关键概念

变量 因变量 实证(解释性)研究 反思主义 知识导向的理论 行动导向的理论

思考题

1. 对外政策分析有哪些特点?
2. 如何选择对外政策分析的不同模式?
3. 对外政策分析理论与对外政策实践的关系是什么?
4. 对外政策分析与宏观国际关系理论的关系是什么?
5. 对外政策分析有哪些地域特点?

6. 如何理解建设中国特色对外政策分析理论的可能性、必要性、主要障碍和可行途径？

推荐阅读文献

Klaus Brummer and Valerie Hudson, eds., *Foreign Policy Analasis Beyond North America*, Boulder and London: Lynne Rienner Publisher, 2015.

Alexander George, *Bridging the Gap Between Theory and Practice in Foreign Policy*, United State Institute of Peace, 1993.

Alastair Iain Johnston and Robert Ross, eds., *New Directions in the Study of China's Foreign Policy*, Stanford, CA: Stanford University Press, 2006.

牛军主编：《中国对外政策分析：理论、历史与前景》，北京：世界知识出版社2013年版。

参 考 文 献

1. 〔德〕马克斯·韦伯:《支配社会学》,康乐、简惠美译,桂林:广西师范大学出版社 2004 年版。
2. 〔俄〕科索拉波夫:《社会预测方法论》,顾镜清译,贵阳:贵州人民出版社 1985 年版。
3. 〔俄〕列宁:《帝国主义是资本主义的最高阶段》,北京:人民出版社 1959 年版。
4. 〔法〕古斯塔夫·勒庞:《乌合之众:大众心理研究》,冯克利译,北京:中央编译出版社 2005 年版。
5. 〔法〕皮埃尔·阿考斯、〔瑞士〕皮埃尔·朗契尼克:《病夫治国》,郭宏安译,南京:江苏人民出版社 2005 年版。
6. 〔加〕江忆恩:《文化现实主义:中国历史上的战略文化与大战略》,朱中博、郭树勇译,北京:人民出版社 2015 年版。
7. 〔美〕戴维·迈尔斯:《社会心理学》,侯玉波等译,北京:人民邮电出版社 2012 年版。
8. 〔美〕傅高义:《邓小平时代》,冯克利译,北京:三联书店 2013 年版。
9. 〔美〕戈尔茨坦、〔美〕基欧汉主编:《观念与外交政策:信念、制度与政治变迁》,刘东国、于军译,北京:北京大学出版社 2005 年版。
10. 〔美〕格雷厄姆·艾利森、菲利普·泽利科:《决策的本质:还原古巴导弹危机的真相》,王伟光、王云萍译,北京:商务印书馆 2015 年版。
11. 〔美〕哈罗德·拉斯韦尔:《权利与人格》,胡勇译,北京:中央编译出版社 2013 年版。
12. 〔美〕戴维·詹姆斯·巴伯:《总统的性格(第 4 版)》,赵广成译,北京:中国人民大学出版社 2015 年。
13. 〔美〕罗伯特·杰维斯:《国际政治中的知觉和错误知觉》,秦亚青译,北京:世界知识出版社 2003 年版。

14. 〔美〕罗杰·希尔斯曼、劳拉·高克伦、帕特里夏·A. 韦茨曼:《防务与外交决策中的政治:概念模式与官僚政治》,曹大鹏译,北京:商务印书馆 2000 年版。

15. 〔美〕马汉:《海权论》,秦翠红译,北京:石油工业出版社 2014 年版。

16. 〔美〕欧文·L. 贾尼斯:《小集团思维:决策及其失败的心理学研究》,张清敏、孙天旭、王姝奇译,北京:中央编译出版社 2016 年版。

17. 〔美〕斯皮克曼:《边缘地带论》,林爽喆译,北京:石油工业出版社 2014 年版。

18. 〔美〕亚历山大·乔治、朱丽叶·乔治:《总统人格:伍德尔·威尔逊的精神分析》,张清敏译,北京:中央编译出版社 2014 年版。

19. 〔美〕亚历山大·温特:《国际政治的社会理论》,秦亚青译,上海:上海人民出版社 2000 年版。

20. 〔日〕佐藤英夫:《对外政策》,王晓滨译,北京:经济日报出版社 1990 年版。

21. 〔英〕阿诺德·汤因比:《历史研究》,刘北成、郭小凌译,上海:上海人民出版社 2005 年版。

22. 〔英〕格雷厄姆·沃拉斯:《政治中的人性》,朱增汶译,北京:商务印书馆 2015 年版。

23. 〔英〕麦金德:《陆权论》,欧阳瑾译,北京:石油工业出版社 2014 年版.

24. 白云真:《当代中国外交变迁和转型:国家与社会关系的视角》,北京:中国社会科学出版社 2011 年版。

25. 陈志让:《军绅政权:近代中国军法时期》,桂林:广西师范大学出版社 2008 年版。

26. 陈志瑞、刘丰主编:《国际体系与国内政治:新古典现实主义的探索》,北京:北京大学出版社 2015 年版。

27. 邓小平外交思想学习纲要编写组:《邓小平外交思想学习纲要》,北京:世界知识出版社 2000 年版。

28. 韩念龙主编:《当代中国外交》,北京:中国社会科学出版社 1988 年版。

29. 郝雨凡、林甦主编:《中国外交决策:开放与多元的社会因素分析》,北京:社会科学文献出版社 2007 年版。

30. 胡绳主编:《中国共产党的 70 年》,北京:中共党史出版社 1991 年版。

31. 黄光国、胡先缙等:《人情与面子:中国人的权力游戏》,北京:中国人民大学出版社 2010 年版。

32. 黄华:《亲历与见闻——黄华回忆录》,北京:世界知识出版社 2007 年版。

33. 姜长斌、〔美〕罗伯特·罗斯主编:《从对峙走向缓和:冷战时期中美关系再探讨》,北京:世界知识出版社 2000 年版。

34. 李捷:《毛泽东与新中国的内政外交》,北京:中国青年出版社 2003 年版。
35. 林民旺:《选择战争:基于规避损失的战争决策理论》,北京:世界知识出版社 2010 年版。
36. 刘永涛:《话语政治:符号权力和美国对外政策》,上海:复旦大学出版社 2014 年版。
37. 聂弘毅:《鼎定国疆:新中国成立 60 年中国边界问题研究》,北京:法律出版社 2011 年版。
38. 牛军:《冷战与中国外交决策》,北京:九州出版社 2013 年版。
39. 牛军主编:《中国对外政策分析》,北京:世界知识出版社 2013 年版。
40. 裴坚章主编:《毛泽东外交思想研究》,北京:世界知识出版社 1994 年版。
41. 裴坚章主编:《中华人民共和国外交史:1949—1956》,北京:世界知识出版社 1994 年版。
42. 钱其琛:《外交十记》,北京:世界知识出版社 2003 年版。
43. 钱其琛主编:《世界外交大辞典》,北京:世界知识出版社 2005 年版。
44. 隋新民:《中印关系研究:社会认知视角》,北京:世界知识出版社 2007 年版。
45. 孙吉胜:《语言、意义与国际政治:伊拉克战争解析》,上海:上海人民出版社 2009 年版。
46. 王缉思:《国际政治的理性思考》,北京:北京大学出版社 2006 年版。
47. 王鸣鸣:《外交政策分析:理论与方法》,北京:中国社会科学出版社 2008 年版。
48. 王绳祖主编:《国际关系史(1648—1979)》(第 1—10 卷),北京:世界知识出版社 1996 年版。
49. 王绳祖主编:《国际关系史(1648—1979)》(第 11 卷),北京:世界知识出版社 2004 年版。
50. 王绳祖主编:《国际关系史(1648—1979)》(第 12 卷),北京:世界知识出版社 2006 年版。
51. 王亚南:《中国官僚政治研究》,上海:时代文化出版社 1948 年版。
52. 吴宗国主编:《中国古代官僚政治制度研究》,北京:北京大学出版社 2004 年版。
53. 谢益显主编:《中国当代外交史 1949—2009》,北京:中国青年出版社 2009 年版。
54. 邢悦:《文化如何影响对外政策:以美国为个案的研究》,北京:北京大学出版社 2011 年版。
55. 许志嘉:《中共外交决策模式研究:邓小平时期的验证分析》,台北:水牛出版社 2000 年版。
56. 阎学通:《中国国家利益分析》,天津:天津人民出版社 1997 年版。
57. 杨光斌:《中国国内政治经济与对外关系》,北京:中国人民大学出版社 2007 年版。
58. 杨国枢、黄光国、杨中芳主编:《华人本土心理学》,重庆:重庆大学出版社 2008 年版。

59. 杨奎松:《毛泽东与莫斯科的恩恩怨怨》,南昌:江西人民出版社 1999 年版。

60. 叶自成:《新中国外交思想:从毛泽东到邓小平》,北京:北京大学出版社 2001 年版。

61. 尹继武:《社会认知与联盟信任形成》,上海:上海人民出版社 2009 年版。

62. 尹继武、刘训练主编:《政治心理学》,北京:高等教育出版社 2011 年版。

63. 翟学伟:《中国人的关系原理——时空秩序、生活欲念及其流变》,北京:北京大学出版社 2011 年版。

64. 张清敏:《美国对台军售政策研究:决策的视角》,北京:世界知识出版社 2006 年版。

65. 中华人民共和国外交部、中共中央文献研究室编:《毛泽东外交文选》,北京:中央文献出版社、世界知识出版社 1994 年版。

66. 中华人民共和国外交部、中共中央文献研究室编:《周恩来外交文选》,北京:世界知识出版社、中央文献出版社 1990 年版。

67. Adorno, Frenkel-Brunswick, Else Frenkel-Brunswik, and Daniel J. Levinson, *The Authoritarian Personalities*, New York: Harper, 1950.

68. Alden, Chris and Amnon Aran, *Foreign Policy Analysis: New Approaches*, London and New York: Routledge, 2012.

69. Allison, Graham and Phillip Zelikow, *Essence of Decision: Explaining the Cuban Missile Crisis*, 2nd edn., Boston, MA: Little Brown, 1997.

70. Allison, Graham, "Conceptual Models and the Cuban Missile Crisis," in *American Political Science Review*, Vol. 63, No. 3, September 1969.

71. Allport, Gordon, *Pattern and Growth in Personality*, New York: Holt, Rinehart and Winston, 1961.

72. American Pschiatric Association, *Diagnostic and Statistical Manuel of Mental Disorder*, 4th edn., Washington D. C.: American Psychiatric Association, 2000.

73. Axelrod, Robert, *Structure of Decision: The Cognitive Maps of Political Elites*, Princeton, NJ: Princeton University Press, 1976.

74. Barber, James David, *The Presidential Character: Predicting Performance in the White House*, Englewood Cliffs, NJ: Prentice Hall, 1972.

75. Barnett, Doak A., *The Making of Foreign Policy in China: Structure and Process*, Boulder, CO: Westview Press, 1985.

76. Beach, Derek, *Analyzing Foreign Policy*, London: Palgrave Macmillan, 2012.

77. Benton, Gregor and Lin Chun, eds., *Was Mao Really a Monster? The Academic Response to Chang and Halliday's" Mao: The Unknown Story*", New York: Routledge, Taylor & Francis

Group, 2010.
78. Bion, Wilfred, *Experience in Groups*, London: Tavistock Publication, 1961.
79. Brecher, Michael and Frank P. Harvey, eds., *Conflict, Security, Foreign Policy and International Political Economy: Past Paths and Future Directions in International Studies*, Ann Arbor, MI: The University of Michigan Press, 2002.
80. Brummer, Klaus and Valerie Hudson, *Foreign Policy Analysis beyond North America*, Boulder and London: Lynne Rienner Publisher, 2015.
81. Carlsnaes, Walter and Stefano Guzzini, eds., *Foreign Policy Analysis*, Thousand Oaks, CA: Sage Publication, 2011.
82. Chafetz, Glenn, Hillel Abramson and Suzette Grillot, "Role Theory and Foreign Policy: Belarussian and Ukrainian Compliance with the Nuclear Nonproliferation Regime," *Political Psychology*, Vol. 17, No. 4, 1996.
83. Chang, Jung and Jon Halliday, *Mao: The Unknown Story*, New York: Alfred A. Knopf, 2005.
84. Chen, Jessica Weiss, *Powerful Patriots: Nationalist Protest in China's Foreign Relations*, Oxford: Oxford University Press, 2014.
85. Copeland, Dale C., *The Origins of Major Wars*, New York: Cornell University Press, 2000.
86. Cottam, Matha, Elena Mastors, Thomas Preston and Beth Dietz, eds., *Introduction to Political Psychology*, Mahwah, NJ and London: Lawrence Erlbaum Associates, 2004.
87. Dahl, Robert A., *Regimes and Oppositions*, New Haven and London: Yale University Press, 1973.
88. Dente, Bruno, *Understanding Policy Decisions*, New York: Springer, 2014.
89. East, Maurice A., S. A. Salmore and C. F. Hermann, eds., *Why Nations Act: Theoretical Perspectives for Comparative Foreign Policy Studies*, Beverly Hill and London: SAGE Publisher, 1978.
90. Einstein, Albert and L. Infeld, *The Evolution of Physics*, New York: Simon and Schuster, 1938.
91. Evera, Stephen Van, *Causes of War: Power and Roots of Conflict*, New York: Cornell University Press, 1999.
92. Farrell, R. Barry, ed., *Approaches in Comparative and International Politics*, Evanston, IL: Northwestern University Press, 1966.
93. Feldman, Ofer and Linda O. Valenty, eds., *Profiling Political Leaders: Cross-Cultural Stud-

ies of *Personality and Behavior*, Westport, CN: Praeger, 2001.

94. Feng, Huiyun, *Chinese Strategic Culture and Foreign Policy Decision-making: Confucianism, Leadership and War*, London and New York: Routledge, 2007.

95. Fearon, James, "Domestic Politics, Foreign Policy, and Theories of International Relations", *Annual Journal of Political Science*, Vol. 1, 1998.

96. ——, "Domestic Political Audiences and The Escalation of International Disputes," *American Political Science Review*, Vol. 88, No. 3, 1994.

97. Fisher, David H., *Historians' Fallacies*, New York: Harper and Row, 1970.

98. Fravel, Taylor, *Strong Borders, Secure Nation: Cooperation and Conflict in China's Territorial Disputes*, Princeton, NJ: Princeton University Press, 2008.

99. Garver, John, *Foreign Relations of the People's Republic of China*, Englewood Cliffs, NJ: Prentice Hall, 1993.

100. George, Alexander L., *Avoiding War: Problems of Crisis Management*, Boulder, CO: Westview, 1991.

101. ——, *Bridging the Gap: Theory and Practice in Foreign Policy*, Washington, D. C.: United States Institute of Peace Press, 1993.

102. ——, *Forceful Persuasion: Coercive Diplomacy as an Alternative to War*, Washington DC.: US Institute of Peace Press, 1991.

103. ——, *Inadvertent War in Europe: Crisis Simulation*, Stanford, CA: Stanford University Press, 1985.

104. ——, *On Foreign Policy: Unfinished Business*, Boulder, CO: Paradigm Publishers, 2006.

105. ——, *Presidential Control of Force: The Korean War and the Cuban Missile Crisis*, Santa Monica, CA: Rand, 1967.

106. ——, *Presidential Decision-making in Foreign Policy: The Effective Use of Information and Advice*, Boulder, CO: Westview Press, 1980.

107. George, Alexander L. and Andrew Bennett, *Case Studies and Theory Development in the Social Sciences*, Boston, MA: MIT Press, 2005.

108. George, Alexander L. and Jane E. Holl, *The Warning-response Problem and Missed Opportunities in Preventive Diplomacy*, New York: Carnegie Corporation of New York, 1997.

109. George, Alexander L. and Juliette L. George, *Presidential Personality and Performance*, Boulder, CO: Westview Press, 1998.

110. George, Alexander L. and Richard Smoke, *Deterrence in American Foreign Policy: Theory*

and Practice, New York: Columbia University Press, 1974.

111. George, Alexander L. and William E. Simons, *Limits of Coercive Diplomacy*, Boulder, CO: Westview Press, 1994.

112. Gries, Peter Hay, *China's New Nationalism: Pride, Politics, and Diplomacy*, Oakland, CA: University of California Press, 2004.

113. Halperin, Morton H., *Bureaucratic Politics and Foreign Policy*, Washington D. C.: the Brooking Institution, 1998.

114. Hamrin, Carol Lee and Suisheng Zhao, *Decision-making in Deng's China: Perspective from Insiders*, Armonk, NY: Sharpe, 1995.

115. Haney, Patrick J., *Organizing for Foreign Policy Crises: Presidents, Advisers, and the Management of Decision Making*, Ann Arbor, MI: University of Michigan Press, 1997.

116. Harnisch, Sebastian, Sebastian Bersick and Jörn-Carsten Gottwald(eds), *China's International Roles: Challenging or Supporting International Order?* London and New York: Routledge, 2016.

117. Hart, Paul't, *Groupthink in Government. A Study of Small Groups and Policy Failure*, Baltimore, MD: Johns Hopkins University Press, 1994.

118. Hart, Paul't, Eric K. Stern and Bengt Sundelius (eds), *Beyond Groupthink: Political Group Dynamics and Foreign Policy-making*, Ann Arbor, MI: The University of Michigan Press, 1995.

119. Hass, Richard, *Foreign Policy Begins at Home: the Case for Putting America's House in Order*, Basic Books, 2013.

120. Heradstveit, Daniel, *The Arab-Israeli Conflict: Psychological Obstacles to Peace*, Oslo: Universititesforlaget, 1979.

121. Herman, Charles F., Charles W. Kegley and James A. Rosenau, eds., *New Directions in the Study of Foreign Policy*, Boston: Allen and Unwin, 1987.

122. Hermann, Charles F., "Changing Course: When Governments Choose to Redirect Foreign Policy," *International Studies Quarterly*, Vol. 34, No. 1, 1990.

123. Hermann, Margaret G., ed., *Leaders Groups and Coalitions*, Special Issue of *International Studies Review*, 2001.

124. Hermann, Margaret G., *Accessing Leadership Style: A Trait Analysis*, Columbus, OH: Social Science Automation, Inc., 1999.

125. ——, "Explaining Foreign Policy Behavior Using the Personal Characteristics of Political

Leaders," *International Studies Quarterly*, Vol. 24, No. 1, Mar. 1980.

126. Hermann, Margaret G. and Charles F. Hermann, "Who Make Foreign Policy and How: An Empirical Inquiry," *International Studies Quarterly*, Vol. 33, No. 4, Dec. 1989.

127. Hogan, Robert, John Johnson and Stephen Briggs, eds., *Handbook of Personality Psychology*, New York: Academic Press, 1997.

128. Holsti, Ole R., "The Belief System and National Images: A Case Study" in *The Journal of Conflict Resolution*, Vol. 6, No. 3, 1962.

129. Holsti, K. J., "National Role Conceptions in the Study of Foreign Policy," *International Studies Quarterly*, Vol. 14, No. 3, 1970.

130. Houthton, David Patrick, *Political Psychology: Situation, Individual and Cases*, New York and London: Routledge, 2009.

131. ——, "The Role of Analogical Reasoning in Novel Foreign Policy Situation," *British Journal of Political Science*, Vol. 26, No. 4, 1996.

132. Hudson, Valerie M., *Foreign Policy Analysis: Classics and Contemporary Theory*, Lanham, MD: Rowman & Littlefield Publishers, 2007.

133. Hunt, Michael H., *The Genesis of Chinese Communist Foreign Policy*, New York: Columbia University Press, 1996.

134. ——, *Ideology and American Foreign Policy*, New Haven: Yale University Press, 1987.

135. Hyer, Eric A., *The Pragmatic Dragon: China's Grand Strategy and Boundary Settlements*, Vancouver: University of British Columbia Press, 2015.

136. Hymans, Jacques E. C., *The Psychology of Nuclear Proliferation: Identity, Emotions and Foreign Policy*, Cambridge: Cambridge University Press, 2006.

137. Janis, Irving, *Groupthink: Psychological Studies of Foreign Politics Fiascoes*, 2nd edn., Mason. OH: Cengage Learning, 1982.

138. Jervis, Robert, *Perception and Misperception in International Politics*, Princeton, NJ: Princeton University Press, 1976.

139. Johnston, Alastair I., *Cultural Realism: Strategic Culture and Grand Strategy in Chinese History*, Princeton, NJ: Princeton University Press, 1995.

140. Johnston, Alastair Iain and Robert Ross, eds., *New Directions in the Study of China's Foreign Policy*, Stanford, CA: Stanford University Press, 2006.

141. Kegley, Charles W., Jr. and Eugene R. Wittkopf, eds., *The Domestic Sources of American Foreign Policy: Insight and Evidence*, New York: St. Martin's Press, 1988.

142. Kerr, Pauline and Geffrey Wiseman, eds., *Diplomacy in a Globalizing World: Theory and Practice*, Oxford: Oxford University Press, 2013.

143. Khong, Yuen Foong, *Analogies at War: Korean, Munich, Dien Bien Phu, and the Vietnam Decision of 1965*, Princeton, NJ: Princeton University Press, 1992.

144. Kim, Samuel, *China and the World: Chinese Foreign Policy in the Post-Mao Era*, Boulder, CO: Westview Press, 1984.

145. ——, *China and the World: New Directions in Chinese Foreign Relations*, 2nd edn., Boulder, CO: Westview Press, 1989.

146. ——, *China and the World: Chinese Foreign Relations in the Post-Cold War Era*, 3rd edn., Boulder, CO: Westview Press, 1994.

147. ——, *China and the World: Chinese Foreign Policy Faces the New Millennium*, 4th edn., Boulder, CO: Westview Press, 1998.

148. King, Gary, Robert Keohane and Sidney Verba, *Designing Social Inquiry: Scientific Inference in Qualitative Research*, Princeton, NJ: Princeton University Press, 1994.

149. Korany, Bahgat, *How Foreign pPolicy Decisions Are Made in the Third World: a Comparative Analysis*, Boulder, CO: Westview Press, 1986.

150. Kubálková, Vendulka, ed., *Foreign Policy in a Constructed World*, Armonk, NY: M. E. Sharpe, 2001.

151. Lai, Hongyi, *The Domestic Sources of China's Foreign Policy: Regimes, Leadership, Priorities and Process*, London and New York: Routledge. 2010.

152. Lampton, David M., ed., *The Making of Chinese Foreign and Security Policy in the Era of Reform*, Stanford, CA: Stanford University, 2001.

153. Larson, Deborah, *Origins of Containment: A Psychological Explanation*, Princeton, NJ: Princeton University Press, 1985.

154. Lasswell, Harold D., *Psychopathology and Politics*, Chicago, IL: University of Chicago Press, 1930.

155. ——, *Power and Personality*, New York: W. W. Norton & Co., 1948.

156. Leites, Nathan N., *The Operational Code of the Politburo*, New York: McGraw-Hill 1951.

157. Levy, Jack S. and William R. Thompson, *Causes of War*, West Sussex: Wiley-Blackwell, 2010.

158. Lewin, Kurt, *Field Theory of Social Science*, London: Tavistock Publications, 1952.

159. Lieberthal, Kenneth G. and Michel Oksenberg, *Policy Making in China: Leaders, Struc-*

tures, and Process, Princeton, NJ: Princeton University Press, 1988.

160. Lonell, Steven E., Norrin M. Ripsman and Jeffrey W. Taliaferro, eds., *Neoclassic Realism, the State, and Foreign Policy*, Cambridge: Cambridge University Press, 2009.

161. Lu, Ning, *The Dynamics of China's Foreign Policy*, Boulder, CO: Westview Press, 1997.

162. Machiavelli, Niccolo, *The Prince*, New York: Washington Square Press, 1963.

163. Marks, Michael P., *Revisiting Metaphors in International Relations Theory*, New York: Palgrave Macmillan, 2018.

164. May, Earnest R., *"Lessons" of the Past: The Use and Misuse of History in American Foreign Policy*, New York: Oxford Press, 1973.

165. McDermott, Rose, *Political Psychology in International Relations*, Ann Arbor, MI: The Unversity Press of Michigan Press, 2004.

166. ——, *Risk-taking in International Politics: Prospect Theory in American Foreign Policy*, Ann Arbor, MI: University of Michigan Press, 2001.

167. Meisner, Maurice, *The Deng Xiaoping Era: An Inquiry into the Fate of Chinese Socialism, 1978-1994*, New York: Hill and Wang, 1996.

168. Miller, Ross A., "Domestic Structures and the Diversionary Use of Force," *American Journal of Political Science*, Vol. 39, No. 3, 1995.

169. Milner, Helen V. and Dustin Tingley, *Sailing the Water's Edge: the Domestic Politics of American Foreign Policy*, Princeton, NJ: Princeton University Press, 2015.

170. Mintz, Alex and Karl DeRouen, Jr., *Understanding Foreign Policy Decision Making*, Cambridge: Cambridge University Press, 2010.

171. Morin, Jean-Frédéric and Jonathan Paquin, *Foreign Policy Analysis: A Toolbox*, New York: Palgrave Macmillan, 2018.

172. Nathan, Andrew and Andrew Scobell, *China's Search for Security*, New York: Columbia University Press, 2012.

173. Neack, Laura, Jeanne A. K. Hey and Patrick Jude Haney, eds., *Foreign Policy Analysis: Continuity and Change in Its Second Generation*, Englewood Cliffs, NJ: Prentice Hall, 1995.

174. Newsom, David D., *The Public Dimension of Foreign Policy*, Bloomington, IN: Indiana University Press, 1996.

175. Nownes, Anthony J., *Interest Groups in American Politics, Pressure and Power*, 2nd edn., Routledge, 2013.

176. Nye, Joseph, *Bound to Lead: The Changing Nature of American Power*, New York: Basic Books, 1990.
177. Peterson, Martin, *An Introduction to Decision Theory*, Cambridge: Cambridge University Press, 2009.
178. Post, Jerrold and Robert Robins, eds., *When Illness Strikes the Leader: The Dilemma of the Captive King*, New Haven, NC: Yale University Press, 1993.
179. Post, Jerrold, ed., *The Psychological Assessment of Political Leaders with Profiles of Saddam Hussein and Bill Clinton*, Ann Arbor, MI: University of Michigan Press, 2003.
180. Post, Jerrold and Alexander George, *Leaders and Their Followers in a Dangerous World: The Psychology of Political Behavior*, Ithaca and London: Cornell University Press, 2004.
181. Preston, Thomas, *The President and His Inner Circle: Leadership Style and the Advisory Process in Foreign Policy Making*, New York: Columbia University Press, 2001.
182. Robert, Putnam, "Diplomacy and Domestic Politics: The Logic of Two-Level Games," *International Organization*, Vol. 42, No. 3, Summer 1988.
183. Pye, Lucian W., *Mao Tse-tung: The Man in the Leader*, New York: Basic Books, 1976.
184. Reilly, James, *Strong Society, Smart State, The Rise of Public Opinion in China's Japan Policy*, New York: Columbia University Press, 2012.
185. Rist, Ray C., *Policy Evaluation: Linking Theory to Practice*, Aldershot, VT: Edward Elgar Publishing Co., 1995.
186. Rivera, Joseph, *The Psychological Dimension of Foreign Policy*, Columbus, OH: Charles Merill 1968.
187. Robins, Robert S. and Jerrold M. Post, eds., *Political Paranoia: The Psychopolitics of Hatred*, New Haven, CT: Yale University Press, 1997.
188. Robinson, Thomas and David Shambaugh, ed., *Chinese Foreign Policy: Theory and Practice*, New York: Oxford University Press, 1994.
189. Rosenau, James N., ed., *Comparing Foreign Policies: Theories, Findings, and Methods*, Beverly Hills, Calif.: Sage Publications, 1974.
190. ——, "Pre-theories and Theories of Foreign Policy," in *Approaches in Comparative and International Politics*, ed., R. Barry Farrell Evanston: Northwestern University Press, 1966.
191. Rouke, John T., *International Politics on the World Stage*, 3rd edn., Sluice Dock, CN: The Sushkin Publishing Group, Inc., 1991.
192. Rozman, Gilbert, *The Chinese Debate about Soviet Socialism, 1978-1985*, Princeton, NJ:

Preceton University Press, 1987.

193. ——, *China's Foreign Policy: Who Makes It, and How Is It Made*, London: Palgrave Macmillan, 2012.

194. Saunders, Phillip and Andrew Scobell, eds., *PLA Influence on China's National Security Decision-making*, Stanford, CA: Stanford University Press, 2015.

195. Schafer, Mark and Scott Crichlow, *Groupthink vs. High Quality Decision Making in International Relations*, New York: Columbia University Press, 2010.

196. Schlesinger, Arthur, Jr., *The Imperial Presidency*, New York: Houghton Mifflin, 1989.

197. Schumpeter, Joseph A., *Imperialism and Social Class*, translated by Heinz Norden, New York: Augustus M. Kelly, Inc., 1951.

198. Sears, David O., et al., eds., *Oxford Handbook of Political Psychology*, New York: Oxford University Press, 2003.

199. Shambaugh, David, *Beautiful Imperialist: China Perceives America, 1972–1990*, Princeton, NJ: Princeton University, 1991.

200. Shih, Chih-yu, *The Spirit of China's Foreign Policy: A Psychocultural View*, New York: St. Martin's Press, 1990.

201. ——, *China's Just World: The Morality of Chinese Foreign Policy*, Boulder, CO: Lynne Rienner Publisher, 1993.

202. Shirk, Susan, *China: Fragile Superpower*, Oxford: Oxford University Press, 2008.

203. Singer, Eric and Valerie Hudson, eds., *Political Psychology and Foreign Policy*, Boulder, CO: Westview Press, 1992.

204. Skidmore, David and Valerie Hudson, *The Limits of State Autonomy, Societal Groups and Foreign Policy Formulation*, Boulder, CO: Westview Press, 1993.

205. Smith, Steve, Amelia Hadfield and Tim Dunneeds, *Foreign Policy Analysis: Theories, Actors, Cases*, Oxford: Oxford University Press, 2008.

206. Smith, Alastair, "Diversionary Foreign Policy in Democratic Systems," *International Studies Quarterly*, Vol. 40, No. 1, 1996.

207. Snyder, Jack, *Myths of Empire: Domestic Politics and International Ambition*, New York: Cornell University Press, 1991.

208. Snyder, Richard C., C. H. W. Bruck and Burton Sapin, *Foreign Policy Decision-Making*, Glencose, IL: Free Press, 1962.

209. Solomon, Richard H., *Mao's Revolution and the Chinese Political Culture*, California: Uni-

versity of California Press, 1971.
210. Sprout, Harold and Margaret Sprout, *The Ecological Perspective on Human Affairs with Special Reference to International Politics*, Princeton: Princeton University Press, 1965.
211. Stone, William F. and Paul E. Schaffner, *The Psychology of Politics*, 2nd edn., New York: Springer-Verlag, 1988.
212. Sylvan, Donald A. and Steve Chan, eds., *Foreign Policy Decision Making: Perception, Cognition and Artificial Intelligence*, New York: Praeger Publishers, 1984.
213. Valenty, Linda O. and Ofer Feldman, eds., *Political Leadership for the New Century: Personality and Behavior among American Leaders*, Westport, CT: Praeger Publishers, 2002.
214. Vertzberger, Yaacov Y. I., *The World In Their Minds: Information Processing, Cognition, and Perceptions in Foreign Policy Decisionmaking*, Sanford, CA: Stanford University Press, 1990.
215. Vogel, Ezra F., *Deng Xiaoping and the Transformation of China*, Boston: Belknap Press, 2011.
216. Walker, Stephen G., ed., *Role Theory and Foreign Policy Analysis*, Durham, NC: Duke University Press, 1987.
217. Walker, Stephen G. and Akan Malici, *U. S. Presidents and Foreign Policy Mistakes*, Stanford, CA: Stanford Security Series, 2011.
218. Waltz, Kenneth N., *Man the States and War*, New York: Columbia University Press, 1959.
219. ——, *Theory of International Politics*, Addison Wesley Publishing Company, 1979.
220. Wang, Yuan-kang, *Harmony and War: Confucian Culture and Chinese Power Politics*, New York: Columbia University Press, 2010.
221. Weber, Max, *The Theory of Social and Economic Organization*, New York: The Free Press, 1947.
222. Whitting, Allen S., *China Across the Yalu: The Decision to Enter the Korean War*, New York: Macmillian, 1960.
223. ——, *The Chinese Calculus of Deterrence*, Ann Arbor, MI: University of Michigan, 1975.
224. ——, *China Eyes Japan*, Berkeley, CA: University of California Press, 1989.
225. Wright, John R., *Interest Groups and Congress: Lobbying, Contributions, and Influence*, Allyn and Bacon, 1996.
226. Yu, Bin, "The Study of Chinese Foreign Policy: Problems and Prospect," *World Politics*,

Vol. 46, No. 2, 1994.

227. Zbigniew, Brzezinsli, *Power and Principle: Memoirs of the National Security Adviser, 1977–1981*, New York: Farrar, Straus & Giroux, 1983.

228. Zhang, Qingmin, "Bureaucratic Politics and Chinese Foreign Policy Making," *The Chinese Journal of International Politics*, Vol. 9, No. 2, 2016.

229. ——, "Towards an Integrated Theory of Chinese Foreign Policy: Bringing Leadership Personality back in," *Journal of Contemporary China*, Vol. 23, No. 89, 2014.

230. Zhao, Quansheng, *Interpreting Chinese Foreign Policy: The Micro-Macro Linkage Approach*, Oxford: Oxford University Press, 1996.

231. Zhao, Suisheng, *A Nation-State by Construction: Dynamics of Modern Chinese Nationalism*, Stanford, CA: Stanford University Press, 2004.

232. Zhao, Suisheng, ed., *The Making of China's Foreign Policy in the 21st Century: Historical Sources, Institutions/Players, and Perceptions of Power Relations*, London and New York: Routledge, 2016.

后　记

撰写一本关于对外政策研究理论与方法的书,是20年前产生的想法。20世纪90年代,我在读硕士和博士期间的专业方向和研究兴趣是对外政策,硕士和博士学位论文选题也都是对外政策。当时中国的国际关系研究仍然属于历史学的范畴,主要采取史学的方法阐述对外政策形成和发展的历史。后来,中国的国际关系研究越来越受美国国际关系研究传统的影响,各种宏观的国际关系理论被广泛译介到中国,但其中专门关于对外政策研究的著作并不多。1997年我博士研究生毕业后到美国杨百翰大学(Brigham Young University)学习,选修了一门对外政策分析的课,被这门课所讲授的理论和方法所吸引,觉得这正是学习对外政策的中国学生所急需的知识,即向讲授这门课的瓦莱利·哈德森(Valerie M. Hudson)教授提出将这种方法介绍到中国的想法,当即得到了她的热情支持和鼓励。当时的网络还不发达,哈德森教授将她授课的所有材料给我复印一套,回国后我即于1998年尝试开设了这门课程。在这20多年里,一旦遇到问题或需要材料,我即向她求教,她从未犹豫地提供了不间断的支持。

为了教好这门课,我利用国家外专局的短期专家项目先后邀请得克萨斯农工大学(Texas A & M University)乔治·布什政府和公共服务学院(George Bush School of Government and Public Service)的查尔斯·赫尔曼(Charles Hermann)教授和亚利桑那州立大学(Arizona State University)的斯蒂芬·沃克(Stephen Walker)教授到中国讲授对外政策分析理论课程。前者主要研究决策机制和决策过程,是比较对外政策的第一代学者中的主要代表人物,后者早期研究国家角色理论,并发展了亚历山大·乔治(Alexander George)的"操作码"理论,提出了"情景动词"量化研究方法。2004年至 2005 年,我得到富布赖特项目的支持,到美国乔治·华盛顿大学(George Washington University)做访问学者,旁听了詹姆斯·罗西瑙(James Rosenau)教授、莫里斯·伊斯特(Maurice East)教授和杰拉德·波斯特(Jerold Post)教授有关对外政策分析的课程。20 世纪 60 年代,正是罗西瑙教授提出建立比较对外政策理论的倡议,促成了比较对外政策研究学科的形成。虽然他晚年研究的重点不再是比较对外政策,但他著述颇丰,始终站在这一学科的前沿。他的教学和研究方法让我受益匪浅。伊斯特教授曾是乔治·华盛顿大学艾略特国际事务学院(Elliott School of International Affairs)的第二任院长,是受罗西瑙教授提出的建立比较对外政策理论影响的那一代学者之一,主要研究国家特性与对外政策的关系,关注的地区是北欧国家。波斯特教授曾担任哈佛大学医学院心理医生,后受命组建美国中央情报局心理分析中心并长期担任主任,退休后任职于乔治华盛顿大学,讲授政治领导人的心理分析课程,著述多且影响大。从这些从事对外政策分析的前辈那里获得的知识与信息,让我加深了对对外政策分析不同层次研究方法的理解。

  我在致力于从不同学者那里学习对外政策理论和方法的同时,主要从事两方面的研究和教学工作,一是将对外政策分析的理论和方法介绍到中国。这些方面的教学和研究影响了多个听过我课程的博士和硕士研究生采用对外政策分析的方法撰写毕业论文。本书的主要内容的基础是近些年来我在这方面发表的学术文章。包括《对外政策研究的主要维度及其内在逻辑》(《国际政治研究》2019 年第 1 期)、《外交决策的微观分析模式及其应用》(《世界经济与政治》2006 年第 11 期)、《外交政策分析的三个流派》(《世界经济与政治》2001 年第 9 期)、《小集团思维:外交政策分析的特殊模式》(《国际论坛》2004 年第 2 期)、《外交政策分析过程中文化因素的作用与地位》(《国际论坛》2003年第3期)、《外交政策分析的认知视角:理论与方法》(《国际论坛》2003年第1期)、《对外政策分析的发展趋势》(《国际政治科学》2019年第2期)、《国际政治心理学流派分析》(《国际政治科学》2008年第3期)等。此外还有译作欧文·贾尼斯的《小集团思维:决策及其失败的心理学研究》(北京:中央编译出版社2016年版)和亚历山大·乔治、朱丽叶·乔治合著的《总统人格:伍德尔·威尔逊的精神分析》(北京:中央文献出版社2014年版)等。

二是利用对外政策分析的方法进行实证性的研究。这些研究又包括两个类型,第一类实证研究是利用对外政策分析的方法研究美国对华政策。这方面的成果集中体现在《美国对台军售政策研究:决策的视角》(北京:世界知识出版社2006年版)一书。这本书是我在此前几年发表的运用对外政策分析的方法研究美国对华政策的学术文章的基础上出版的。第二类实证研究是将对外政策分析的方法应用于对中国对外政策的分析性研究,多数研究可以作为本书的案例,结合本教材学习。鉴于这些研究短期内还不可能出版成书,这里将主要的文章列举如下:

《国内权力结构变化与对外关系的逻辑——军队在对外决策中的作用》,《外交评论》2015年第3期,第104—127页;

《领导人人格特点与中国外交研究》,《世界经济与政治》2014年第6期,第93—119页;

《理解十八大以来的中国外交》,《外交评论》2014年第2期,第1—20页;

《中国对外关系的国内管理和内外统筹》,《世界经济与政治》2013年第8期,第117—138页;

《中国对外行为的思想根源探析》,《外交评论》2011年第4期,第3—20页;

《隐喻、问题表征与毛泽东的对外政策》,《国际政治研究》2011年第2期,第81—100页;

《类比、认知与毛泽东的对外政策》,《世界经济与政治》2010年第11期,第54—72页;

《对外政策分析理论与中国对外政策研究:以官僚政治模式为例》,《外交评论》2010年第4期,第54—67页;

《中国对外经贸关系与外交布局》,《国际政治科学》2010年第1期,第25—48页;

《社会变迁背景下的中国外交决策评析》,《国际政治研究》2006年第1期,第45—56页;

《中国的国家特性、国家角色以及外交政策思考》,《太平洋学报》2004年第2期,第47—55页;

《中国外交战略调整动因的层次分析》,《国史研究参阅资料》2003年,总第261期,第1—27页。

在这个过程中,我对对外政策分析这一研究领域的认识和理解也在发生变化。比如,我早期发表的文章多用"外交政策分析"这个概念,后期则使用"对外政策分析"。本书第一章专门探讨了外交政策与对外政策这两个概念的区别和联系,因为概念是学科的基础,也是一切符合逻辑的推理和研究的基础。在将研究方向转向用对外政策分析的方法进行实证研究后,我曾犹豫是否还有必要出版一本介绍性内容为主的书,因而20年前的想法一直没有付诸实施。近年来一些同事和学生鼓励我说,在宏观国际关系理论占主流的情况下,这样一本书还是必要的。在他们的鼓励下,才有了现在的这本书的出版。不少国外的同行不断给我提供这个学科的最新成果,让我随时了解这个学科的最新发展趋势,国内有不少同行和同学以不同的方式给予了鼓励、支持和帮助。初稿完成后,夏维勇老师和刘树强编审通读了书稿,提出了不少的有益的建议,都被采纳。北京大学出版社的耿协峰博士以高度专业的态度完成了本书前期的编辑工作,耿博士工作变动后孙莹炜老师接手完成了后期编缉工作。在书稿即将付梓之际,对以上提到以及没有能一一提及的老师、同事和同学表示衷心的感谢。

后 记

  影响对外政策的要素是多层次的,研究方法是多元的。由于本人能力有限,绠短汲深,本书对对外政策分析中较为广泛使用的定量分析方法没有太多的涉及,对对外政策分析理论中的多元启发理论和前景理论等新理论的阐述也远远不够,为了应对国内对外政策研究之需,这些只能作为遗珠之憾了,其中不妥和疏漏之处不在少数,恳请方家校正,以便将来再版予以改进。

张清敏
2019 年春节于北京

教师反馈及教辅申请表

北京大学出版社本着"教材优先、学术为本"的出版宗旨,竭诚为广大高等院校师生服务。

本书配有教学课件,获取方法:

第一步,扫描右侧二维码,或直接微信搜索公众号"北大出版社社科图书",进行关注;

第二步,点击菜单栏"教辅资源"—"在线申请",填写相关信息后点击提交。

如果您不使用微信,请填写完整以下表格后拍照发到 ss@pup.cn。我们会在 1—2 个工作日内将相关资料发送到您的邮箱。

书名		书号	978-7-301-	作者	
您的姓名				职称、职务	
学校及院系					
您所讲授的课程名称					
授课学生类型(可多选)		☐ 本科一、二年级 ☐ 高职、高专 ☐ 其他_____		☐ 本科三、四年级 ☐ 研究生	
每学期学生人数		_____人		学时	
手机号码(必填)				QQ	
电子信箱(必填)					
您对本书的建议:					

我们的联系方式:

北京大学出版社社会科学编辑室

通信地址:北京市海淀区成府路 205 号,100871

电子信箱:ss@pup.cn

电话:010-62765016 / 62753121

微信公众号:北大出版社社科图书(ss_book)

新浪微博:@未名社科-北大图书

网址:http://www.pup.cn